臨床心理学ブックガイド

心理職をめざす人のための**93冊**

Shimoyama
Haruhiko
下山晴彦
●編著

金剛出版

はじめに

　臨床心理学は，実践活動，研究活動，専門活動から構成されています。心理専門職としての臨床心理士は，それらの活動を適切に実行できる技能を一通り習得していることが求められます。それによって職業的専門性を確立することが可能となるのです。したがって，教育訓練システムの目的は，臨床心理士が臨床心理学の活動を適切に実行できるための知識と技能を一通り習得できるように実践活動，研究活動，専門活動の技能を整理して体系化し，組織的に教えることとなります。そのために必要となるのが，総合的なカリキュラムです。

　次にしなければならないのは，そのような課題をクリアできる授業内容を組みこんだカリキュラムを実際に作成することです。わが国の，従来の臨床心理学には，心理療法モデルが強いという特徴があります。そのため，実践活動だけをとっても，総合的なカリキュラムが構成されていません。むしろ，夢分析や箱庭療法といった特殊な技法が，あたかも主要技法のごとく教えられているという偏った教育も行われています。その結果として，アセスメント技法や社会的関係を形成する技能の訓練が，これまでの大学教育に適切に組みこまれていませんでした。臨床心理学の中核にある実践活動のカリキュラムがこのような欠陥状態ですから，研究活動や専門活動の技能に関するカリキュラムが未確立なことは言うまでもありません。

　ところが，世界の臨床心理学は，エビデンス・ベイスト・アプローチに基づく研究活動の成果を取り入れて発展したことで，社会的にも専門活動として広く認められるようになっています。そこでは，科学者－実践者モデル，生物－心理－社会モデル，認知行動療法が主要な役割を担うようになっています。わが国でも，このような臨床心理学の発展が社会的に求められるようになっています。したがって，わが国の臨床心理学では，このような新たな発展の土台となるカリキュラムを構築することが喫緊の課題となっています。

そこで，本書では，まず具体的な授業内容を含んだカリキュラムを提案することにしました。そして，そこに含まれる科目ごとに，参考となる日本語で書かれた書籍を紹介することを目的としました。というのは，新しい科目とカリキュラムを提案しても，教える側も教わる側も，そのような科目を教えた経験がないということがあります。そのため，どのように教えるのか，あるいはどのように学んだらよいのかというイメージをもてないということになります。また，それを教え，学ぶための教材も適切なものがないということもあります。本書は，そのようなわが国の現状を超えて，新たな臨床心理学教育の発展に貢献することを目的として編まれたものです。

　書籍の選択と紹介については，東京大学大学院・臨床心理学コースの私の授業に参加した大学院生に多大な協力を得ました。記して感謝します。

2010 年 7 月 19 日

下山　晴彦

目　　次

はじめに　*003*

第1章　心理専門職になるためのカリキュラム ……… 013
　1．心理専門職となるためのプロセス　*015*
　2．学部での学習課題　*017*
　3．大学院での学習課題　*019*

第2章　臨床心理学の全体構造に関する科目（必修）‥ 025
　臨床心理学概論〈修士1年前期〉　*027*
　　　テキスト：臨床心理学をまなぶ1　これからの臨床心理学　*028*
　　　副読本　：講座臨床心理学1　臨床心理学とは何か　*030*
　　　　　　　　心理学の新しいかたち第9巻　臨床心理学の新しいかたち　*032*

第3章　専門活動に関する科目（必修） ……………… 035
　臨床心理専門職論　*037*
　　①臨床心理専門職論1：援助専門職入門〈修士1年前期〉　*037*
　　　テキスト：臨床心理学レクチャー　心理援助の専門職になるために
　　　　　　　　――臨床心理士・カウンセラー・PSWを目指す人の基本テキスト　*038*
　　　副読本　：カウンセラー――専門家としての条件　*040*
　　　　　　　　臨床心理学の倫理をまなぶ　*042*

　　②臨床心理専門職論2：心理専門職特論〈修士2年前期又は後期〉　*045*
　　　テキスト：臨床心理学レクチャー　心理援助の専門職として働くために
　　　　　　　　――臨床心理士・カウンセラー・PSWの実践テキスト　*046*

副読本　：シリーズケアをひらく　感情と看護
　　　　　　　——人とのかかわりを職業とすることの意味　*048*
　　　　　心の専門家が出会う法律［第3版］——臨床実践のために　*050*
　　　　　ケースブック　心理臨床の倫理と法　*052*

第4章　実践活動に関する科目（必修）・・・・・・・・・・・・・・ 055

臨床心理アセスメント演習　*057*

①臨床心理アセスメント演習1：基本編〈修士1年前期〉　*057*
テキスト：臨床心理学レクチャー　臨床心理アセスメント入門
　　　　　——臨床心理学は，どのように問題を把握するのか　*058*
副読本　：臨床面接のすすめ方——初心者のための13章　*060*
　　　　　子どもの面接ガイドブック——虐待を聞く技術　*062*
　　　　　ケースマネジメントの技術　*064*

②臨床心理アセスメント演習2：実践編〈修士1年後期〉　*067*
テキスト：テキスト臨床心理学1　理論と方法　*068*
副読本　：テキスト臨床心理学3　不安と身体関連障害　*070*
　　　　　テキスト臨床心理学4　精神病と物質関連障害　*072*
　　　　　テキスト臨床心理学5　ライフサイクルの心理障害　*074*

臨床心理面接演習　*077*

①演習1：臨床面接基本編〈修士1年後期〉　*077*
テキスト：心理療法におけることばの使い方——つながりをつくるために　*078*
副読本　：動機づけ面接法——基礎・実践編　*080*
　　　　　心理療法・その基礎なるもの——混迷から抜け出すための有効要因　*082*

②演習2：臨床面接応用編〈修士2年前期〉　*085*
テキスト：臨床心理学レクチャー　認知行動療法ケースフォーミュレーション入門　*086*
副読本　：臨床心理学レクチャー　認知行動療法入門——短期療法の観点から　*088*
　　　　　実践家のための認知行動療法テクニックガイド
　　　　　——行動変容と認知変容のためのキーポイント　*090*
　　　　　認知行動療法の科学と実践　*092*

目　次

臨床心理基礎実習　*095*

　①基礎実習1：基本編〈修士1年前期〉　*095*

　　テキスト：心理臨床の基礎1　心理臨床の発想と実践　*096*
　　副読本　：熟練カウンセラーをめざす　カウンセリング・テキスト　*098*
　　　　　　　カウンセリングを学ぶ　第2版──理論・体験・実習　*100*

　②基礎実習2：応用編〈修士1年後期〉　*103*

　　テキスト：臨床心理学全書第4巻　臨床心理実習論　*104*
　　副読本　：援助を深める事例研究の方法［第2版］
　　　　　　　──対人援助のためのケースカンファレンス　*106*
　　　　　　　新版　心理臨床家の手引　*108*

臨床心理実習　*111*

　①臨床心理実習1：基本編〈修士2年前期〉　*111*

　　テキスト：講座臨床心理学6　社会臨床心理学　*112*
　　副読本　：臨床心理士をめざす大学院生のための精神科実習ガイド　*114*
　　　　　　　コミュニティ心理学──理論と実践　*116*
　　　　　　　支援組織のマネジメント　*118*

　②臨床心理実習2：応用編〈修士2年後期〉　*121*

　　テキスト：専門職としての臨床心理士　*122*
　　副読本　：心理臨床実践における連携のコツ　*124*
　　　　　　　孤立を防ぐ精神科援助職のためのチーム医療読本
　　　　　　　──臨床サービスのビジネスマナー　*126*
　　　　　　　リエゾン心理士──臨床心理士の新しい役割　*128*

第5章　研究活動に関する科目（必修）　　　　　　131

　臨床心理学研究法〈修士1年後期〉　*133*

　　テキスト：臨床心理学研究法第1巻　心理学の実践的研究法を学ぶ　*134*
　　副読本　：講座臨床心理学2　臨床心理学研究　*136*
　　　　　　　臨床心理学研究法第2巻　プロセス研究の方法　*138*
　　　　　　　臨床心理学研究法第4巻　アナログ研究の方法　*140*
　　　　　　　臨床心理学研究法第7巻　プログラム評価研究の方法　*142*

修士論文指導〈修士2年前期〉 *145*
　　　　テキスト：シリーズ・心理学の技法　臨床心理学研究の技法 *146*
　　　　副読本　：質的研究 Step by Step——すぐれた論文作成をめざして *148*
　　　　　　　　事例から学ぶ　はじめての質的研究法——臨床・社会編 *150*
　　　　　　　　臨床心理・精神医学のための SPSS による統計処理 *152*
　　　　　　　　誰も教えてくれなかった因子分析
　　　　　　　　　　——数式が絶対に出てこない因子分析入門 *154*

第6章　関連科目（選択必修）・・・・・・・・・・・・・・・・・・・・・・・157

研究法に関する科目群 *159*

①心理学研究法 *159*
　　　　テキスト：心理学研究法入門——調査・実験から実践まで *160*
　　　　副読本　：心理学の新しいかたち第3巻　心理学研究法の新しいかたち *162*
　　　　　　　　経験科学における　研究方略ガイドブック
　　　　　　　　　　——論理性と創造性のブラッシュアップ *164*
　　　　　　　　質的研究の基礎
　　　　　　　　　　——グラウンデッド・セオリー開発の技法と手順　第2版 *166*
　　　　　　　　フィールドワークの技法と実際——マイクロ・エスノグラフィー入門 *168*

②実践研究法 *171*
　　　　テキスト：臨床心理学レクチャー　臨床実践のための質的研究法入門 *172*
　　　　副読本　：実践的研究のすすめ——人間科学のリアリティ *174*
　　　　　　　　質的研究実践ガイド——保健医療サービス向上のために　第2版 *176*
　　　　　　　　エピソード記述入門——実践と質的研究のために *178*
　　　　　　　　アクティヴ・インタビュー——相互行為としての社会調査 *180*
　　　　　　　　医療現場の会話分析——悪いニュースをどう伝えるか *182*

生物的側面に関する科目群 *185*

①精神医学 *185*
　　　　テキスト：精神医学を知る——メンタルヘルス専門職のために *186*
　　　　副読本　：精神科における予診・初診・初期治療 *188*
　　　　　　　　精神科のくすりを語ろう——患者からみた官能的評価ハンドブック *190*

目　次

②精神障害学　*193*

　　テキスト：精神病理学とは何だろうか〈増補改訂版〉　*194*
　　副読本　：精神・心理症状学ハンドブック［第２版］　*196*
　　　　　　　精神疾患はつくられる——DSM診断の罠　*198*

③脳科学　*201*

　　テキスト：コンパクト新心理学ライブラリ14　生理心理学
　　　　　　　——脳のはたらきから見た心の世界　*202*
　　副読本　：ピネル　バイオサイコロジー——脳‐心と行動の神経科学　*204*

心理的側面に関する科目群　*207*

①心理検査　*207*

　　テキスト：こころの科学増刊　実践　心理アセスメント
　　　　　　　——職域別・発達段階別・問題別でわかる援助につながるアセスメント　*208*
　　副読本　：改訂　臨床心理アセスメントハンドブック　*210*
　　　　　　　日本版WAIS-Rの理論と臨床——実践的利用のための詳しい解説　*212*
　　　　　　　軽度発達障害の心理アセスメント——WISC-Ⅲの上手な利用と事例　*214*

②介入技法　*217*

　　テキスト：認知行動療法——理論から実践的活用まで　*218*
　　副読本　：はじめての応用行動分析　*220*
　　　　　　　方法としての行動療法　*222*
　　　　　　　うつと不安の認知療法練習帳ガイドブック　*224*
　　　　　　　強迫性障害の行動療法　*226*

③子どもへの介入　*229*

　　テキスト：子どもと若者のための認知行動療法ガイドブック
　　　　　　　——上手に考え，気分はスッキリ　*230*
　　副読本　：遊戯療法と子どもの心的世界　*232*
　　　　　　　教師・保育士・保健師・相談支援員に役立つ
　　　　　　　子どもと家族の援助法——よりよい展開へのヒント　*234*
　　　　　　　高機能自閉症・アスペルガー症候群
　　　　　　　——「その子らしさ」を生かす子育て　*236*

社会的側面に関する科目群　*239*

①集団介入　*239*

　　テキスト：リラクセーション法の理論と実際
　　　　　　　　──ヘルスケア・ワーカーのための行動療法入門　*240*
　　副読本　：怒りのコントロール
　　　　　　　　──認知行動療法理論に基づく怒りと葛藤の克服訓練　*242*
　　　　　　　ストレス・マネジメント入門──自己診断と対処法を学ぶ　*244*
　　　　　　　家族のストレス・マネジメント──行動療法的家族療法の実際　*246*

②学校臨床　*249*

　　テキスト：学校臨床心理学・入門──スクールカウンセラーによる実践の知恵　*250*
　　副読本　：教室で行う特別支援教育2　応用行動分析で特別支援教育が変わる
　　　　　　　　──子どもへの指導方略を見つける方程式　*252*
　　　　　　　指導援助に役立つ　スクールカウンセリング・ワークブック　*254*
　　　　　　　スクール・カウンセリングの国家モデル
　　　　　　　　──米国の能力開発型プログラムの枠組み　*256*

③生活支援　*259*

　　テキスト：ＡＣＴ入門──精神障害者のための包括型地域生活支援プログラム　*260*
　　副読本　：改訂新版　わかりやすいSST ステップガイド
　　　　　　　　──統合失調症をもつ人の援助に生かす上巻　基礎・技法編　*262*
　　　　　　　ストレスマネジメントと職場カウンセリング
　　　　　　　　──主要な方法論とアプローチ　*264*
　　　　　　　精神障害をもつ人たちのワーキングライフ
　　　　　　　　──IPS：チームアプローチに基づく援助付き雇用ガイド　*266*

あとがき　*269*

　　　　　　　　　　　　○ 附録 ○●○　　書目一覧　　*271*
　　　　　　　　　　　　　　　　　　　　　原書一覧　　*279*
　　　　　　　　　　　　　　　　　　　　　執筆者紹介　*283*
　　　　　　　　　　　　　　　　　　　　　編著者略歴　*286*

臨床心理学ブックガイド

心理職をめざす人のための 93 冊

第1章

心理専門職になるためのカリキュラム

 心理専門職となるためのプロセス

　臨床心理学を一つの学問体系として理解するならば，まず基本には現実に介入していく実践活動があります。しかし，それだけでは，十分ではありません。科学的な研究活動も重要です。また，社会に対して説明責任を果たすためには，専門活動も発展させていかなければなりません。そのような活動を組み入れた場合，臨床心理学は，実践活動，研究活動，専門活動から構成される構造となります（下山，2010）。

　臨床心理学の基本となるのは，実践活動です。実践活動は，現実生活で何らかの問題が生じ，その当事者（または関係者）が臨床心理機関に来談することから始まります。まず，問題は何かを査定するアセスメント assessment を行い，その結果から問題解決に向けての方針を立て，実際に問題に介入 intervention していきます。したがって，実践活動は，アセスメントと介入によって事例の現実に関わっていく臨床過程となります。

　その際，さまざまな理論や知識を参照枠として利用して方針（仮説）を立て，介入し，さらにその結果に基づいて方針を検討，修正する過程を循環的に繰り返しながら事例に働きかけていきます。方針，つまり仮説の生成と検証を行う点で，臨床過程は，実践活動であると同時に研究活動ということにもなります。それは，「実践を通しての研究」と表現できます。また，臨床過程で得られた仮説や臨床過程そのものを実践活動から切り離して対象化し，それを実験研究や調査研究によって科学的に研究することもできます。それが，「実践に関連する研究」となります。そして，その両者をあわせた全体が臨床心理学の研究活動となります。

　このような実践活動と研究活動は，社会システムの中で行われ社会活動です。したがって，その専門的有効性を社会に説明し，活動を社会システムに位置づけていく作業が必要となります。そのために，専門組織，教育と訓練，研究成果の公表，規約と法律，倫理などの制度を整備し，社会への説明責任を果たす活動が，臨床心理学の専門活動となります。

第1章　心理専門職になるためのカリキュラム

表1　学部・大学院修士課程・卒後の各段階での学習の概要

卒後段階：専門教育の発展
＊博士課程進学者：臨床心理学の研究および教育の専門技能
＊現場の臨床心理士：各職域で必要な専門知識と技能
修士段階：専門教育の中核
＊臨床現場で専門家として機能するための知識と技能
＊臨床心理学の研究活動のための知識と技能
＊臨床心理学の実践活動のための知識と技能
＊臨床心理学の専門活動のための知識と技能
学部段階：専門教育の基礎
＊臨床心理学の基礎知識と態度（人間関係構成と自己モニタリング）
＊心理学全般の知識と研究方法（心理学の知識と実証的態度）

　わが国の臨床心理学教育は，大学院修士課程で行われることになっています。そこで，このように実践活動，研究活動，専門活動から構成される臨床心理学の全体活動を修士課程の2年間にすべてマスターするのは，大変困難な課題となります。そのため，実際には，教育訓練カリキュラムとして表1に示すように学部から修士課程，そして終了後（卒後）研修の3段階に分けた発展的プログラムを想定し，各段階のカリキュラムを作成することが望ましいといえるでしょう。

〈文　献〉

下山晴彦：臨床心理学をまなぶ1　これからの臨床心理学．東京大学出版会，2010．

☞本書第2章 pp.028-029 を参照

表2　臨床心理学を専攻することを希望する学生が学部で必要とされる知識と技能

1）心理学全般の知識
①心理学の概論，②個別の心理学科目
　　臨床心理学は，実践型の心理学として多様な領域をテーマとする。心理障害はもとより，発達，社会，生理，神経，学習，認知等々，人間の心理に関するさまざまな領域を対象として研究実践活動を行っている。近年，臨床心理学は，このような多様な領域を生物-心理-社会モデルとして統合する形で発展している。したがって，臨床心理学の学習にあたっては，心理学の実証的な方法論の学習に加えて，生理心理学，社会心理学等々さまざまな心理学科目を幅広く学んでおく必要がある。

2）心理学の研究法
③心理学研究法［実験法，調査法，実践（臨床）法，量的研究法，質的研究法］，④心理学実習（検査，観察，面接，フィールドワーク等）
　　心理学の基本として，さまざまなデータの取り扱い方 *rule of evidence* を幅広く学び，心理学の実証的態度を身につける。その際，フィールドワーク等の質的研究法を含めて幅広くかつ柔軟な実証的方法論を身につける。

3）臨床心理学の基礎知識
⑤臨床心理学の概論，⑥異常心理学
　　臨床心理学に関する理論，および心理的問題に関するアセスメントと分類を学習する。

4）臨床心理学の基礎技能
⑦臨床心理学実践演習（体験学習）
　　人間関係を構成し，その中で自己自身をモニターする技能を体験的に学習する。

学部での学習課題

　学部では，大学院で臨床心理学を学ぶための基礎づくりを行います。具体的には，心理学全般の知識と研究法，そして臨床心理学の基礎を学ぶことが課題となります。表2に学部で学んでおくべき心理学の知識と技能をまとめたので，参照してください。
　上述したように臨床心理学では，研究活動だけでなく，実践活動でも仮説

の生成－検証－修正の過程が活動の基本となります。アセスメントを通して生成する問題のフォーミュレーションや介入の方針は，いずれも事例に関するデータから生成した仮説です。しかも，生物，心理，社会の幅広い領域のデータに基づいて仮説を生成することが求められます。そのため，大学院で臨床心理学を学ぼうとする者は，学部において心理学全般の知識と研究方法をきちっと学んでおくことが必須となります。これが，科学者－実践者モデルに基づく臨床心理学の，「科学者」の部分にあたる基盤を形成することになります。まずは，臨床心理学に限らない，さまざまな領域にわたる心理学全般の知識と実証的な研究方法の学習が必要となるのです。

　ただし，学部段階では，心理学全般を学ぶので十分というわけではありません。臨床心理学に特有な知識と技能の基礎を学部で学んでおくことは，大学院での学習の準備として必要なだけでなく，大学院に進学して臨床心理学を専攻するのかどうかの判断のためにも必要です。さらに，自分の適性を見極めるためにも，学部段階においてある程度臨床心理学の学習をしておくことが必要となります。

　知識としては，臨床心理学概論と異常心理学について学ぶことになります。学部で臨床心理学について誤ったイメージをもってしまうと，進学する大学院を選択する際の判断や大学院での臨床心理学の学習が偏ったものとなってしまう危険性が高くなります。したがって，学部のうちに臨床心理学について，正しいガイドラインを得ることが何にもまして重要となります。また，臨床心理学の介入対象としては，さまざまな心理障害があります。その点で，異常心理学を学んでおくことも必要となるのです。

　さらに，実践活動の準備として簡単な体験学習を通して，学生は，臨床心理学の実践活動に必要な自己モニタリングを経験します。臨床心理学は，机上の学問ではありません。クライエントをはじめとしてさまざまな次元で他者に深く関わることになります。臨床心理学を専門とする者は，そのような対人関係の中で自分自身の心の動きを的確に自己モニタリングし，問題状況に巻き込まれない態度が必要となります。したがって，そのような対人関係の中で的確に自己モニタリングすることの難しさを体験的に知ることを通して，自分自身が臨床心理学に向いているのかどうかを判断することも，学部

段階での重要な課題です。

このような臨床心理学や異常心理学の概論を学ぶためのテキストして，下記の書物が参考となるでしょう。

下山晴彦（編）：よくわかる臨床心理学　改訂新版．ミネルヴァ書房，2009．

③ 大学院での学習課題

次に，大学院修士課程の学習課題とカリキュラムについてみていくことにしましょう。大学院では，実践活動，研究活動，専門活動から構成される臨床心理学の全体を学ぶことになります。専門職としての臨床心理士は，それらの活動を適切に実行できる技能を一通り習得していることが求められます。それによって職業的専門性を確立することが可能となるのです。したがって，大学院における教育訓練の目的は，学生が臨床心理学の活動を適切に実行できる技能を一通り習得できるように実践活動，研究活動，専門活動の技能を整理して体系化し，組織的に教えることとなります。そのために必要となるのが，総合的なカリキュラムです。

大学院段階における臨床心理学カリキュラムにおいて中心となるのは，実践活動の技能です。実践活動では，単にカウンセリングや心理療法だけでなく，コンサルテーションなどのコミュニティに根ざした介入技法も重要な役割を担っています。また，アセスメントの技法や社会的関係を形成する技能も重要となります。したがって，実践技能の教育訓練だけでも，多様な技能を体系的に教えるカリキュラムが必要となります。さらに，それに加えて研究活動や専門活動のさまざまな技法も含めて体系的に教えることが求められます。研究活動では，量的研究法だけでなく，質的研究法の技法なども重要な役割を担うようになってきています。脳神経科学の技法も重要になってきています。専門活動では，専門職業人としての社会意識を育成し，組織を動かすリーダーシップや協調性を育てることが必要となります。倫理に関する

意思決定のための訓練も必要となります。

　このような課題をクリアできる授業内容を組み込むためには，総合的なカリキュラムを構成することが必要となります。上述したようにわが国の臨床心理学では，心理療法モデルが強いという特徴があります。そのため，実践活動だけをとっても，総合的なカリキュラムが構成されていません。

　そこで，大学院カリキュラム（案）を構築するにあたって，心理療法に特権を与えないことに留意しました。心理療法は，ケース・マネジメントにおける方法の一つにすぎません。心理療法以外にもコンサルテーション，リファー，心理教育，デイケアなどさまざまな方法があります。ましてや，特定の学派の心理療法は，そのような方法の中の単なる一つの技法にすぎません。ケース・マネジメントでは，アセスメントとケース・フォーミュレーションによって明らかとなった問題の成り立ちに合わせて，有効性が認められている介入技法を選択し，必要に応じて他の技法を組み合わせ，統合してクライエントを支援する環境を整えることになります。その点でシステム・オーガニゼーションの学習も重要となります。

　これに加えて最新の異常心理学の知見を組み入れたアセスメント技法，質的研究法も含めた研究活動の教育，倫理教育も取り入れた専門活動の教育，さらに生物-心理-社会モデルに対応できるように他領域の研究成果を学ぶ選択科目も充実させて，全体としてバランスのよいカリキュラムを構成することを心掛けなければなりません。

　したがって，カリキュラムの構成にあたっては，臨床心理学を心理療法に限らない総合的な学問として理解することを第一に考えました。心理療法に限定されないさまざまな介入方法があります。また，研究活動や専門活動も，臨床心理学という学問を社会的な活動としていくために必要となります。

　また，学習過程の初期のテーマとして特に留意すべきことは，専門活動の教育の重要性です。わが国では臨床心理学＝心理療法と誤解して，臨床心理学の活動を面接室内で行われる活動のみに限定して考えがちです。そのため，社会意識に乏しく，社会的活動として臨床心理学が発展していく妨げにもなっています。そこで，大学院の最初の段階で専門活動の授業を行い，学

生が心理援助の専門職になることの意味を理解し，臨床心理学の全体構造を社会的なコンテクストとの関連で学んでいく態勢を整えることが重要となります。

　そのような前提のもとに大学院修士課程2年間を前提としたカリキュラムを形成すると，**表3**のようになります。そこでは，上述したように臨床心理学を「専門活動」「実践活動」「研究活動」の3層からなる循環構造ととらえ，この各層に関する科目を配するとともに，実践活動を行う際に参照する専門科目として，生物－心理－社会モデルに関わる多様な領域の専門科目を加えることも必要となります。特に医療・保健領域で活動する場合には，この生物－心理－社会モデルに基づく知識と技法を学ぶことが必須となります。それと関連して近年のエビデンス・ベースト・アプローチの結果，認知行動療法についての知識や技法も必須となってきています。わが国では，これまでスクールカウンセラーに代表されるように学校・教育領域を中心に臨床心理学が発展してきました。しかし，本来臨床心理学は，医療・保健領域と深く関わる活動です。そこで，カリキュラムの作成にあたっては，わが国の臨床心理学の弱点であった精神医学に関連する科目や認知行動療法に関する科目を重点的に取り上げることにしました。

　臨床心理学をこのような総合学として理解し，カリキュラムを構成した場合，次に課題となるのは，そのためのテキスト（教科書）を作ることです。本書は，このような問題意識のもとに編まれました。したがって，本書は，臨床心理学の，さらなる発展に向けてのカリキュラムを提案するとともに，新たなカリキュラムを学ぶための書籍を体系的に紹介することを目指したものとなっています。

　日本では，心理療法（特に心理力動的な心理療法）の解説本や技法本は溢れるほどあります。しかし，臨床心理学そのもののテキストは，ほとんどありませんでした。また，心理療法以外の，臨床心理学の要素と関連するテキストもありませんでした。そこで，私自身が意識して，そのようなテキストを編集したり，翻訳してきたりしました。本書は，そのような臨床心理学のテキストの紹介も兼ねて編集したものです。編者自身が関連した書籍が多く採用されているのは，このような事情からです。

表3　大学院修士課程の臨床心理学カリキュラム（案）

1. 臨床心理学の全体構造に関する科目（必修）
   臨床心理学概論〈修士1年前期〉
2. 専門活動に関する科目（必修）
   臨床心理専門職論
   　①臨床心理専門職論1：援助専門職入門〈修士1年前期〉
   　②臨床心理専門職論2：心理専門職特論〈修士2年前期又は後期〉
3. 実践活動に関する科目（必修）
   臨床心理アセスメント演習
   　①臨床心理アセスメント演習1：基本編〈修士1年前期〉
   　②臨床心理アセスメント演習2：実践編〈修士1年後期〉
   臨床心理面接演習
   　①演習1：臨床面接基本編〈修士1年後期〉
   　②演習2：臨床面接応用編〈修士2年前期〉
   臨床心理基礎実習
   　①基礎実習1：基本編〈修士1年前期〉
   　②基礎実習2：応用編〈修士1年後期〉
   臨床心理実習
   　①臨床心理実習1：基本編〈修士2年前期〉
   　②臨床心理実習2：応用編〈修士2年後期〉
4. 研究活動に関する科目（必修）
   臨床心理学研究法〈修士1年後期〉
   修士論文指導〈修士2年前期〉
5. 関連科目（選択必修）
   研究法に関する科目群
   　①心理学研究法
   　②実践研究法
   生物的側面に関する科目群
   　①精神医学
   　②精神障害学
   　③脳科学
   心理的側面に関する科目群
   　①心理検査
   　②介入技法
   　③子どもへの介入
   社会的側面に関する科目群
   　①集団介入

②学校臨床
③生活支援

　第2章以下では，書籍を各科目ごとに「テキスト」と「副読本」を紹介しています。テキストとは，その科目の全体を概説する書籍であり，まず読んでいただきたいものです。それに対して副読本は，その科目の中の重要なテーマを扱っている書物であり，より詳しく科目の内容を学ぶ際の個別学習において参照とするのに適したものです。なお，選択した書物の中には，残念ながらすでに在庫が僅少となっているものもあります。しかし，ほかに替わる適切な書物が見当たらなかったので，あえて本書にはそのようなものも採用しました。今後，本書が改訂される際に，より適した書物が出版されていれば，随時入れ替えていきたいと考えています。

第2章

臨床心理学の全体構造に関する科目
（必 修）

臨床心理学概論

〈修士1年前期〉

　修士課程の1年生が大学院進学後にまず学ぶ科目とする。したがって，修士課程1年生を対象として，前期に開講する。臨床心理学とは何かについて，その全体像を概説する。特に臨床心理学をカウンセリングや心理療法と同一の活動と誤解をしている学生が多いので，臨床心理学は実践活動，研究活動，専門活動から構成される総合的な学問であることを体系的に説明する。また，臨床心理学の歴史と社会的役割を説明し，それとの関連で臨床心理士という専門職となることの意味を確認する。これらの内容を踏まえて臨床心理学大学院修士課程のカリキュラムと，そこにおける課題を解説し，2年間の学習の展望を示す。

テキスト

臨床心理学をまなぶ1
これからの臨床心理学

下山 晴彦著

東京大学出版会，A5判300頁，2,800円，2010年3月刊

【本書の目的】臨床心理学の全体像と歴史的な変遷を提示することにより，発展中の学問・実践活動である臨床心理学を学ぶための道筋をわかりやすく解説する。

【本書の概要】本書は全部で5部の構成になっている。概要は以下の通りである。

第1部「臨床心理学を知る」は，臨床心理学の全体像の概説である。第1章「臨床心理学のガイドマップ」では著者が創作した，現場でよく出会う事例を通して臨床心理学の実践活動がどのようなものなのかということを具体的に経験できるようになっている。第2章「カウンセリング，心理療法，臨床心理学」では，わが国において臨床心理学を学ぶ際に特に初学者を混乱させやすい問題として，カウンセリング・心理療法・臨床心理学の混同を論じている。英国との比較を交えながら，三者の違いを解説している。

第2部「進化する臨床心理学」は，面接室の中の活動というイメージの強い臨床心理学を実践活動と学問の社会化のプロセスとして描き出している。第3章「臨床心理学の近代化」では，日英における臨床心理学の誕生から現在までを比較し，その結果，臨床心理学の社会化の基盤としてのエビデンス・ベイスト・アプローチの重要性を見出している。第4章「ポストモダンの臨床心理学」では，臨床心理学を社会に位置づけていくためのポイントして，アカウンタビリティ，エンパワーメント，コラボレーションといった概念を取り上げ，それぞれ解説している。さらに，第5章「進化する臨床心理学の学び方」では，読者が臨床心理学を学んでいく際の今後の見通しとして，心理職は生物−心理−社会モデルに基づく他職種との協働作業によってメンタルヘルス活動の一翼を担うというビジョンを示している。

第3部「臨床心理学の基本構造」は，第1部で提示した事例への関わり方を考えることを通じて，実践・研究・専門活動という臨床心理学の三層構造を具体的に理解することが目指されている。第6

章「実践活動」では，アセスメント，ケース・フォーミュレーション，介入という事例の流れを解説するとともに，教育訓練課程で学ぶべき技法と視点が述べられている。第7章「研究活動」では，科学性と実践性を両立させた研究活動が，臨床心理学の実践活動の有効性を高めるとともに，専門活動としての評価を高める機能をもっていることが示されている。第8章「専門活動」では，臨床心理学を社会に位置づけるための活動として，機関の組織化，職業倫理の実践，教育システムの充実が挙げられ，それぞれその必要性が述べられている。

第4部「欧米文化と臨床心理学の発展」では，臨床心理学の発展の歴史を学ぶことを通じて臨床心理学の歴史的・文化的意味が明らかにされている。第9章「臨床心理学の来し方」では，心理療法および臨床心理学の起源として西欧社会の近代化による共同体的癒しの喪失と認識論の変化を取り上げ解説している。続く第10章「臨床心理学の行く末」では，近代化に伴い生じた臨床心理学が科学者－実践者モデルを軸に統合され，英米における社会に位置づけられる過程を追っている。さらに，臨床心理学の発展における今後の課題として，文化とポストモダニズムの問題を取り上げている。

第5部「日本における臨床心理学の発展」は，第4部において明らかにされた臨床心理学の発展における文化的問題をテーマとし，日本人利用者（クライエント）にとって真に有用な臨床心理学のあり方を考えるための素材が提供されている。第11章「物語：日本の臨床心理学（前篇）」では，わが国における異常心理のあり方と臨床心理学の誕生に関する歴史的変遷を追っている。さらに，第12章「物語：日本の臨床心理学（後篇）」では心理職の国家資格化の問題に関する歴史を概観した上で，わが国における臨床心理学の発展の課題を明らかにしている。

【臨床心理学を学ぶ上での意義】本書は「臨床心理学をまなぶ」シリーズの第1巻であり，前半（第1～3部）では臨床心理学の全体像が概説されている。面接室におけるやり取りのみに囚われがちな初学者が，臨床心理学を社会に根づいた専門活動として捉えるために必要な多様な観点が紹介されており，読者は臨床心理学を学ぶ旅に必要な地図を手に入れることができる。そして，後半（第4～5部）では，国内外の臨床心理学の発展の歴史を踏まえた上でわが国における臨床心理学の新しい形を提起する意欲的な試みがなされている。英米における臨床心理学の統合と社会化の方法を参照しつつ，そこにわが国の伝統や文化を融合させることの重要性を説く姿勢は，心理臨床学という既存の枠組みを超えた臨床心理学の新たな形となりうるものである。また，こうしたひらかれた態度は同時に，わが国において実践的な援助を行っていく際に必要となる絶妙なバランス感覚をも提供すると考えられる。

末木　新

第2章　臨床心理学の全体構造に関する科目（必修）

副 読 本

講座臨床心理学1
臨床心理学とは何か

下山晴彦・丹野義彦編

東京大学出版会，Ａ5判344頁，3,500円，2001年10月刊

【本書の目的】『講座臨床心理学』（全6巻）は，わが国の臨床心理学の展望を提示することをねらいとしている。第1巻となる本書では講座全体のコンセプトが明らかにされる。

【本書の概要】本講座は，実践的な有効性を重視する「実証性」と，クライエントや他の専門領域との「協働性」の二つの軸から，専門活動としての臨床心理学を考えようと試みている。本書では，臨床心理学の歴史，教育，職業倫理，研究，学際的連携といった幅広い観点が，この二つの視点から論じられている。

1部「臨床心理学の専門性」では，本書が臨床心理学をどのように捉えようとしているのかが示される。1章「臨床心理学とは何か」では，臨床心理学を，実践活動・研究活動・専門活動を核とした「多元的な構造体」として位置づける。2章「世界の臨床心理学の歴史と展開」では，主観的な「心」と客観的な「心」の相克という観点から世界の臨床心理学の発展を論じている。3章「日本の臨床心理学の歴史と展開」では，明治以前から現代までのわが国の臨床心理学の歴史を整理し，現状と課題を明らかにしている。4章「臨床心理学の専門性と教育」では，英米の教育システムを概観し，わが国での臨床心理士の育成について，実践・研究・専門活動を統合した一つのモデルを提示している。

2部「日本の臨床心理学の発展に向けて」では，わが国の臨床心理学の今後を考える上で必要不可欠な議論が6章にわたって展開される。1章「日本における臨床心理学の独自性」では，臨床心理学と心理臨床という二つの用語の検討から，わが国の臨床心理学のあり方を，実践性を本質とする心理臨床の学として描いている。2章「日本の臨床心理学の課題」では，日英米の考えを比較した上で，心理療法に特化したこれまでの限界を指摘し，実証性と社会性を備えた臨床心理学を提案している。3章では，タイトルともなっている「実証にもとづく臨床心理学」の実態とその必要性が論じられ，実践における研究の重要性が強調される。4章

「臨床心理学の社会性」では，臨床心理学の専門性を免許資格制度と公共利益への貢献という視点から考察している。オランダや北欧の現状に触れている点も興味深い。5章「臨床心理学の倫理」では，社会的責任を果たすべき専門職にとって欠くことのできない職業倫理について論じられている。教育場面での性的関係や研究におけるプライバシー保護など，その内容は具体的で参考となる。6章「臨床心理士養成カリキュラム」では，臨床心理士養成についての具体案が提示され，社会からの要請に応えられる専門職として臨床心理士を育成することが強調される。

3部「臨床心理学と他の専門領域との関連性」では，哲学・法律学・社会学との関連が論じられる。1章「哲学と臨床心理学」では，臨床家とクライエントのやり取りを転移／逆転移関係を軸に考察し，哲学における臨床心理学の影響を論じている。2章「社会学と臨床心理学」では，特にサイコセラピーを社会学の視点から論じ，社会構成主義を鍵概念として両者を結びつけている。3章「法律学と臨床心理学」では，法心理学，臨床心理士資格制度，弁護士の法律相談といったトピックとともに，法律学と臨床心理学の協働の重要性が論じられている。

4部「臨床心理学と隣接領域との連携」では，より具体的な協働の形が論じられる。1章「精神医学と臨床心理学」では，精神医学と臨床心理学の類似性や，それゆえの連携の困難さを浮き彫りにしながらも，そこに臨床の知への生産的な可能性を見出している。2章「学校教育と臨床心理学」では，学校教育を子どもの発達援助というヒューマンサービスとして捉え，その心理的援助の実践家であるスクールカウンセラーの働きについて論じている。3章「社会福祉学と臨床心理学」では，コミュニティ心理学者や精神科ソーシャルワーカーの専門性について具体的な事例を通して議論し，臨床心理学と社会福祉学の統合的協働関係の一つのあり方を描き出している。

【臨床心理学を学ぶ上の意義】本書には現在のわが国の臨床心理学の現状とそれを取り巻く課題が，広範かつコンパクトにまとめられている。本書は，臨床心理学の基盤についての問題提起や，臨床心理学を考える上でのメタ的な視点の提供といった色合いが濃いため，本講座のほかの巻と比べても，その内容は非常に多岐にわたる。また，各章を執筆する著者のスタンスもさまざまであるため，展開される議論や提起される課題も，決して容易に理解・実行できるものではない。

しかし，初版から10年近く経つ現在でもその内容は新鮮かつ刺激的で，しばしば特定の学派や心理療法に偏りがちなわが国の臨床心理学に対して本書がもつ重要性は今なお色あせることはない。個々の章は比較的独立しているため，関心のある章を読むだけでも参考になるが，全体を一読すれば，今後の日本の臨床心理学を考えていく上での一つの道標を得ることができると思われる。

綾城初穂

副読本

心理学の新しいかたち第9巻
臨床心理学の新しいかたち

下山晴彦編著

誠信書房，A5判286頁，3,200円，2004年9月刊

【本書の目的】臨床心理学が社会に貢献できる公の専門的活動として発展するためには，どのような活動や研究が必要かを，わが国における実践や研究の現状に触れながら提示することを目的とする。

【本書の概要】まず「序論」として第1章「臨床心理学の発展に向けて」では，英米圏とわが国における臨床心理学の歴史を示した後に，現在のわが国の臨床心理学の偏りと，社会より与えられている課題について論じる。その上で，伝統を土台にしつつも全体としてバランスのよい臨床心理学の全体構造として，実践活動，研究活動，専門活動が循環的に関わり合う層構造を提示する。本書もまた，この構造にそって構成されている。

第2章以降は4部で構成されている。

第I部「臨床心理学の基盤」は，学派を超えた臨床心理学の共通基盤を明確にすることを目的としており，第2章「エビデンスベイスト・アプローチ」，第3章「ナラティヴ・アプローチ」で構成されている。第2章では，臨床心理学におけるエビデンス・ベイスト・アプローチの発展の経緯を概観した後に，その利用を躊躇させる要因に対する考察を行い，エビデンス・ベイスト・アプローチの発展について論じる。第3章では，心理学におけるナラティヴ・アプローチについて説明した後に，精神分析，認知療法，家族療法における展開を概観する。次いで，その意義を考察し，エビデンス・ベイスト・アプローチとの相互補完的活用の可能性，ナラティヴ・アプローチの発展について論じる。

第II部「実践活動としての臨床心理学」は，臨床心理学の全体構造の核となる実践活動をテーマとしており，第4章「介入方針の形成」，第5章「統合的介入」，第6章「コミュニティにおける臨床心理サービス」で構成されている。第4章では，アセスメントとケース・フォーミュレーションの概念および両者の関連，それらの実際，そして，実践の際の留意点について論じる。第5章では，心理療法の「統合」について論じる。まず統合とは何かを明らかにした上で，統

合の拡がり，実際，わが国における動向について概観する。第6章では，コミュニティにおける臨床心理学をテーマとする。ニーズをもつコミュニティに対してどのような臨床心理サービスを行えるのかについて，コミュニティ心理学の視点から論じる。

第Ⅲ部「研究活動としての臨床心理学」は，わが国における臨床心理学の最大の弱点とされている研究活動をテーマとしており，第7章「質的研究法」，第8章「質的研究の実際」，第9章「アナログ研究」，第10章「効果研究」で構成されている。第7章では，臨床心理学の実践性という特徴を活かしうる研究方法である質的研究の方法論について概説し，第8章において質的研究法の実際を紹介する。第9章では，アナログ研究の特徴を明らかにし，臨床実践との関連について概説し，アナログ研究の予防的示唆を得るための活用について言及する。第10章では，効果研究と社会の接点に派生する問題や学派の対立と統合の問題に言及し，「効果」という問題を包括的に考える。効果研究の発展，ESTsについて解説し，実践の関係について論じ，最後に問題と課題を考察する。

第Ⅳ部「専門活動としての臨床心理学」は，わが国の臨床心理学の活動を社会に位置づける専門活動をテーマとしており，第11章「援助要請行動―利用者からみた臨床心理サービス」，第12章「協働―臨床心理サービスの社会的構成」，第13章「社会的専門性の確立―倫理と訓練」で構成されている。第11章では，臨床心理サービスにおける援助要請行動に関する研究の動向とその方向性について論じる。第12章では，対人援助の専門家，利用者，利用者に関わる非専門家等の複数の人びとが参加して利用者が受けるサービスを組み立てていく，サービスの社会的構成および協働について，協働に関する欧米とわが国の研究も交えながら議論する。第13章では，臨床心理学の専門性を確立する基本となる倫理と訓練について，そしてそれらの課題について概説する。

【臨床心理学を学ぶ上での意義】近年，臨床心理学はさまざまな社会場面で求められるようになってきており，それに伴って専門活動としてその説明責任を社会に提示できるかどうかが厳しく問われるようになってきている。本書は，学問としての統合性と有効性を提示することでそうした要請に応えるために，新しい臨床心理学のかたちを提示している。各章は，それと関連して構成されている。いずれの章も，それぞれのテーマに関する基本の説明から，発展，意義，課題や展望などを，最新の実践例や研究例も交えながら網羅的に説明している。

本書は，臨床心理学を学ぶ上において，対象たる臨床心理学がどのような状況におかれていて，どのような課題を有し，今後どのような発展を目指しているのかに関して，多様な観点からの考えおよび考え方を与えてくれる1冊といえる。

川崎　隆

第3章

専門活動に関する科目
（必　修）

臨床心理専門職論

　専門職としての臨床心理士について，その職能と社会性についての理解を進める科目である。臨床実習に入る前に学ぶ前半の「援助専門職入門」と，臨床実習経験後に学ぶ後半の「心理専門職特論」に分かれる。**前半は，修士課程の最初の学期に学び，専門職になる準備をするための科目とする。**後半は，ある程度の実践経験を積んだ後に，卒後に現場に出て心理専門職（臨床心理士）として活動するための知識と技能を解説する。特にコミュニティで専門職として活動するために必要な社会的な態度，知識，技法を学ぶ。そのため，2学年の前期，または後期に開講する。

①臨床心理専門職論1：援助専門職入門
〈修士1年前期〉

　心理援助の専門職の社会的責任を自覚し，専門職となる心構えを学ぶことを目標とする。「援助専門職になるためには何が必要なのか」「自分にとって心理援助の専門職となるとはどういうことなのか」「援助専門職にとって倫理はなぜ必要か」等のテーマに関して少人数のグループ討議を通して自己理解を深める。グループ体験による個人の成長とともに同学年のメンバー全体の成長も図る。個別学習としては，倫理の学習が重要なテーマとなる。

第3章　専門活動に関する科目（必修）

テキスト

臨床心理学レクチャー
心理援助の専門職になるために
臨床心理士・カウンセラー・PSWを目指す人の基本テキスト

M・コーリィ，G・コーリィ著
下山晴彦監訳，堀越　勝・堀越あゆみ訳

金剛出版，A5判296頁，3,800円，2004年4月刊

【本書の目的】援助専門職を目指す者として，心理援助の技能やカウンセリングの理論を学ぶだけでなく，自己理解を深め，実践に役立つ意識や感性を高めていくことを目的とする。

【本書の概要】まず第1～2章で，援助専門職に求められる心構えや学習の姿勢に触れる。第1章「心理援助の専門職は，あなたに向いているでしょうか」では，心理援助の専門職になろうとする動機を中心に扱っている。動機に関わる欲求の典型例や著者自身の動機，実体験を紹介した上で，欲求とそれ自体が実際の援助関係に及ぼす影響を見直し，それを意識しておく必要性を示す。そして，援助専門職となるためには自身の特性の何が役立ち，何が妨げになるのかという自己探索の促進を目指す。

第2章「教育訓練における学習をより効果的にするために」では，教育訓練課程，つまり授業や実習に取り組む姿勢をテーマとして掲げている。教育システムに不備や問題点があった場合にも柔軟に対処し，よりよい学習の場を求めていくような積極性をもつことが成長の鍵となる。制限や限界がある状況にも屈することなく，むしろ創造的に問題を捉え，挑戦していく姿勢は，教育訓練課程だけでなく援助場面でも重要なものである。本章では，そのような積極性を身につけ，現場実習やスーパーヴィジョンの経験の質を向上させるための具体的な手段を説明していく。

次の第3章「援助過程を構成する諸段階」では，効果的な援助者を目指すために，前半で援助活動やクライエントに対する自らの偏見や思い込みを知り，自身の性格や価値観に合致した理論的アプローチの採用について考える。そのアプローチとは人間行動の複雑さに根差す，思考，感情，行為の役割を重視した統合的なもので，自身の人間性に適した援助スタイルにつながっていく。後半では，初回面接から終結にいたるまでの援助過程の各段階を概観する。第1段階：クライエントの問題の明確化，第2段階：変化に向けた目標設定の援助，第3段階：

目標実行の援助，第4段階：終結，の4段階で構成される援助過程モデルを挙げ，各段階で求められる技能や知識，援助専門職としての役割を解説する。

そして第4章，第5章では，実際の援助関係において想定される問題を取り上げ，その対処法について学ぶ。第4章「初心者が直面する問題」では，初心者が直面する多くの問題の中でも特に，抵抗，転移，逆転移，難しいクライエントといった問題に焦点を当て，それに対する具体的な対処法について説明する。感情や心を強く揺さぶられる関わりにおいては，クライエントに向けるのと同様，自分自身にも注意を向け，自らについて学ぶことが重要となる。続く第5章「援助専門職が直面する倫理的問題」では，援助専門職が直面する倫理的問題への関心を高め，避けがたい倫理的ジレンマにも取り組む感性を育む。倫理的な面で適切な実践は，不正行為で起訴される危険を減らすだけでなく，クライエントにとってよりよい援助に努める姿勢につながる。守秘義務，警告義務といった倫理規定および法的基準に関わる問題や，二重関係など議論の対象となる問題を事例にて検討し，判断形成の複雑さやとるべき態度を学んでいく。

最後の第6章「価値観と援助関係」では，援助専門職が抱く価値観や信念体系について考える。クライエントがおのおのの価値観や信念をもっているのと同様に，援助者も援助や実践の背後に自身の価値観を有している。その中には，実践に役立つものもあれば，悪影響を及ぼすものもある。その点で，価値観はクライエントと援助者との関係の要を構成するものといえる。本章では，価値観が援助過程に与える影響の分析を重要なテーマとして取り上げ，さまざまな齟齬が生じた事例を通して検討していく。その際，援助者としての課題は中立性を保つことでも自身の価値観を排除することでもなく，クライエントが自らの価値体系を確認していくよう援助することとしている。

【臨床心理学を学ぶ上での意義】他の心理援助に関する書籍のほとんどが援助のための技法や理論，具体的な手続きを扱ったものであるのに対して，本書では，援助専門職を目指す人自身に焦点をあて，教育訓練課程で生じる問題や援助専門職となる際の心構えがテーマとなっている。また，豊富な事例や課題の検討を通して，実際の援助関係の中で想定される問題に触れ，その複雑さに向き合う姿勢や対処法について考えることができる。援助専門職に対する職業観を育成し，自身の特性や適性を見直すことは，学生や初心の実践家にとって有益な作業である。さらに，本書は，援助過程の各段階を概観し，それぞれにおいて必要とされる技能や知識をわかりやすく紹介しているため，心理職としての考え方や取り組み方，教育訓練課程の共通基礎を学ぶのに適した，実践に役立つ一冊といえる。

津田容子

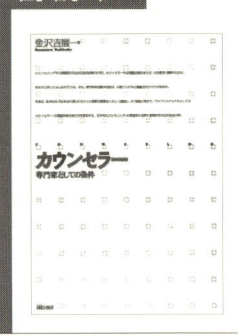

副読本

カウンセラー
専門家としての条件

金沢吉展著

誠信書房，A5判216頁，2,500円，1998年3月刊

【本書の目的】教育訓練，職業倫理，カウンセリングサービスの開発と提供など，多くの教科書には載っていないが心理の専門家として知っておくべき重要なことを論じる。

【本書の概要】第1章および第2章では，カウンセリングを学ぶとはどういうことかという問いから始まり，カウンセラーの教育，訓練のあり方について解説している。まず第1章で，専門職としてのカウンセラーの業務内容，すなわち訓練の目標を明確にし，第2章で具体的な訓練の方法を実証的な研究成果をもとに論じている。初診の学生への基本的なコミュニケーション技術の訓練として，N・ケーガン Norman Kagan の対人関係想起法，マイクロ・カウンセリング，マイクロ・ラボラトリー・トレーニングなどが挙げられている。米国ではほかにもさまざまな教育プログラムが開発されているが，この時期は特定の技法に偏らない訓練が必要とされる。その後はスーパーヴィジョンが中心の学習となり，カウンセラーの発達段階モデルをもとに，その成長に応じて訓練環境を変化させていくことが必要と述べられている。以上をまとめ，効果的な訓練のためには，カウンセラーの発達的な枠組みをもとに，段階的でシステマティックなカリキュラムを組み，その中で学生の能力を引き出すような教育が重要といえる。

第3～5章では，クライエントへの直接的な介入以外のカウンセラーの活動や，介入方法のあり方を扱っている。第3章のテーマはコンサルテーションである。コンサルテーションとは，コンサルタントとコンサルティーが協力し，クライエントを援助する方法を考える問題解決のプロセスである。ここでは，このプロセスを七つの段階に分けて解説し，スーパーヴィジョンとの違い，コンサルテーションを行う際の留意点，コンサルタントの訓練などが具体例を用いて挙げられている。第4章では，予防活動の重要性が述べられている。予防，特に狭義の予防といえる，集団を対象とし，問題が発生しないようにする活動（第一次予防）

は，大別して社会的環境に働きかけて政策や環境を変える活動と，教育的・臨床心理学的な方法とがあり，それぞれの方法や特性が論じられている。第5章はプログラムの開発と評価を取り上げている。ここではカウンセリングをクライエントを対象としたサービスと捉え，対象者のニーズに見合ったものを提供するために，対象者からのフィードバックを得る努力の重要性を強調している。さらに，マーケティングの視点から，プログラム開発と評価のプロセスや利点，留意点について述べている。

第6章および第7章では，カウンセラーの職業倫理について説明されている。専門職であるカウンセラーは職業倫理をもつこと，それを背景に日々のカウンセリングの活動でも具体的な行動として倫理を表すことが必要であるとし，第6章では，心理援助に携わる者の職業倫理として七つの原則を挙げ，その意味や具体的な行動基準を解説している。第7章では，前章の倫理原則から「性的関係を含む多重関係」を取り上げている。こうした関係は，クライエントにしばしば性犯罪の被害者と同じようなPTSD様の状態を起こすという知見を紹介し，それを未然に防ぐために，カウンセラーが自らの心の動きをコントロールする必要があると述べる。そのために，カウンセリングにおいても教育においても性をタブー視することなく，カウンセラーや教師の側から話題として提供することが必要と著者は主張している。

最終章である第8章では，専門家としての知識とスキルという面から離れ，カウンセリングが職業として社会システムの一部になった場合に考慮されるべき問題を指摘している。すなわち，カウンセラーは教育の過程でカウンセリングを受けるべきであるか，カウンセラーは全国に何人必要かの二つが問題提起され，今後オープンな議論が行われていくことを推奨している。

【臨床心理学を学ぶ上での意義】カウンセリングを学び，実践していると，目の前のクライエントや限られた範囲の出来事にとらわれてしまうことがある。心理の専門家は独りよがりで協働しづらい，との他職種の声も耳にする。効果的な援助を行うためには，自らの活動が社会システムの中にあるという意識をもつ必要がある。本書は，多くの教科書で見落とされがちだった訓練や社会的活動，職業倫理に焦点をあて，広い視野からカウンセラーの活動を解説しており，本書が出版された時期では非常に先駆的な試みであったといえる。これらは現在も専門家にとって知っておかなければならないことであり，学生はもちろん，若手から中堅の専門家にとっても役に立つ書籍である。また，本書の特長の一つとして，国内外の研究成果に基づいて論を組み立てているという点が挙げられる。著者の個人的な経験や考えに基づいて書かれた本が多い中，このような著者の姿勢も学ぶべきことと思われる。

慶野遥香

副読本

臨床心理学の倫理をまなぶ

金沢吉展著

東京大学出版会，Ａ５判312頁，3,200円，2006年9月刊

【本書の目的】臨床心理学の実践の場で職業倫理的観点からみて，より適切な対応を行うためにはどのようにすればよいかということを考える際のポイントについて解説する。

【本書の概要】第1章で著者は，職業倫理に対する誤解が減りつつも，いまだに存在しているということから，職業倫理とは何なのかということを述べている。倫理の定義に続き，第2章では，職業倫理に関わる九つの架空の状況を挙げている。この架空の状況の中では，「(1)あなただったらどうするでしょうか，(2)それはなぜですか」「(1)この状況においてどのように対応することが適切でしょうか，(2)それはなぜですか」といった，具体的に考えるための問いが挟まれている。また，同時に職業倫理の項目や考えるヒントも掲載されていて読者に具体的に考えさせる作りになっている。

第3章では，具体的な状況について判断する際に必要となる基準を七つの原則に分け，その全体像を提示している。七つの原則とは以下のものである。①相手を傷つけない，傷つけるようなおそれのあることをしない，②十分な教育・訓練によって身につけた専門的な行動の範囲内で相手の健康と福祉に寄与する，③相手を利己的に利用しない，④一人ひとりを人間として尊重する，⑤秘密を守る，⑥インフォームド・コンセントを行い相手の自己決定権を尊重する，⑦すべての人びとを公平に扱い社会的な正義と公正と平等の精神を具現する。以降の第4～7章では，七つの原則の内でも問題の生じやすい状況についてそれぞれ扱っている。

第4章では前章の第2原則について詳しく説明している。自分に何ができるのか，何ができないのかを見極めること，自分の専門的能力の範囲とは具体的に何であるのか，クライエントを目の前にして即座にその場で判断することは容易ではない。そこで，専門的能力をどのように判断するかということを医療水準を参考に述べている。第5章では，多重関係

にまつわる倫理的問題について扱っている。多重関係は，臨床心理士によるクライエントへの搾取的関係につながりやすいから問題であるとした上で，多重関係に陥りそうな場合の判断について述べている。また，多重関係を性的なものと非性的なものに分け，具体的に解説している。

続く第6章では，「守秘義務」「秘密保持」という言葉の吟味，なぜクライエントの秘密を守らなければならないのかを考えることから始め，「守秘義務」と「秘密保持」の問題について取り上げている。そして，秘密を守らなくてよい場合とその際の注意について解説している。また，クライエントが未成年の場合の守秘義務について，情報公開法と個人情報保護法との関連といった法的観点からも述べている。さらに，第7章ではインフォームド・コンセントの歴史的な意義・法理を解説した上で，契約としてのインフォームド・コンセントについて述べている。具体的には，臨床場面におけるインフォームド・コンセントの内容や，臨床心理士が感じる戸惑いについて述べている。

職業倫理の各論の概説を終えた第8章では，倫理的な問題解決をどのように行えばよいかを考えるため，倫理的意思決定モデルについて述べている。そこでは，今までに提唱された四つの倫理的意思決定モデルを紹介し，それに対して考察を加えた上で共通点をまとめた著者独自のモデルを提示している。そして第9章では，職業倫理のトレーニングがなぜ重要か述べた上で，倫理的意思決定の教育方法について述べている。職業倫理についての海外での教育や著者によるワークショップ形式の授業方法を詳細に紹介し，その効果について考察をしている。また，最後にはよりよい教育実践に向けて著者が考える職業倫理教育の課題について述べている。

【臨床心理学を学ぶ上での意義】本書は倫理という抽象的な理屈だけではなく，具体的な臨床実践の中で遭遇する倫理的問題について書かれているため，職業倫理が自分にとって身近な問題であることが実感できるようになっている。実際，架空の状況を読んでみると，倫理的ジレンマはよくありそうな場面である。

職業倫理とは，現実場面での問題解決であり，いくつかの規則を覚えればすむというものではなく，臨床心理士はいつ何が起こるか予測できない現実状況の中で，即時に適切な判断を行わなくてはならない。しかし，職業倫理の全体像を知らなければ自分が倫理的ジレンマに直面しているということにさえ気づかない可能性がある。

本書は，職業倫理について具体的かつ実践的に書かれており，今後，臨床心理学の実践活動を行っていく上で必要な職業倫理がどのようなものなのかを知り，職業倫理という視点から自分の活動を振り返るために役立つ一冊である。

白木治代

臨床心理専門職論

　専門職としての臨床心理士について，その職能と社会性についての理解を進める科目である。臨床実習に入る前に学ぶ前半の「援助専門職入門」と，臨床実習経験後に学ぶ後半の「心理専門職特論」に分かれる。前半は，修士課程の最初の学期に学び，専門職になる準備をするための科目とする。後半は，ある程度の実践経験を積んだ後に，卒後に現場に出て心理専門職（臨床心理士）として活動するための知識と技能を解説する。特にコミュニティで専門職として活動するために必要な社会的な態度，知識，技法を学ぶ。そのため，2学年の前期，または後期に開講する。

②臨床心理専門職論2：心理専門職特論
〈修士2年前期又は後期〉

　現場における臨床活動では，個人心理療法よりも社会的な文脈に介入することが多くなる。コミュニティ活動，グループ活動，家族への介入などが重要なテーマとなる。そのためには，社会の中での心理専門職の立場と責任を自覚し，社会的な意識をもって活動を展開することが必要となる。また，心理援助の専門職として職業生活を送る上では，感情労働に携わる者としての自己管理も重要となる。ここでは，心理援助の専門職として働くための態度，知識，技能を習得することが目的となる。個別学習としては，自己管理の知識に加えて職業倫理，法的責任，資格制度など心理専門職をめぐる社会的制度と責任について，臨床活動と関連づけながら理解を深めることがテーマとなる。

第3章　専門活動に関する科目（必修）

テキスト

臨床心理学レクチャー
心理援助の専門職として働くために
臨床心理士・カウンセラー・PSWの実践テキスト

M・コーリィ，G・コーリィ著
下山晴彦監訳，堀越　勝・堀越あゆみ・
古池若葉・中釜洋子・園田雅代訳

金剛出版，A5判238頁，3,400円，2004年9月刊

【本書の目的】心理援助の専門職になるための学習の第2段階として，システムに関わっていくための実践的な態度，知識，技能を解説する。

【本書の構成】本書は，米国の援助専門職養課程におけるテキスト『Becoming a helper』（第3版）の後半部分の訳出である。前半部分（『心理援助の専門職になるために──臨床心理士・カウンセラー・PSWを目指す人の基本テキスト』として出版，本書第3章 pp.038-039 参照）は，援助専門職を目指す動機，倫理と価値観等が扱われており，本書はその続編として位置づけられる。

第1章および第2章では，援助専門職がコミュニティで果たす役割に焦点をあてている。第1章では，コミュニティに内在する援助力と社会的資源を拠り所に，集団への予防や早期介入も含めて活動するという，コミュニティ・アプローチの視点，その際援助専門職が担う多次元的な役割，"コミュニティ・カウンセリング"と呼ばれるクライエントやコミュニティに対する直接的・間接的な幅広い活動のあり方，危機介入が解説されている。第2章では障害をもつ人びとと高齢者，HIVをテーマに取り上げ，クライエントのもつ社会的な特性への援助者の先入観が活動に影響を与えるとし，こうした特性についてどのような価値観をもち，関わるかを考えるよう読者に促している。

第3章ではグループ活動を取り上げ，その特性や有用性が紹介されている。クライエントが自らの問題に取り組むのにグループワークを用いる利点として，メンバー同士で感情を共有でき，他のメンバーを見て新しい生活への希望をもてることが述べられ，グループを有意義なものにする条件や，リードする専門家に求められる基準，訓練なども挙げられている。

第4章は，家族システムに関わる際に必要な観点として，システムズ・アプローチと家族療法の鍵概念を紹介する。システム論では，心理的問題は現在の環境と多世代的家族システムから生じると理解される。症状はシステムの機能不全との考えから，家族全体の相互作用をアセス

メントすることが強調される。こうした観点に基づいた家族療法では，家族システムをクライエントと考える，現在の家族関係と症状の発展・維持との関わりに注目する。家族療法家はモデル・教師・コーチとして機能する，家族内の関係性やシステムの変化を目標とするといったことが重視される。

第4章の後半部分では，援助の過程で家族と関わる際，援助専門職自身の家族との関わりが影響を及ぼすとして，読者が家族にまつわる体験を振り返るよう促している。読み進めるうちに，読者は自らの家族構造や親イメージ，家族葛藤のあり方等を探り，向き合うことができる。続く第5章でも，援助専門職が自身の理解を深めることの重要性を説いている。本章では読者がこれまでの人生でどんな危機に直面し，どう対処してきたか，現在の葛藤は何かを振り返るために，E・エリクソン Erick Erikson の心理社会的発達論を取り上げ，自己の発達を見直すポイントが挙げられている。

第6章および第7章では，援助専門職のメンタルヘルスケアについて扱っている。第6章ではストレスとバーンアウトを取り上げている。援助専門職は自分から助けを求めることが苦手であることを指摘し，援助者の抱えがちなストレスを環境的要因と個人的要因に分けて論じる。これらが高じるとバーンアウトにいたることがあるが，これは，難しい人間関係が長期に継続する中で感情的圧迫によって精神的に疲れきった状態を言い，業務の質にも悪影響を及ぼすものである。したがって予防策を講じることが重要であり，バーンアウトの兆候や原因，個人的要因を説明し，バーンアウト状態の援助者へは周囲からの適切なケアが重要と著者らは主張する。第7章では，具体的なストレス対処方略も紹介されている。この章はまとめとして，本書を活かすには統合的な視野を身につけ，現実的な考え方をし，自分自身に目を向けることが，どの国の援助者にも必要だと強調されている。

【臨床心理学を学ぶ上での意義】本書は援助専門職として働く上での心構えを書いた基本書であるが，コミュニティで心理援助活動を行う意義と難しさ，自分自身の葛藤，バーンアウトといった実際的な問題が扱われており，学生のみならず現場で働いている者にも有用である。また，本書の特長として，読者自身に考えさせようとする点がある。全体を通じて「あなたならどうするか」が問われ，各章の最後にも「これからすること」という節が設けられている。自分自身の振り返りをテーマとして扱う箇所もあり，ただ口をあけて待つだけではない，積極的な学習をするチャンスを提供してくれている。この問いへの答えは，訓練の段階，援助専門職として働くということを肌で理解する時期，行き詰まりを感じたときなど，時によって変わっていくものであろう。したがって，長く心理援助に携わっていく上で，折に触れて何度も読み返したい一冊である。

慶野遥香

副読本

シリーズケアをひらく
感情と看護
人とのかかわりを職業とすることの意味

武井麻子 著

医学書院，A5判284頁，2,400円，2001年3月刊

【本書の目的】看護師の感情に着目することで，対人援助職の本質をリアルに描き出した書物。援助の受け手を含めた対人援助職に関わるすべての人に示唆を与えるであろう。

【本書の概要】まずは序章「見えない看護婦」にて，看護師という職業の実態を描くにいたった経緯と目的，想定する読者についての説明が示されており，本文に先立ち著者の執筆意図を理解することができる。そして1章「看護の仕事」でより具体的な検討点が提示されている。その検討点とは，看護師が日々の人びととの関わりの中でどのような体験をしているのかという点について特に感情面に着目しながら考察しようとすることである。

2章から5章までは，感情労働概念とその周辺的要因に関する解説と描写が中心である。2章「感情労働としての看護」では，社会学者のA・R・ホックシールド Arlie R. Hochschild によって提唱された感情労働概念を看護師にあてはめながら説明し，3章「看護婦のイメージ」で，これまで感情労働が軽視されてきた背景の一つである看護師のイメージの問題を扱っている。次に4章「『共感』という神話」で感情労働の要素である共感について，多くの看護師が意味を誤解して共感という行為を実践していることを指摘している。そして5章「身体が語る言葉」では，アレキシサイミアにみられるような感情面での交流が困難な患者への援助の徒労感を描くことで，援助関係における感情のギブアンドテイクの重要性を示している。

6章から9章は，看護師個人の感情に迫っている。6章「看護における無意識のコミュニケーション」では，援助の過程で自分の中に生じる感情に気づくことができずに，患者の感情をコントロールしようとする危険性の生じることが指摘されている。次の7章「死との出会い」では，感情的にもっとも揺さぶられる体験の一つである死に対処するための感情管理について説明がなされている。また8章「傷つく看護婦，傷つける看護婦」では，看護師による犯罪を手がかりに，

看護師を志向する人に特有のパーソナリティの存在を明らかにしている。続いて9章「看護婦という生き方」で共依存やアダルトチルドレンの問題を掲げ，患者に有効なケアを提供するためには，まずは看護師自身のケアが大切であることを示唆している。

最後の10章，終章では話題が看護師集団や社会全体に広げられている。10章「組織の中の看護婦」では看護師という集団に着目し，厳しい規律と明確なヒエラルキーをもつ集団であること，その理由として，職業にまつわる不安やストレスから防衛する機能として集団職業意識が存在することを解明した質的調査を引用している。終章「看護の行方」では，看護師が希望を失わずに働きつづけられる策を考えることは，医療の場の問題だけでなく，誰もが人間らしく生きていくための条件を考えることにつながることであると結んでいる。

【臨床心理学を学ぶ上での意義】 経験豊富な看護師長の語りを聞かせてもらっているかのような視点の鋭さと内容の濃さが魅力の本である。本書には，援助職を描写する際にありがちな過剰な美化も毒の混ざった暴露も一切なく，等身大の援助職の姿が描かれている。だからこそ，臨床心理学を専門にしようとしている者，すでに専門としている者双方にとって豊かな示唆やアイディアを提供してくれると思われるのである。

前者には「他者を援助する」ことの意味を考える契機となるだろう。人の役に立ちたいからと臨床心理学を希望する者は数多い。しかし援助職従事者だからといってその人自身が聖人である必要はもちろんない。とはいえ何らかの援助を求めている個人と向かい合う過程で，倫理や善悪の問題，援助職従事者自身の個人的な価値観やパーソナリティを完全に排除することはきわめて困難であるということも事実である。多くの援助職従事者は，公私の境界線は引きつつも，仕事上で対面するクライエントとの相互作用を通し，時に境界線を越えたり戻ったりしながら公私のバランスをとっているのではないだろうか。本書を通じ，そのような対人援助職の微妙なゆれ具合を感じ取っていただければと思う。

後者には臨床心理学の果たしうる役割を考える契機になると思われる。臨床心理学の実践といえばクライエントへの援助を思い浮かべがちだが，組織スタッフ間のチームワークの向上や，メンタルヘルス維持，管理など，組織における調整役としての役割も期待されている。そのような視点で本書を読むと，看護師をはじめとする対人援助職従事者と患者とのコミュニケーションや感情の問題と，そのコストとしての疲労や意欲の喪失の問題に対し，心を扱う専門家としてどのような貢献が可能であるかを考えることができる。

現場で起こっていること，そしてそこで必要とされていることを考えるヒントが存分に詰まった書物である。

小堀彩子

副読本

心の専門家が出会う法律[第3版]
臨床実践のために

佐藤　進監修，津川律子・元永拓郎編

誠信書房，A5判286頁，2,500円，2009年9月刊

【本書の目的】心の支援に関連する法律を，心の支援に取り組む実務家自身が紹介し，実践との関わりを述べる。

【本書の概要】第Ⅰ部「基本法関係」では，心の専門家にとって基本的な事柄となる法律を紹介する。第1章では，憲法の原則の中から基本的人権の保障を挙げ，心の専門家に関連する多様な法律を①領域ごとの法的体系，②心の専門家自身の資格や業務，③契約に関する法律に整理する。第2章では，自殺の問題に焦点をあて，国策における自殺対策の位置づけと歴史的な流れ，自殺対策基本法，自殺総合対策大綱について概説する。第3章は，総合法律支援法など，国民の生活に関わる法律が挙げられる。これは，弁護士や司法・行政書士などの専門家を利用しやすくする法律であるが，法的な相談が身近になると，処理に絡む心の問題も顕在化し，心の専門家の仕事ともつながってくると指摘されている。

第Ⅱ部「医療・保健・福祉」では，これらの領域に関わる法律について解説する。第4章では医療法や医師法，保健師助産師看護師法などを取り上げ，医療現場の構造や職種ごとの業務内容が説明されている。第5章は心のサポートに携わる医療領域の関連職種として，臨床検査技師や理学療法士などの診療補助職や医療類似行為，薬剤師，言語聴覚士について説明し，現状と問題点を指摘している。第6章は，福祉関連の職種に関わる法律であり，児童福祉司，社会福祉士，介護福祉士などの職務内容が紹介される。続く第7章では，精神保健福祉法の概略が説明される。さらに障害者自立支援法にも触れ，今後の課題を述べている。第8章では，地域保健に焦点をあて，保健所法や地域保健法などメンタルヘルスサービスに関連する法律のほか，健康増進法について概説している。

第Ⅲ部「対象別・領域別」では，生活場面ごとに法律と心の支援との関係を示す。児童臨床（第9章）については児童福祉法，児童虐待の防止等に関する法律（通称児童虐待防止法）などが紹介されている。家庭領域（第10章）では配偶

者間の暴力を扱う通称DV防止法を中心に，法律の概要や措置について説明されている。学校臨床（第11章）に関しては，教育の基本理念としての教育基本法とそれを受けて制定された学校基本法が解説されている。また，最近の動きとして発達障害者支援法や，特別支援教育についても触れている。産業領域（第12章）に関しては，労働基準法，労働安全衛生法から，労働者の精神的な健康を維持するために規定されている制度や対策を解説する。第13章は少年非行に関する法律として少年法を取り上げ，少年非行の定義，処遇の流れや矯正に関わる施設を説明している。司法領域（第14章）では，精神障害者が触法行為を起こした場合の司法システムと医療システムや精神保健システムとの関連について述べる。第15章では精神障害者の社会復帰・社会参加という視点から，精神保健福祉法や障害者基本法など関連する法律や施策が挙げられている。第16章では介護保険法を中心とした高齢者の精神保健，第17章では災害や犯罪被害への心のケアが取り上げられている。

第Ⅳ部「課題別」では，ここまでの枠組みにはあてはまらないが，押さえておくべき重要な課題について述べられている。第18章では心の専門家の倫理を取り上げ，対人援助職に関わるさまざまな倫理規定が紹介されている。第19章は医療従事者が直面する可能性のある医療事故に関して，法律上の責任について説明する。第20章では自己決定の権利とインフォームド・コンセントの概念について解説し，防衛型と参加型という視点から今後の方向性を提案している。第21章では，精神障害者や高齢者など，判断能力が不十分な人に対し，成年後見人が財産管理や身上監護を行う成年後見制度について，第22章では情報公開法，個人情報保護法といった情報の取り扱いに関する法律とガイドラインが説明されている。

【臨床心理学を学ぶ上での意義】本書はメンタルヘルスサービスに携る専門家を対象に，実践の中で関わる法律を解説したものである。自らのいる領域，機関等がどのような法的根拠のもとに規定されているのか，自らの活動がどのような法律によって規制されうるのかということは，当たり前のようで，ただ活動を行うだけではなかなかみえてこない部分が大きい。本書では1冊の中で，憲法から条例まで数多くの法律について言及されており，「足元を固める」には十分の内容である。また，本書は法律の専門家を監修者としつつ，各章は実践を行っている心の専門家が執筆している。法律書や法律の条文は専門外の人間にはわかりにくくなりがちであるが，メンタルヘルスとの関連という視点から書かれることで，その法律のもつ意味，問題点が理解しやすくなっている。実際に臨床実践を行っている専門家はもちろん，現在教育段階にある学生にとっても必読の書といってよいだろう。

慶野遥香

副読本

ケースブック
心理臨床の倫理と法

松田　純・江口昌克・正木祐史編

知泉書館，菊判224頁，2,200円，2010年3月刊

【本書の目的】臨床心理学における倫理，倫理教育に関する数少ない基本テクストであり，臨床心理学の活動に携わる者が，倫理的問題にどう対処するかについて具体的な事例を交えて解説する。

【本書の概要】まずIの総論では，1「倫理とはなにか？」から始まり，倫理学の成り立ち，医の倫理，生命倫理学の誕生，そして，T・L・ビーチャム Tom L. Beachamp と J・F・チルドレス James F. Childress による4「生物医学倫理の四原則」にいたるまでの経緯が解説されている。この「生物医学倫理の四原則」とは，「自律尊重原則」「無危害原則」「善行（恩恵）原則」「正義原則」からなり，今日，生命倫理，医療倫理の世界で広く受け入れられている。本部では，この四原則に，医療専門職と患者とのさまざまな関係を分析するため，ビーチャムがさらに導きだした「正直」「プライバシー」「秘密保持」「誠実」からなるクライエントとの関係における四つの規則を加え，これらの臨床心理学における意味を解説している。たとえば，「自律尊重原則」については，その応用として，研究や医療，福祉などにおける，インフォームド・コンセントという規則がある。本書では，心理臨床においても，その目標や効果，リスクやカウンセリングの時間，回数，料金，守秘義務やその限界等，クライエントへの説明を行うインフォームド・コンセントは重要にして不可欠なものであるとしている。また，「秘密保持」は，臨床活動において必要な規則であるが，さらに他害，自傷のあるクライエントについてはこの「秘密保持」をどう扱うか等，より複雑な問題となる場合があることが論じられている。このように原則，規則は臨床心理学においておのおのが重要であるが，実際の場面において，これらが競合してしまう場合，つまり倫理的葛藤が起こる場合がある。本部ではこうした場合における意思決定のプロセスについて，まずは何が問題であるか，どんな倫理的原則に基づく義務が葛藤しているのか，職能団体の倫理綱領との関係はどうか，法規制と

の関係はどうかを確認し，コンサルテーションとスーパーヴィジョンを受けること，解決のためにとるべき行動を考えること，それぞれの決定によって予想される結果を検討すること，最善と思われる行動を決断することといった具体的なプロセスについて詳しく論じられている。

次にⅡ，Ⅲでは，臨床活動の場面において実際に起こるような具体的な事例を挙げ，読者がそれぞれの事例に即して，問題点を分析し，さまざまな対応の可能性について検討することができるような構成となっている。たとえば，ケース1では母親へのカルテの開示と説明責任について，ケース2ではスクールカウンセラーの守秘義務と学校との連携について取り上げている。これらのケーステーマは守秘とその限界についてであり，読者はプライバシーの保護と秘密保持という規則，それがクライエントへの善行原則につながるのか，無危害原則に反することとなるのか等について熟慮することが求められる。ケース5～7は犯罪への対応がテーマとなり，躁状態でクライエントが逮捕された場合，クライエントの覚せい剤の使用が疑われる場合など，秘密保持と法令による情報提供義務の葛藤などについて，検討することが求められる。さらに，ほかにも多重関係や，価値観と自己決定，研究倫理等，さまざまなテーマにおいて臨床活動における倫理的思考，判断力を鍛錬することができるよう，リアリティのある事例，その背景となる事実について，考えるべき問題，解説と，詳細なケーススタディが掲載されている。

しかしながら本書では，解説に，マニュアルを求めるのではなく，個別の事情をしっかり見極める必要があり，事例に対する答えを性急に求めようとするのではなく，思考のプロセスを重視することが大事であること，授業等で使用する場合においてもグループ討論等により論点を深め，異なる価値観，倫理感を相互に提示し，理解や反発により倫理的センスを磨くことの大切さについても論じられている。

【臨床心理学を学ぶ上での意義】これまで医療倫理や生命倫理をはじめとし，さまざまな分野において，倫理，倫理教育の重要性が叫ばれてきた。しかしながら，臨床心理学という分野において，倫理関係の基本テキストはとても乏しく，良書となればなおさらである。本書はこのような状況において，臨床心理学，哲学，倫理学，法学，精神医学，社会心理学，社会福祉学，保健学，薬学の各分野の専門職からなる学際的な取り組みによって生まれた，わが国初めてのテキストとなる。本書では，臨床活動という実践場面において多くの者が直面するであろう難しいモラルディレンマを内包した事例を取り上げており，このような事例について熟慮し，時には仲間と討議しながら自分の倫理センスをじっくりと磨く助けとなるであろう。本書は今後，臨床心理学を学ぶ者にとって，実践，研究を行う上での良質なテキストであると思われる。

海老根理絵

第4章

実践活動に関する科目
（必 修）

臨床心理アセスメント演習

　事例の問題に関するデータを適切に収集し，問題となっている事態を理解し，介入に向けての方針を立てる臨床心理アセスメントの理論と方法を学ぶ。**臨床心理アセスメントの基本的な知識と手続きを学ぶ前半と，異常心理学の知識を習得し，精神医学的な診断を踏まえた上で問題理解を具体的な方法について実習を通して学び，技能を習得する後半とに分かれる。**前半と後半の演習を終えた時点で，現場においてアセスメント面接を担当できるまでの技能を身につけることが目標となる。

①臨床心理アセスメント演習1：基本編
〈修士1年前期〉

　関連するデータを収集し，それらを総合して問題の成り立ちを明らかにし，介入方針を策定する（見立てを立てる）ケース・フォーミュレーションまでの手続きと，そのための知識の習得を目標とする。面接法を中心とするアセスメントの方法，心理テストの利用の仕方，行動分析の方法，事例に関するデータを統合し解釈するケース理解のプロセスとそれに基づく援助方針の立案方法を学ぶ。また，アセスメントに必要な異常心理学の基礎知識も，この段階で学んでおきたい。個別学習は，初回面接の方法，子どもの面接の方法，さらに問題理解をケースマネジメントにつなげる方法についての学習となる。

第4章　実践活動に関する科目（必修）

テキスト

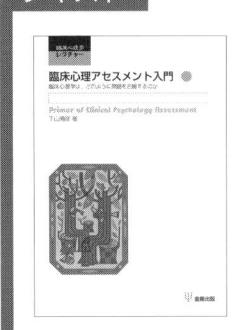

臨床心理学レクチャー
臨床心理アセスメント入門
臨床心理学は，どのように問題を把握するのか

下山晴彦著

金剛出版，Ａ５判232頁，3,200円，2008年9月刊

【本書の目的】臨床心理学の活動におけるアセスメントの役割と，そのための基本的な考え方，問題の多元性を理解しさまざまな情報を統合して活用するための枠組みを提示することを目的とする。

【本書の概要】本書は，序章，終章を含めて全9章で構成されており，臨床心理アセスメントの進め方を全23回の講義を通して解説する。

序章「臨床心理アセスメントとは何だろうか」は第1回講義で構成されており，本書のテーマとアウトラインを示す。なお，本書では，臨床心理アセスメントを「事例の問題のメカニズムを明らかにし，介入の方針を定めるための情報処理過程」とみなす。

第1章「問題意識」は，第2～4回講義で構成されており，わが国の臨床心理学の課題を明らかにし，本書の目標を示す。第2回講義では臨床心理学を取り巻く内外の学問環境を概説し，第3回講義ではわが国の臨床心理学の現状を批判的に論じ，第4回講義では問題を多元的に理解するために臨床心理アセスメントで考慮する四つの判断基準，すなわち適応的基準，理念的基準，標準的基準，病理的基準を提示する。

第2章「医学的診断を超えて」は，第5～7回講義で構成されており，精神障害をはじめとする障害を臨床心理アセスメントに統合的に組み入れていく枠組みを解説する。第5回講義では，第4回講義で示した四つの基準が臨床心理アセスメントの独自性を保証するものであることを説明する。第6回講義では障害をどのように問題理解に組み入れるかを，第7回講義では生活，ライフサイクルの観点からどのように問題を理解するかを，生物－心理－社会モデルの観点から概説する。

第3章「問題のメカニズムを探る」は，第8～10回講義で構成されており，対象となっている問題の成り立ちを明らかにしていくための基本的枠組みを提示する。第8回講義では，基本的枠組みとして生物－心理－社会モデルを提示し，それに基づいて包括的な仮説を構成する方法を

概説し，第9回講義では仮説を生成するためのポイントとして「行動」に注目することを説明する。そして第10回講義では，明らかになった問題の成り立ちに基づいて介入方法を立てていく方法を提示する。

　第4章「アセスメントを意味あるものにする」は，第11～13回講義で構成されており，問題が現実においてもつ意味を明らかにする機能分析について解説を行う。第11回講義では機能の観点から問題行動の意味を探ることの重要性を論じ，第12回講義では機能分析の方法，第13回講義では機能分析の実際を，事例を通して説明する。

　第5章「介入の方針を定める」は，第14～16回講義で構成されており，明らかにした問題のメカニズムに基づいて介入方針を決めるケース・フォーミュレーションの方法を紹介し，臨床心理アセスメント全体の進め方を解説する。第14回講義ではケース・フォーミュレーションのアウトラインとその特徴を説明し，第15回講義ではその実際を，事例を通して説明し，第16回講義ではその意義と役割を考察する。

　第6章「初回面接（1）」は第17～19回，第7章「初回面接（2）」は第20～22回で構成されており，初回面接において臨床心理アセスメントを実施するための面接の具体的手続きを解説する。第17～19回講義では，協働関係の形成，問題を明確化するための基本情報の収集，問題の明確化とその後に向けての方針の決定の3点について説明する。第20回講義ではミクロな機能分析のための面接法について，第21回講義ではマクロな機能分析のための面接法について，そして第22回講義ではケース・フォーミュレーションのための面接法について解説する。

　終章「改めて臨床心理アセスメントを考える」は第23回講義で構成されており，講義シリーズの内容の復習を行った後に，臨床心理独自のアセスメントについて，再度考察を行う。

【臨床心理学を学ぶ上での意義】アセスメントは，介入とあわせて臨床心理学の実践活動の中心をなすものである。本書は，精神医学の診断分類を超えて問題の心理学的な意味を見出していくケース・フォーミュレーションという，生物－心理－社会モデルに基づいて問題を多元的に理解する臨床心理学独自のアセスメント方法について解説したものである。本書は，臨床心理アセスメントの基本的考え方や意義，役割，進め方について，最新の知見や具体例を交えて網羅的に解説している。本書を通じて，総合的に心理的問題を把握するための枠組みを理解することが可能になり，臨床心理学，さらにはメンタルヘルスの活動全体における臨床心理アセスメントの意義と役割を知ることができるようになる。

　さらに，本書の各講義の末尾には，「さらに深く理解するための文献」と題して各講義に関連した推奨文献とその文献の概略が載っており，さらなる知識欲や疑問に答えうる仕様となっている。

川崎　隆

副読本

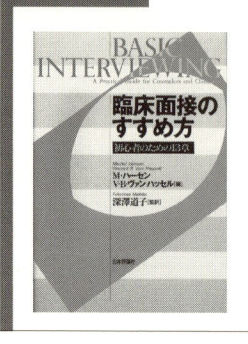

臨床面接のすすめ方
初心者のための13章

M・ハーセン，V・B・ヴァン=ハッセル編
深澤道子監訳

日本評論社，A5判328頁，3,000円，2001年4月刊

【本書の目的】本書は，心理学や精神医学関連分野で学ぶ学生や実習生から多数あげられてきた初回面接技法に関する疑問を解説しながら，初心心理職を教育するための入門書である。

【本書の概要】第1～3章では，面接を始めるまでの心理職としての基礎知識がまとめられている。第1章「臨床面接全般に関する問題点」では，面接を進めていくための要素について述べられている。臨床面接のゴールに不可欠な基本事項，面接を組み立てる項目とそれらの構成について，そして面接とそのプロセスに影響すると考えられる重要な事項が解説されている。続いて，第2章では，「面接の始まりと守秘義務」と題し，初回面接を行うための指針が紹介されている。全体的な面接の流れと，それぞれのステップについて解説しており，具体的で実践に結びつけやすいポイントが示されている。そして，第3章では，セラピストの背景に関わらず，基本的なクライエントとの関係をつくりあげ，維持していくた

めの基本ツール「ラポール，共感，リフレクション」を定義し，描写している。次章からは実際の面接内容へと進んでいく。

第4章では，「主訴の歴史」を中心に，ケース理解や治療計画のために，現在の症状のみならず，精神科的疾患，物質濫用，身体的病気などの多面的な情報収集の必要性について論じられている。第5章では，クライエントのもつ問題の発端を概念化するにいたる情報を得るという目的のもと，面接の中で「生育歴」を聞き取る際の実践的な情報と現場経験から得た示唆について論じている。第6章では，行動・情緒的な問題に関する包括的な査定面接には不可欠なものとして，「病歴」をどのように聞き取るかについて述べられている。第7章では，「精神状態の査定」を実施するにあたり，いくつかの指針を与えている。容貌外見や行動，態度など，ポイントを押さえながら，さらなる評定やテストの必要性も踏まえ，かつクライエントの操作的な振る舞いにも注意を払い，査定内容は全般的な情報

の統合が必要であるとも述べられている。

本書の後半では，面接全体を一つのまとまりとして考える上での留意点について論じている。第8章では，「インテーク面接のまとめ方」として，報告書の書き方を解説している。インテーク報告は介入を成功に導く重要な要因となることを指摘した上で，報告書を作成するために役立つ助言とともに，付録として実際の報告書やチェックリストがまとめて示しており，実に有益である。また，第9章では，「防衛的になることへの対処」について取り上げ，セラピストが建設的に反応するため，防衛策や応え方について丁寧に解説し，効果的な面接にするためのいくつかの示唆を与えている。さらに，第10章では，「多弁なクライエントに対処する」というテーマで，多弁が臨床場面においてどのように現れるか，主要なものを取り上げて概観している。第11章では，「面接を終わらせる」ために，初回面接の開始段階，データ収集段階，終了段階の終了時に何が含まれるべきであるかを解説している。そして，第12章では，クライエントができるかぎり有益な治療を受けられるようにするために「紹介」を，いつ，どのように，そして誰に対して委託するべきかさまざまなケースが検討されている。インテーク評定についての形式例や，紹介状の見本と紹介状受領の手紙の見本も記されており，紹介プロセスの一連の流れを概観できる内容である。最後に，第13章では，「治療ターゲットを定める」上で，クライエント中心の特定の介入ゴールを定めるために，注意点として，一方的な考えのみで決定するのではなく，クライエント自身と家族など周囲の人びとや環境などの状況を考慮し，柔軟に対応していく必要性について述べられている。

【臨床心理学を学ぶ上での意義】アセスメント技法を学ぶことは，臨床心理学において重要な位置を占めているが，その習得方法には王道はなく，単にたくさんの面接を経験し，心理検査を使えることだけが心理職としての成長とはなりえない。本書では，初回面接の出会いの瞬間から始まっているといわれるアセスメントをどのように組み立てていくか，クライエントにどのように話しかけ，彼らからどうやって必要なデータを得たらよいのか，実践的で重要な項目が網羅されている。さらに，面接事例が豊富で，失敗例も挙げられており，心理職が困ったときや悩んだときに具体的How toに基づいたやり取りのポイントがわかりやすい内容である。また，付録としてチェックリストや報告書や紹介状などの書類の書き方の実例といった必要に応じて利用できるツールを備えているところも非常に有益である。

初学者の入門書という位置づけにとどまらず，経験者やエキスパートと言われる心理職でも，いつも手元に置き，適切なアセスメントができているか，自身の面接技術検証の基準としても利用できるであろう。

平林恵美

副読本

子どもの面接ガイドブック
虐待を聞く技術

W・ボーグ，R・ブロドリック，R・フラゴー他著
藤川洋子・小澤真嗣監訳

日本評論社，A5判184頁，1,900円，2003年10月刊

【本書の目的】本書は，司法領域の専門職が虐待を受けた子どもから客観的信頼性をもつ情報を引き出す面接技術に関するガイドブックである。本書の示す面接技術は司法領域に限らず，いかなる領域の心理面接においても気づきを与えてくれる。

【本書の概要】第1章の「面接場面の設定」では，面接を始めるにあたっての必要な心構えと準備について述べられている。特に"子どもの理解力を知ること""面接者/子どもの役割を共有すること""子どもの主導権を保証すること""客観的記録と使えるように面接記録の保存の了解を得ること"の重要性について丁寧に説明されており，被面接者の立場や視点も踏まえた上で面接を始める前に整理しておくべき点について考えることを勧めてくれる。

次に，第2章「適切な質問」，第3章「言葉の使い方」，第4章「質問の繰り返し」，第5章「アナトミカル・ドールなどの道具の使用」において，実践的な面接技術について述べられている。"開かれた質問""焦点化された質問""質問の繰り返し"を組み合わせ，誘導的にならないよう注意しつつ，情報を収集するノウハウや，相手の理解が得られるような言葉掛けにするための工夫と具体的な表現方法について実践例を引き合いに出しながら丁寧に説明している。質問の投げかけ方や組み立て方についてさまざまな視点で見直しすることができる。また，信頼しうる情報の収集を促進する手立てとして，どのように非言語的媒体を用いるかについても，具体例を踏まえて説明している。非言語的な媒体が言語的な情報を引き出す上でどのような利点があるのか，また，非言語的な情報自体の有用性について多大な示唆が得られる。情報を引き出す方法の幅が広がるだけでなく，どのような/どのように情報収集するかについて，多くの示唆に富む内容であった。

そして，第6章「面接の終結」，第7章「面接記録の作成」では，面接を終える作業の要点が述べられている。まず，

面接を終える判断と，終える際の注意点について説明されており，確認事項はいかなる面接でも適用できる基本的な内容となっている。面接者にとっての条件と被面接者にとっての条件について，双方の立場に立ちながら終結場面をつくりあげる必要性に気づかされた。また，面接で得られた情報をどのようにまとめて信頼性に足りる資料とするかが論じられており，面接場面だけでなく，得られた情報を最大限に生かすためのポイントが具体例を用いて説明されている。

最後に，第8章「記憶と被暗示性」，第9章「子どもの申告のなかの誤り」，第10章「虐待を打ち明けない子ども」，第11章「特別な配慮が必要な子ども」，第12章「親権や面接交渉との関係」の5章にわたり面接時の注意点を多面的に論じている。面接をする上で問題となる，"記憶の問題""被暗示性の問題""申告の誤り"について丁寧に説明されており，周辺情報に気を配り，行間を読みこむ力をもつことの重要性を示唆している。表面的な言語的な情報に限らず，被面接者の置かれている背景要因や，面接時の心身の状態を踏まえた上で，被面接者が表現している情報の内面に隠された意味を汲み取ることでケース理解が深まることは広く語られているが，実際のケースを踏まえた説明は迫力があり，臨場感が伝わってくる。また，虐待を打ち明けない子どもへの対応や，子どもの状態や状況による特別な配慮，そして，加害者との面接や親権問題を取り扱うことにおける注意点について丁寧に解説されており，被面接者や周囲の環境に面接をすることで与える影響について考察することができる。その上で，周囲への影響や被面接者への不適切な影響を防ぐための留意点が具体例を踏まえて説明されている。どのような点を配慮しながら面接を進め，情報を収集し，見立てを立てていくのかについての要点がうまくまとめられており，面接を行う上で面接者の視点の幅を広げてくれる。

【臨床心理学を学ぶ上での意義】本書は米国の第一線にある児童虐待センターにおけるプログラムを家庭裁判所調査官の研究チームで和訳したものであり，現場の緊張感を肌に感じるように技術を学ぶことができる。司法領域において有効な証言を，いかに面接で引き出すかという明確な目的をもとに作成されたガイドブックであるが，虐待と司法という限定的な状況に限らず，さまざまな面接場面において多くの示唆を与えてくれる。

特に，被面接者の能力や内容の話しづらさ，また，家族との関係や面接内要因の影響など，さまざまな要因について，細やかな注意を払う必要性について考えることができる。

本書全体を通して投げかけられている"どのように客観的で信頼性のおける情報を引き出し，その情報をどのように取捨選択するか"という課題は，心理の専門家として常に意識すべき問いであると思われ，示唆に富む一冊である。

藤平敏夫

第4章　実践活動に関する科目（必修）

副読本

ケースマネジメントの技術

A・J・フランケル，S・R・ゲルマン著
野中　猛監訳，羽根潤子訳

金剛出版，A5判200頁，2,800円，2006年12月刊

【本書の目的】保健，教育，司法，労働などの対人サービス領域で制度化，支援方法として推奨されているケース・マネジメントの実践的・実務的技術を解説する。

【本書の概要】第1部ではケース・マネジメントの概要とプロセスが紹介されている。第1章では，ケース・マネジメントの定義の歴史的変遷を踏まえ，ケース・マネジメントがどのような条件下で誰によって行われ，どのような人びとがサービスの受け手となるのかが示されている。同時にケース・マネジメントの教育の場も明らかにされており，総論的な章といえる。第2章では理論的背景であるシステム論が紹介され，アセスメントから介入，終結にいたるまでのプロセスがケース・マネジメントの基本的機能と課題とともに詳細に述べられている。第3章では，直接的な個別支援にとどまらない，危機介入や短期の治療的介入，ファシリテーター，教師，権利擁護，サービスコーディネーター，フォローアップなどのケース・マネージャーの役割が実務的な視点から指摘されている。

第4章では具体的な事例が紹介されており，問題の定義→問題の深刻化の判定→仮説の展開→目標の設定→サービス介入の計画と実行→評価→終結→フォローアップという8段階の連続性のある出来事を追うことでケース・マネージャーのアセスメントや介入の仕方，マネジメントのプロセスが理解できるように工夫されている。

第2部では，実務におけるケース・マネージャーの役割や介入技術，課題がより詳しく紹介されている。第5章では，傾聴，焦点づけ，要約，共感，賞賛，支持，境界設定など，対人援助サービスの領域で求められる基本的なケース・マネジメント技術が事例とともに述べられている。第6章では，第5章の基本的技術を前提に，専門職として求められる特別な技術が紹介されている。具体的には，的確な対象者の選定，心理社会的アセスメント，問題の同定方法，問題の深刻度の見定め，仮説生成，目標設定などが解説される。とりわけ心理社会的アセスメントにおける情報収集と分析技術の重要性が述べられ，

これらの技術の習得の仕方も丁寧に述べられている。第7章では、第6章の専門的技術を念頭におきながら、ケース・マネジメントを進めるにあたって契約や交渉、記録の保管、ケース・マネジメント実践に対する評価など、多種多様な技術が必要になることが述べられている。たとえば、「交渉」については、ニーズをアセスメントすること、交渉の限界設定、申し出、類似点を最大限にして相違点を最小限にすること、分極化、駆け引き、取り込み、妥協の技など実践的な技術が紹介され、マネジメントをしていく上で起こりうる状況に対し、どのように技術を習得すれば交渉が成功するかが詳述されている。

第3部では、ケース・マネジメントが実践されている領域が明らかにされ、現状の課題と将来の展望とが挙げられている。第8章では、ケース・マネジメントの主たる対象群を挙げ、それぞれの領域ごとに彼ら彼女らがもつ多様な問題と課題が述べられ、それぞれの領域で実践が具体的にどのように行われているのかが紹介されている。領域としては、発達障害、ヘルスケアと慢性疾患、精神保健と慢性精神疾患、嗜癖、児童福祉、高齢者医療、刑事裁判、エイズ、ホームレスが挙げられている。たとえば、発達障害のある人に対するケース・マネジメントについての10カ条、発達障害が子どもか大人かによってサービスの内容が異なること、利用者としての両親や保護者を含めることなどが詳細に紹介されている。第9章では、ケース・マネジメントを行っている米国の現状の課題として、研修、資格認定、周囲からの評価、担当ケースの数、サービスの用量、スタッフの入れ替わり、費用の抑制、サービス提供者による運営方針と利用者主導の組織による運営方針などが挙げられている。これらの課題に対応するため、将来的な展望として、地域に基盤をおいた新しいケース・マネジメントモデルが提案されている。ケースとは一人のクライエントを指すのではなく、そのクライエントが居住する地域社会というシステムのことであることを明らかにしたモデルである。

【臨床心理学を学ぶ上での意義】臨床心理学において、クライエントのニーズと地域資源のつなぎ手としての役割が期待されて久しい。ケース・マネジメントとは、何らかの社会的不利を抱える人びとのニーズを満たすために、福祉的な制度や機関といったフォーマルな資源と、個人がもつ自然な人間関係といったインフォーマルな資源とを結びつけ、サービスのパッケージとして提供しようとする援助技法をさす。システム論を理論背景としており、ニーズと資源とのマッチング作業を通して、システムの査定や変更を計画することが目指される。『問題の定義→問題の深刻化の判定→仮説の展開→目標の設定→サービス介入の計画と実行→評価→終結→フォローアップ』という8段階プロセスを追いながら、クライエントのニーズに即した援助活動の幅を広げる上で意義のあるケース・マネジメントに必要な技術や留意点を実践的に学ぶことができる。

石川京子

臨床心理アセスメント演習

　事例の問題に関するデータを適切に収集し，問題となっている事態を理解し，介入に向けての方針を立てる臨床心理アセスメントの理論と方法を学ぶ。臨床心理アセスメントの基本的な知識と手続きを学ぶ前半と，**異常心理学の知識を習得し，精神医学的な診断を踏まえた上で問題理解を具体的な方法について実習を通して学び，技能を習得する後半**とに分かれる。前半と後半の演習を終えた時点で，現場においてアセスメント面接を担当できるまでの技能を身につけることが目標となる。

②臨床心理アセスメント演習2：実践編
〈修士1年後期〉

　DSMシステムに基づき，精神症状と精神障害の診断分類の方法について本格的に学習する。ビデオ教材，あるいは医療現場での研修などと並行して異常心理学の知識を実際に活用して精神障害を理解し，それに基づいて介入方針を形成できる技能の習得が目標となる。また，さまざまな精神障害や心理的問題に関する，最新の研究成果を学び，エビデンスベーストアプローチに基づく問題理解と介入法もあわせて学習する。個別学習としては，不安障害，精神障害，発達障害，パーソナリティ障害などについての知識を深めることが目標となる。

テキスト

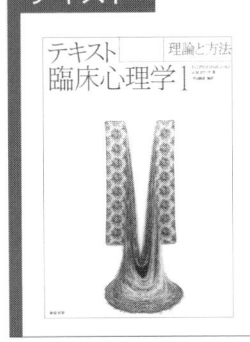

テキスト臨床心理学1
理論と方法

G・C・デビソン，J・M・ニール，A・M・クリング著
下山晴彦編訳

誠信書房，B5判284頁，3,800円，2007年11月刊

【本書の目的】『Abnormal Psychology 9th』の全訳であるテキスト臨床心理学シリーズの第1巻である。標準的な臨床心理学のテキストであり，その中でも理論と方法（パラダイム）について扱っている。

【本書の概要】第Ⅰ部（第1～2章）では臨床心理学の学問的基礎となるパラダイムと異常心理学の重要性について述べられている。臨床心理学にはさまざまなパラダイムが内包されており，どのパラダイムを選択するかが非常に重要な意味をもつ。そのため，臨床心理学を学ぶ者は，パラダイムのもつ影響に敏感でなくてはならないと述べられている（第1章）。また，臨床心理学の基礎として異常心理学の概要と歴史について解説し，本書における異常行動を定義する際の基準を示している（第2章）。

第Ⅱ部（第3～4章）では，アセスメントがテーマとなっている。第3章では，アセスメントをする際の信頼性と妥当性の重要性について述べた上で，効果的な予防・介入計画を作成するために必要となるアセスメントの方法について示している。また，アセスメントを心理学的アセスメントと生物学的アセスメントに分け具体的に紹介している。そして，第4章では異常行動の分類をテーマとして扱っている。異常行動の分類の歴史を概観した上でDSMについて詳しく解説している。さらに，異常行動の診断分類をすることの是非や意義，診断行為への批判についても言及している。

第Ⅲ部（第5～8章）では，異常心理や問題行動を理解し，適切な介入方法を決定する際の枠組みとなるパラダイムについて解説している。つまり，個人の問題を理解し，そこに介入するための個人心理療法の基礎となる四つのパラダイムである。具体的には，第5章で人間学・実存主義パラダイム（クライエント中心療法・実存療法・ゲシュタルト療法），第6章で精神分析学パラダイム（古典的精神分析アプローチ・ユングの分析心理学・アドラーの個人心理学），第7章で学習理論パラダイム（行動療法），第8

章で認知理論パラダイム（ベックの認知療法・エリスの論理情動行動療法）を取り上げている。

　第Ⅳ部（第9～13章）では，生物－心理－社会モデルやシステム論という統合的な視点から，臨床心理学的介入を概観している。現在，臨床心理学では異常行動を多面的に捉える傾向が強くなりつつあり，生物・心理・社会の各側面を含めた統合的な介入がより重要になってきている。つまり，クライエント個人の心理面にのみ単独で介入するのではなく，生物的側面，クライエントが関係する対人関係や社会システムに焦点をあてた介入法が併用されるようになっている。こうした点について，各章で解説している。

　まず，第9章では異常行動を身体因性のものとする仮説である生物学パラダイムについて解説している。これは，異常行動や異常心理は生物学的プロセスが正常に機能しないことで引き起こされるものだと考えるものである。その上で，第10章において生物的側面を含めた異常心理への介入の統合について扱っている。具体的には，統合的なパラダイムとして素因－ストレスパラダイムを導入し，複数の視点を統合している。続く第11～13章では，人間関係に介入する方法について解説している。第11章では，何人ものクライエントに対して同時に介入する集団療法についてである。本章では，集団療法について解説した上で，洞察志向型の集団療法，行動主義的集団療法について述べている。第12章では，夫婦や子どもたちが合同セッションという形で介入の場に招かれるカップル（夫婦）療法と家族療法について解説している。この章では，事例を用いた解説をした上で，合同療法の要点や特に注意すべき点について述べている。さらに，第13章ではクライエントを生活環境から切り離すことなく問題を予防し介入することを目的とするコミュニティ心理学の理論・方法・実践について解説している。

【臨床心理学を学ぶ上での意義】本書は異常心理学のアセスメントと統合的視点から臨床心理学的介入を概説したテキストである。これまでわが国で臨床心理学の教科書といわれていたものは，カウンセリングや心理療法の理論を紹介するものがほとんどであり，異常心理学を含めた臨床心理学の全体構造を詳説してはいなかった。今後，心理専門職として他の専門職と協働するためには，その核となる異常心理学に基づく臨床心理学の知識と技法が必要となる。本書はそれについて包括的に学ぶことができる一冊である。また，昨今では統合的なパラダイムへの関心の高まりに伴い，折衷的なアプローチがとられるようになり，依拠するパラダイム以外の技法も利用されるようになってきている。これは，人間の心理的問題の複雑さを扱うのに有用な態度であるが，個人心理療法のみならず多様な視点から臨床心理学的介入の理論・方法・実践を知ることができることも本書の魅力である。

白木治代

第4章　実践活動に関する科目（必修）

副読本

テキスト臨床心理学3
不安と身体関連障害

G・C・デビソン，J・M・ニール，A・M・クリング著
下山晴彦編訳

誠信書房，B5判260頁，3,200円，2007年1月刊

【本書の目的】異常心理学の中でも多く取り上げられている不安障害と，身体表現性障害や摂食障害などの身体関連障害について，その特徴，定義，原因論および介入法を検討する。

【本書の概要】本書は，第Ⅰ部「不安障害」，第Ⅱ部「身体表現性障害と解離性障害」，第Ⅲ部「摂食障害」，第Ⅳ部「心理生理的障害」の4部構成となっており，各部ではDSM-Ⅳ-TRの分類に沿って障害の特徴が紹介され，精神分析的，行動主義的，認知的，生物学的などの異なる視点での原因論，およびそれぞれの立場からの介入方法が解説されている。

まず，第Ⅰ部「不安障害」について紹介する。第1章「恐怖症」では，実際には危険ではないものや状況に対する恐怖や回避である恐怖症について，第2章「パニック障害」では，めまい，ふるえ，心拍数の上昇といった生理的な症状を含む突然のパニック発作が頻発し，恐怖や死が差し迫っているような感情を伴うパニック障害について，第3章「全般性不安障害」では，ささいなことへの心配が持続し，統制不能になる全般性不安障害について，第4章「強迫性障害」では，統制できない考えが次から次へと心の中に湧いてきたり，ある行動を何回も繰り返さざるをえなくなる強迫性障害について，そして第5章「外傷後ストレス障害」では，外傷的体験の直後に興奮や体験に関連する刺激からの回避を伴い，出来事を思い出すことへの不安が増す外傷後ストレス障害について解説している。

第Ⅱ部「身体表現性障害と解離性障害」では，第6章「身体表現性障害」で，心理的問題が身体症状として現れる，疼痛性障害，身体醜形障害，心気症，転換性障害，身体化障害を紹介している。これらの身体症状は，不安と結びついていることが推測されるため，心理的介入が重要とされる。第7章「解離性障害」では，解離性健忘，解離性とん走，解離性同一性障害，離人症性障害を紹介している。これらはいずれも同一性（アイデンティティ），記憶，意識の感覚に変容が生じることが特徴であり，罹患率に関す

るデータの信頼性が高くないため，診断に関する議論も交え，解説している。

第Ⅲ部「摂食障害」では，第8章「摂食障害」として，DSM-Ⅳでも独立したカテゴリーとなり注目が増している摂食障害について紹介している。神経性無食欲症と神経性大食症の特徴の記述から始まり，原因論については心理学的見解だけでなく，社会文化的影響にも触れ，包括的に解説している。

第Ⅳ部「心理生理的障害」では，かつて"心身症"と呼ばれていた障害について紹介している。心理生理的障害とは，心や精神が身体や肉体に影響を及ぼす障害の中でも，実際に身体へのダメージが現れる疾患である。DSM-Ⅳ-TRでは，"身体疾患に影響を与える心理的要因"という分類枠組みで示されている。現在の位置づけとしては精神障害の一形態とみなされていないが，本書の関心と深く関連するため，詳しく取り上げられている。第9章「ストレスと病気」では，ストレスの定義と測定方法，およびストレスと病気の関連性の理論について紹介している。第10章「心臓血管系障害と気管支喘息」では，疾患の特徴を記述し，ストレスとの関連について解説している。第11章「エイズ―行動科学にとっての重要課題」では，エイズについて概説し，介入方法や予防教育を紹介している。第12章「社会と健康」では，ジェンダー，社会的地位，人種の観点から，健康について検討している。第13章「心理生理的障害への介入」では，薬物療法のほかに，バイオフィードバック，怒りや抑うつの低減，ストレス・マネジメント，痛みのマネジメントを紹介している。

【臨床心理学を学ぶ上での意義】本シリーズは，わが国では初めて異常心理学のアセスメントと研究を含む本格的な臨床心理学のテキストとなっている。これまでの臨床心理学の教科書は，カウンセリングや心理療法の理論を紹介するものがほとんどであった。しかし，DSM-Ⅳ-TRの分類に沿って障害の特徴を学ぶことは，アセスメント能力の向上につながり，加えて実証に基づく介入法を学ぶことで，より実効性を伴う知識を身につけることができる。本書で取り上げられる障害は，長期間"神経症"の一種とみなされていた幅広い障害群である。恐怖感や心配といった不快な感情である不安は，異常心理学の中でもっとも多く取り上げられるトピックであり，これらの障害について臨床心理学的知見からの原因論，介入法を詳細に記述した本書は，臨床心理学関係者だけでなく医学関係者にとっても参考となる一冊である。また，本書で紹介された知見は実証に基づくものであり，他職種との協働を促進するためにも有用となる知識を提供している。不安障害と身体関連障害は，臨床心理実践を行う中でも頻繁に出会う障害であり，その特徴や原因論，介入法を学ぶことは必要不可欠である。

川崎舞子

副読本

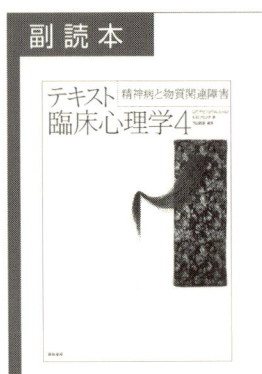

テキスト臨床心理学 4
精神病と物質関連障害

G・C・デビソン，J・M・ニール，A・M・クリング著
下山晴彦編訳

誠信書房，B5判227頁，3,200円，2006年9月刊

【本書の目的】臨床心理学の基盤にある異常心理学のアセスメント方法と効果の示された介入方法をわかりやすく解説するとともに，異常心理学研究の最新の知見を紹介する。

【本書の概要】本書は第Ⅰ部「気分障害」，第Ⅱ部「統合失調症」，第Ⅲ部「物質関連障害」の3部からなり，各部においてそれぞれの精神障害の徴候・症状と原因論，そして心理学的・生物学的介入方法が論じられている。

第Ⅰ部（第1～5章）ではうつ病と双極性障害に代表される気分障害の症状と原因論，介入方法および気分障害と関連の深い自殺について述べられている。第1章では気分障害の徴候・症状を具体的な事例を交えて解説し，DSM-Ⅳ-TRによる気分障害の診断基準が紹介されている。第2章では気分障害の原因論が論じられており，心理学的理論と生物学的理論が解説されている。心理学的理論の代表的なものとして精神分析的理論，認知理論，対人関係理論の立場からうつ病の発生メカニズムが解説されている。また，気分障害に関する生物学的理論として遺伝的データや神経科学研究から示された知見が紹介されている。第3章では介入効果が示された気分障害への介入方法が紹介されており，うつ病と双極性障害に対する心理学的介入法と生物学的介入法が解説されている。うつ病への心理学的介入法として力動的心理療法（特に対人関係療法）や認知行動療法だけでなく，再発予防に効果のあるマインドフルネス認知療法や生活技能訓練と関連の深い行動活性化療法といった新しい方法も紹介されている。生物学的治療としてはうつ病および双極性障害の薬物療法において用いられるSSRI，炭酸リチウムといった薬物が紹介され，効果の発現メカニズムや副作用についても解説されている。第4章では児童期・思春期のうつ病について解説されている。成人とは症状の出現パターンが異なる児童期・思春期のうつ病がどのように発現し，どのような介入方法をとることが望ましいかが論じられている。続く第5章では気分障害

と深い関連をもつ自殺について解説されている。自殺に関するデータや自殺についての心理学的・社会学的・生物学的理論を踏まえた上で，自殺を予測し予防するための働きかけが論じられている。

統合失調症を扱った第Ⅱ部（第6〜8章）では，第6章において妄想・幻覚といった陽性症状と意欲の喪失・感情の平板化といった陰性症状に代表される統合失調症の臨床的特徴が述べられ，続いて統合失調症概念の歴史的変遷が解説されている。古くから知られる統合失調症の概念が精神医学の歴史の中でどのような変遷をたどってきたのか，DSM-Ⅳ-TRの診断基準の作成にいたるまでのプロセスがどのようなものであったかが説明されている。第7章においては統合失調症の原因論として生物学的・心理学的研究の知見が解説されている。生物学的研究に関しては遺伝研究，生化学研究，脳科学研究の知見が紹介されている。心理学的研究に関してはストレス研究と発達研究の立場から統合失調症の原因論が論じられている。第8章では薬物療法をはじめとする生物学的介入法や生活技能訓練をはじめとする心理学的介入法といった介入方法が紹介されている。薬物療法が中心であると考えられがちな統合失調症治療において心理学的介入の重要性が強調され，患者に対する生活技能訓練や家族療法による感情表出（EE）の低減，認知行動療法を用いた患者の認知の歪みの修正といった介入法が解説されている。

第Ⅲ部（第9〜11章）では物質関連障害の症状と原因論，介入方法が解説されている。第9章では物質関連障害としてアルコール乱用・依存や喫煙，さらにはマリファナ等薬物の使用が心身に及ぼす影響が論じられている。第10章では物質乱用・物質依存の原因となる心理学的・生物学的・社会文化的変数が紹介されており，続く第11章では物質関連障害への生物学的・心理学的介入方法と予防的試みが解説されている。

【臨床心理学を学ぶ上での意義】臨床心理学の基盤にある異常心理学のアセスメント・介入・研究について，生物−心理−社会モデルの観点から多角的・統合的に論じられていることが本書の特徴である。精神障害の心理学的理論だけでなく生物学的な原因論や介入方法，そして社会文化的側面を学ぶことができる本書は，心理専門職が他職種と協働する上で必要な臨床心理学の知識と技法を幅広く解説するものであり，臨床心理学の専門性を高めるために大いに役立つ書である。

本書で解説されているアセスメント方法を理解することは適切な診断や患者理解につながり，本書に記述されている介入は心理専門職が介入方法を考える上での指針となる。また最新の研究の動向を知ることで，異常心理学の領域において今後必要とされる研究を理解することができる。アセスメント・介入・研究という三側面をカバーした本書は，心理専門職の臨床と研究という二本柱をより補強するものであるといえる。

梅垣佑介

副読本

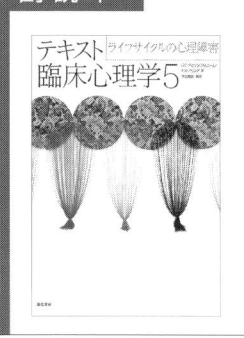

テキスト臨床心理学5
ライフサイクルの心理障害

G・C・デビソン，J・M・ニール，A・M・クリング著
下山晴彦編訳

誠信書房，B5判288頁，3,800円，2007年3月刊

【本書の目的】ADHD，LD などの子どもの障害から高齢者の性やうつ病，介護施設の問題まで，ライフサイクルのさまざまな局面で発現する心理障害を取り上げ，障害の正確な把握を助ける。

【本書の概要】まず，第Ⅰ部「子どもの障害」では，幼児期，小児期から青年期にかけて生じうる感情的・行動的な障害について解説する。本巻では，特に第1章「注意欠陥／多動性障害」，第2章「行為障害」，第3章「学習能力障害」，第4章「精神遅滞（知的障害）」，第5章「自閉性障害」で示される子ども特有の障害に焦点をあて，それぞれの分類基準や他の障害との異同や併発などアセスメントに活用できる知識を提供している。また，原因論やその根拠たる研究知見も多く記載しているため，より実証的な形での障害理解が可能となる。そして，実践面に関しても，広く行われてきた介入やアプローチ，薬物療法などをそれぞれの障害をめぐる歴史とともに紹介し，よりよい援助に向けた指針を示している。

子どもが成長していく上での障害像の変化や長い目で見た援助の必要性まで，子どもの障害を多面的な視点から捉えていく。

次に，第Ⅱ部「パーソナリティ障害」では，DSM におけるパーソナリティ障害の分類について概観し，障害そのものの原因論に関する理論や研究，介入法をみていく。第6章「パーソナリティ障害とは」にて，異なる特徴をもつ障害群である本障害の定義や分類に触れ，次に続く第7〜9章で，分類された3群に関して詳細な説明を行う。第7章「奇異な／普通でない行動を示す群」では，統合失調症様の症状を示す妄想性パーソナリティ障害，シゾイドパーソナリティ障害，失調型パーソナリティ障害を扱う。第8章「派手な／突飛な行動を示す群」には，感情，行動の不安定さや過度な感情表現，反社会的行動により特徴づけられる境界性パーソナリティ障害，演技性パーソナリティ障害，自己愛性パーソナリティ障害，反社会性パーソナリティ障害が含まれる。三つ目の第9章「不安／恐怖に関

連する行動を示す群」では，回避性パーソナリティ障害，依存性パーソナリティ障害，強迫性パーソナリティ障害について解説する。そして，第10章「パーソナリティ障害への介入」で，それぞれの障害に応じた介入法やその際の注意点を挙げている。

第Ⅲ部「性障害と性同一性障害」では，DSMの診断基準を軸として，人間の性的思考，感情，行為という幅広い領域に触れていく。第11章「性同一性障害」は，解剖学的な性別特徴と心理的感覚とが一致していないとの確信に基づく診断で，介入としては性別適合手術と行動療法が用いられている。第12章「パラフィリア（性嗜好異常）」は，小児性愛や露出症，性的サディズムなどの性的対象，性的行動の異常を示す障害で，次章のレイプにも言及する。第13章「レイプ」はDSMの診断分類には含まれてはいないが，被害者に社会的心理的トラウマをもたらすものとして取り上げられている。第14章「性機能不全」は正常な性的反応サイクルにおける抑制で，性的欲求の障害や性的興奮の障害，オルガズム障害などが含まれる。本章では，これらの性に関する障害についての病因論や現代的見地を示し，さまざまな介入法を紹介する。

最後に，第Ⅳ部「老化と心理的障害」では，脳障害から心理的障害にいたるまでの高齢者に起こりうる各種障害について説明し，それに関する介入やケアを検討している。第15章「高齢者の基本問題」では，老化に対する一般概念や話題を再検討し，高齢者研究の方法や問題点を扱う。第16章「高齢者における脳器質性障害」では，認知症とせん妄という二つの脳の器質性障害について述べる。第17章「高齢と心理的障害」では，心理的障害における高齢者に特化した特徴や原因を示し，その介入法を探っていく。第18章「高齢者への介入とケア」では，高齢者に対する心理療法の有効性を検討するとともに，介護施設や地域コミュニティによる介入援助のあり方を考えていく。

【臨床心理学を学ぶ上での意義】本書は，人間の一生，つまりライフサイクルを軸として，幼児期から老年期にわたって発現しうる心理障害を網羅している。

近年になって関心が注がれてきた子どもの障害に関する知見を整理し，これまで大きく扱われてこなかった高齢者臨床や性障害にも目を向けた点で，他のライフサイクルに関する本とも一線を画している。また，生物－心理－社会モデルに基づき，多様な視点に立った原因論や介入法を紹介しているため，障害の概要を把握するだけでなく，実践に根差した知識を得ることが可能となる。

そして，本書では，成長や老化といった身体的な変化を考慮に入れ，発達段階に沿った形で心理障害を捉えていることから，現場に即した援助や実証的なアセスメントに有益な情報を提供しているといえる。

津田容子

臨床心理面接演習

　臨床面接法，つまり心理商法の手続きと技法を学習する。面接の組み立てから，介入の仕方，終了の方法を学習する。**前半では，さまざまな心理療法の理論に共通する基本的態度と技能について学習する**。実際の介入において臨床心理面接で基本となるのは，認知行動療法である。そこで，後半では，認知行動療法を実践するためのアセスメントから介入にいたる基本手続きを学ぶ。

①演習1：臨床面接基本編
〈修士1年後期〉

　クライエントとの協働関係を形成するための共感的技法，問題を理解し，介入するためのマネジメント技法など心理療法の基本技法と，それを用いて面接の組み立てるための基本手続きを学ぶ。言葉を用いたコミュニケーションにはさまざまなレベルがあることを知り，それらを用いてクライエントの信頼関係を構築し，協働して問題解決を行うための方法を学習する。個別学習としては，心理療法における関係の重要性や動機づけのないクライエントとの関係のつくり方を学ぶ。

テキスト

心理療法におけることばの使い方
つながりをつくるために

L・ヘイヴンズ著
下山晴彦訳

誠信書房，Ａ５判328頁，3,800円，2001年7月刊

【本書の目的】本書は心理療法における"ことば"の使い方を示すものである。著者が実践してきた多くの臨床心理面接の事例を引用しながら，具体的かつ実践的に"ことば"の活用方法を解説している。

【本書の概要】第Ⅰ部では，クライエントへの共感のことばとして，どのようにセラピストはクライエントと出会い，そしてどのようなことばを使いながら，共感を示していくのかについて描かれている。第１章「他者を見出す」では，心理療法における共感とは何なのかを読者に語りかけながら，セラピスト自身の感覚を通して，クライエントとの共感の度合いを見立てること，また治療空間におけるクライエントという時間と空間を生きる他者の発見が説明されている。第２章「気持ちをなぞる語りかけ」では，クライエントに対してやさしく近づくこと，そして自分を守る術の無いクライエントにいかにセラピストが援助をしていくかについて検討されている。第３章「簡潔な共感的語りかけ」からはより具体的なことばの使い方として，セラピストの感嘆文の使い方，そして言語化のプロセスに触れる。第４章「複雑な共感的語りかけ」では，「……誰も分かってくれないんですね」「……しても不思議ではないですよ」といった，クライエントとのより実践的なつながりをつくる語りかけのバリエーションが丁寧に語られる。そして第５章「話題を拡げる語りかけ」では，より関係性の進展を目指し，クライエントの問題の範囲を確かめたり，バラバラになっていた感情と思考を結びつけて考える視点などが提示されている。

続く第Ⅱ部では，対人関係のことばとして，第Ⅰ部を踏まえ，よりクライエントの問題に対して，どのようなことばを使いながら，セラピストが関わっていくべきかが示されている。第６章「対人関係を上手に扱う」では，クライエントとの適切な間の取り方，セラピストとクライエント間に生じる力のバランスをいかにして取るか，また治療空間という場の整え方が示される。第７章「投げかけ

的語りかけ」では，セラピストがことばを投げかけることの意味，そしてことばの投げかけによってクライエントの細部に宿る力を利用すること等が示される。第8章「思い込みに対抗する語りかけ」では，さらにクライエントの思いこみをどのように揺さぶり，偏りに気づかせるのか，具体的な方法が説明される。そして第9章「投影に対抗する語りかけ」では，クライエントの投影を外在化し，感情を共有すること，また，クライエントの投影に対抗するためのセラピストが知るべき諸技法が提案される。

　さらに第Ⅲ部では，行為のことばとして，第Ⅱ部で触れたクライエントの問題を気づかせる段階からさらに発展させ，問題解決のために，クライエントに自身の行動をどのように促していくかについて描かれている。第10章「理想と自己」では，ことばを用いながら，クライエントの行動をどのように促すかが詳細に検討される。第11章「自己を守る」では，投影が解消された後の抑うつにいかに対処すべきか，抑うつ状態におけるクライエントの自責感の扱い方について実践的なことばの使用法が述べられる。

　最後に第Ⅳ部では，ことばの使い方の実際として，じっくりと丁寧に1ケースの治療プロセスが示されている。ここでは第12章「事例研究」にて第Ⅰ部から第Ⅲ部までの内容に触れながら，妄想的人格のクライエントとの詳細なことばのやり取りについて解説されている。

【臨床心理学を学ぶ上での意義】どのような心理職でも，クライエントと出会う際に，どんなことばを選び，どのようなトーンでそれを伝え，どのようにそのことばを織りなし，紡いでいくかについて，頭を悩ませた体験はあるだろう。

　本書は，そのような心理療法における実践的な"ことば"の使い方について，多くの事例に触れながら問い直すものである。著者は，クライエント中心療法から精神分析，そして認知療法や家族療法まで幅広い視点をもちつつも，特に実存的な視点から対人関係療法に重きを置いている。本書の中では，著者自身が関わってきた事例を通して，心理療法の"ことば"の使い方に徹頭徹尾焦点をあて，実践的な"ことば"の使い方を丁寧に紐解いていく。このことにより，読者はどんな心理療法であろうと学派を超え，事例に則しながら，活きた"ことば"の使い方を知ることができる。そして日常の臨床場面でよく行き詰まる場面に，セラピストはどのようなことばを選ぶべきか，英語と日本語の言葉の文化を超えて，自らの臨床実践での振り返りを促してくれるだろう。さらには，これらは，一人のマスターセラピストの臨床知を学べるだけでなく，臨床における"ことば"から，さまざまな心理療法との関連性を系統的につなぎ，より統合的な心臨床心理面接および心理療法のあり方についても，多くの示唆を読者に与えるものと考えられる。

髙岡昂太

副読本

動機づけ面接法
基礎・実践編

W・R・ミラー，S・ロルニック著
松島義博・後藤　恵訳

星和書店，Ａ５判320頁，3,300円，2007年６月刊

【本書の目的】クライエント自身が望む行動変化を支えるための面接技術として，動機づけ面接法 *Motivational Interviewing*（以下，MI）を学ぶことである。

【本書の概要】MIとは，アルコールや薬物依存の問題への介入法として開発され，現在ではさまざまな精神疾患および生活習慣病を有する人の「行動の変化」に伴う両価的（アンビバレント）な葛藤を解決し，変化への動機づけを促す面接技術である。本書はこのMIの理論（第１～３章）と実践（第４～12章）と学習法（第13～14章）を紹介した書籍である。

第１章では，人が自らの行動を変化させる際の要因を学ぶ。その中で，変化への動機として「意思（変化の重要性の認識）」「能力（変化することへの自信）」「準備（優先順位）」の３側面の重要性が紹介されている。

第２章では，われわれが誰でも抱く両価的な葛藤（例：「タバコをやめたいが，やめたくない」というジレンマ）の特徴と葛藤が変化へ及ぼす影響を学ぶ。両価的な葛藤を抱くこと自体は正常であるが，この葛藤の板挟みで身動きが取れなくなることがある。その場合には，本人の変化への動機を重視しながら葛藤を解決することが変化につながる重要な要素となる。

第３章では，両価的な葛藤を有する人へ接する際の対応の留意点が記されている。両価的な気持ちの一面のみを支持したり意見を押しつけることの弊害（抵抗を生む）や，変化への動機を探索し拡大するための「矛盾を拡大する」「チェインジ・トーク（変わることについての話）」などの面接技術を学ぶことができる。また，認知行動療法などの異なるアプローチとの統合についての言及もある。

第４章では，まずMIの基本的前提と一般原理を学ぶ。MIはクライエントと協働しながら，クライエントの中にある変化への動機と資質を見つけ出し，呼び覚ます態度を有するものである。また，基本的面接技術となる四つの一般原理（「共感を表現する」「矛盾を拡大する」「抵抗に巻き込まれながら進む」「自己

効力感を援助する」）が紹介されている。

第5章では，クライエントの反応である「抵抗」と「チェインジ・トーク」の特徴の違いを学ぶ。カウンセリング関係の相互作用の中で生じるこれらの反応は，その後のクライエントの動機に大きな影響を有するものである。

第6章では，矛盾を拡大し明確化することでクライエントの両価性の解決を促し，変化への動機を構築するMIの第一段階について学ぶ。そこでは「四つの応答技術（開かれた質問，肯定，振り返り，要約）」や「チェインジ・トークを引き出すさまざまな技術」が紹介されている。

第7章では，チェインジ・トークへの応答の仕方を学ぶ。MIが指示的になる場合と中立的な場合のそれぞれについていかに対応すべきかが紹介されている。

第8章では，抵抗への応答の仕方を学ぶ。本章では，抵抗を変化の鍵と位置づけ，それを減らすことによりクライエントの長期的な変化につなげていく技術が紹介されている。さまざまな振り返りの仕方や振り返り以外の方法を学ぶことができる。

第9章では，クライエントの自信を深めるための面接技術が紹介されている。

第10章では，MIの第二段階を学ぶ。この段階では，変わる意志・能力・準備が整いはじめたクライエントに対し，実際に行動に移すよう援助する。クライエントの変わる準備ができたら，一定期間のうちに開始する必要がある。変わる準備のできたクライエントが行動を開始することを支えるために有用な知識として，第二段階に入ったことを知る徴候，障害となるもの，第二段階で用いられるさまざまな面接技術が紹介されている。

第11章では，MIの実際の面接スクリプトが紹介され，MIの全体的な流れを掴むことができる。これまで学んだMIの理論と実践方法が，実際にどのように用いられるのかが描き出されている。

第12章は倫理的考察，第13〜14章では動機づけ面接の効果的な学び方や学ぶ場についての紹介がある。

【臨床心理学を学ぶ上での意義】臨床心理学において，クライエントへの臨床心理面接はもっとも重要な専門性の一つである。臨床心理面接では，クライエントが変化を望む場合にはその変化を明確化し，クライエント自身がその変化を実行できるよう支えていく。しかしながら本書が示すように，変化することの大変さ，変化を希望しつつも変化することができない苦しさ，変化にまつわる両価性などの複雑な心境を抱えながら来談されているクライエントも少なくない。援助者がこうした心境への理解，配慮，そして対応技術が不足している場合には，クライエントにとって有益な面接を提供することは難しくなる。そのため，変化に伴う両価性について理論的に理解し，その解決を支えるための具体的な対応技術である動機づけ面接を学ぶことができる本書は，臨床心理面接のスキルの向上に有用な参照枠を提供するものである。

林潤一郎

副読本

心理療法・その基礎なるもの
　　　　　　　　混迷から抜け出すための有効要因

S・D・ミラー，B・L・ダンカン，M・A・ハブル著
曽我昌祺監訳，内田　郁他訳

金剛出版，A5判214頁，3,200円，2000年7月刊

【本書の目的】さまざまな学派の違いを超えた「統一言語」，すなわち心理療法の中核的な原則に目を向け，特に治療外要因が心理療法へ寄与するプロセスについて豊富な事例をもとに学ぶ。

【本書の概要】第1章では諸学派の対立構造が紹介されるとともに，学派間の差異は治療結果にさほどの違いをもたらさないことが指摘され，いろいろな治療モデルの違いよりも，むしろ共通点こそがクライエントが治療で経験する変化の大部分を説明していると述べている。そして，さまざまな治療モデルや技法の違いを超えた，心理療法において有効な共通要因について検討すべきことが提案されている。

第2章では，治療的変化に寄与する主な要因が概観されている。その割合は治療外要因（クライエントを取り巻く環境）が40％，治療関係要因が30％，期待，希望，プラシーボ要因が15％，モデル・治療技法要因が15％である。そして臨床家が行うべきこととは，選択した治療モデルや理論に固執することではなく，治療プロセスに作用している四つの共通要因を見分けることであると強調されている。

以下，第3～5章においては，さまざまな共通要因の心理療法への貢献が論じられている。第3章では，「治療外要因」が取り上げられている。治療外要因とは治療文脈の外側で起きた出来事やプロセスのことであり，たとえばクライエントが治療に訪れる前に経験した変化やセッション間での変化が治療外要因とされる。また，クライエントにとって好ましい変化が維持されているのはクライエントの努力の成果であると帰属させることや，クライエントの言語や世界観を利用して治療に反映させることの有効性が示唆されている。第4章では，「治療関係要因」の効果について述べられている。治療関係が友好的であるとクライエントがみなしていれば，治療的変化が起こる可能性は高くなる。そのために必要なことは，治療方針をクライエントの動機づけ水準やレディネス，クライエント自身

のアイデアに合わせたりすることであると述べられる。第5章では、「期待、希望、プラシーボ要因」について解説されている。そもそも問題の解決に寄与した要因は、問題の発生原因とは無関係であると指摘されている。そればかりでなく、問題の原因についての厳密な説明をクライエントに提示することは、クライエントを苦しめている問題を維持させる方向にクライエントを誘導する危険すらある。ゆえに治療プロセスにおいては原因に注目するよりも、変化を起こすための要因のほうを強めるべきであると論じられている。

第6章では、うつ症状を訴えるある男性の事例が取り上げられ、これまでに説明されたいくつかの要因が治療に貢献するプロセスが描かれている。このクライエントは治療者の適切な介入によって自らのうつ症状に「贈り物」としての価値を見出すことができ、さらに援助資源や治療効果への期待、治療者との友好的な関係などの要因に助けられて治療的な変化にいたることができたと論じられる。

第7章では治療における「モデルとテクニック」の役割が論じられている。テクニックそのものが変化を起こすのでなく、適切なタイミングで適切なテクニックを選択できることこそが治療的変化に寄与することが述べられている。

続いて第8章では、前章で取り上げられた適切なタイミングでふさわしいテクニックを選択することの治療的意義が、強迫症状を呈する女性の事例に即して述べられている。

【臨床心理学を学ぶ上での意義】心理療法に関する書籍の多くは何らかの学派に拠って立つものが多い。学派の成り立ちや治療構造の組み立て方、問題の見立て方、人間観などがその学派ならではの方法で著されており、使われている言葉もまたその学派特有のものである。

しかし本書はまず冒頭で、各学派における治療モデルの違いは治療結果に違いをもたらさないと明言しているため、特定の学派で真面目に学びつづけてきたセラピストには大いなるカルチャーショックに感じられるかもしれない。さらに本書のユニークさは、各学派の差異ではなく共通項に着目し、「統一言語」というあらゆる心理療法において有効に作用するような要因について検討している点にある。しかしこの提案は、これまでにない新しい統合的な学派を立ち上げようという類のものではない。むしろ、学派やテクニックなど、セラピスト側の要因のみに目が向けられがちな風潮に警鐘を鳴らし、クライエント自身の力やクライエントの周囲の環境、面接外で起こっていることの影響など、クライエントを取り巻く状況を包括的に捉え、考察することの重要性を改めて強調するものである。また、「統一言語」については抽象的定義にとどまることなく、第3章以降で具体的な事例をもとに説明が加えられているため、本書は実践の手引きとしても有用であろう。

藤原祥子

臨床心理面接演習

　臨床面接法，つまり心理商法の手続きと技法を学習する。面接の組み立てから，介入の仕方，終了の方法を学習する。前半では，さまざまな心理療法の理論に共通する基本的態度と技能について学習する。実際の介入において臨床心理面接で基本となるのは，認知行動療法である。そこで，後半では，認知行動療法を実践するためのアセスメントから介入にいたる基本手続きを学ぶ。

②演習2：臨床面接応用編
〈修士2年前期〉

　認知行動療法を実施するための面接の組み立てから，介入の仕方，終了の方法にいたる基本的手続きを学習する。具体的には，行動分析や機能分析などのアセスメント技法，ケース・フォーミュレーションの仕方，問題に即した介入技法などを学ぶ。個別学習としては，認知療法の技法，行動療法の技法，それらの技法を組み合わせてケース・マネジメントを行う手続きについても学習する。さらに障害や症状別に実施される技法の用い方を学ぶ。

テキスト

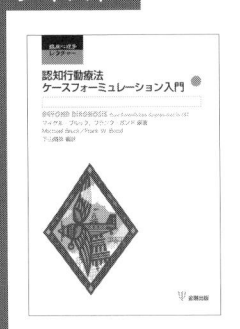

臨床心理学レクチャー
認知行動療法ケースフォーミュレーション入門

M・ブルック, F・ボンド編著
下山晴彦編訳

金剛出版, A5判280頁, 3,990円, 2006年11月刊

【本書の目的】 認知行動療法のケース・フォーミュレーションについて, 概念や実施過程, 基本的考え方を説明するとともに, 事例を通してそれらを具体的にわかりやすく解説する。

【本書の概要】 まず第1章「ケースフォーミュレーションの成立と発展」では, 認知行動療法におけるケース・フォーミュレーションの基本的な考え方, その有効性が紹介されている。具体的には, 精神医学の限界と精神医学的診断とケース・フォーミュレーションの関連性が論じられている。さらにケース・フォーミュレーション発展の経緯を概観することを通して, それを用いる根拠が述べられている。

第2章および第3章では, 主にケース・フォーミュレーションの理論, 手順について紹介されている。第2章「ケースフォーミュレーションの理論と方法」では, ケース・フォーミュレーションの手続きに関する導入的な解説が行われる。特にケース・フォーミュレーションの手続きにおいてもっとも重要とされる初回面接に注目しながら, ケース・フォーミュレーションの理論と方法について詳しく述べられている。第3章「ケースフォーミュレーションの実施過程」では, ケース・フォーミュレーションを実践するための手続きを概説している。この章では, 最初に, ロンドン大学で開発され, 実践されているケース・フォーミュレーションの実施方法が簡潔に解説され, 次に, 実際の事例を取り上げながら, 心理的問題を抱える人を理解し介入する際に, ケースフォーミュレーション・アプローチをどのように用いるのかが具体的に説明される。

第4章「セラピストとクライエントの協働関係を形成する」の目的は, ケース・フォーミュレーションに基づく介入において, クライエントとセラピストがどのような関係を形成するのがよいのかを解説することにある。ケース・フォーミュレーションの二つの要素（臨床実験法, 個別適用主義）が, 認知行動療法で基盤となるセラピスト-クライエントの協働関係の形成にどのように関連するのかを解説する。そして, 二つの事例研究を通して

その具体的方法を例示している。

第5章「問題状況のコンテクストに注目する」では，コンテクストに注目したケース・フォーミュレーションの方法を解説している。有効な介入をするためには，問題を診断するのではなく，問題が生じてきたコンテクストに注目したケース・フォーミュレーションを行うことが前提となる。これについては，学校で問題行動を繰り返していた少年の事例研究を通して，その具体的手続きを例示している。

第6章「個別状況に介入プログラムを適合させる」では，ケース・フォーミュレーションに基づき，マニュアルを個々の事例の状況に合わせるように個別生成的に活用することの重要性を解説している。近年，マニュアルに基づく介入が推奨されている認知行動療法であっても，個々の事例の状況に合わせて介入を調整することが必要であると本章では述べている。

続く第7～9章では，著名な認知行動療法のセラピストによるケース・フォーミュレーションとそれに基づく介入を取り上げ，解説している。

第7章「社会構成主義とケースフォーミュレーション─パニック障害が疑われた事例」では，社会構成主義が臨床心理学の領域においても重要な意味をもつとし，社会構成主義のアプローチを採用した事例を解説している。

第8章「自己マネジメントとケースフォーミュレーション─恐怖症状と強迫症状を呈した事例」では，事例研究を通して自己マネジメントのモデルを基本とするケース・フォーミュレーションの実際が解説されている。

そして本書の最終章にあたる，第9章「論理情動行動療法とケースフォーミュレーション─不安と抑うつを訴えた事例」では，論理情動行動療法に基づくケース・フォーミュレーションが解説され，その具体的方法が事例研究を通して例示されている。ここでは，クライエントの個性を尊重するとの観点から，"ケース・フォーミュレーション"という用語の代わりに「問題のコンテクストでクライエントを理解する」という表現が用いられている。

【臨床心理学を学ぶ上での意義】クライエントの個別性に基づき多様な視点からクライエントを捉え，介入する姿勢は，認知行動療法の実践に限らず，心理臨床活動に携わる者に一様に求められる姿勢であるといえるだろう。

認知行動療法というと，マニュアルをあてはめる機械的なイメージが先行して語られることが多いが，本書で紹介しているケース・フォーミュレーションは，そのイメージを覆すものである。本書で紹介しているケースフォーミュレーション・アプローチは，問題とされている行動の意味を探ろうとするプロセスといえるだろう。

クライエントとの協働関係を強調し，個別性を重視するケース・フォーミュレーションは，クライエントを理解する際の一つの参照枠として利用することが可能である。

鴛淵るわ

副読本

臨床心理学レクチャー
認知行動療法入門
短期療法の観点から

B・カーウェン，S・パーマー，P・ルデル著
下山晴彦監訳

金剛出版，Ａ５判246頁，3,200円，2004年12月刊

【本書の目的】短期認知行動療法の具体的な手続きや流れ，介入の構造や方法をわかりやすく説明し，具体例とともに実際の現場での活用の仕方や実践のポイントについて解説する。

【本書の概要】第1章「短期認知行動療法とは何か」では短期療法について紹介がされており，また短期の認知行動療法の基本的な考え方が示されている。

続く第2章「認知行動療法の枠組み」では認知行動療法の基本的な枠組みについて解説がなされている。認知行動療法が扱う"自動思考"や"思考の誤り"といったものについての具体的な解説を行った後，認知行動療法の基本的な介入の構造・流れが提示されている。また，クライエントとセラピストとの会話などの具体例も記載されており，実践をする上でのポイント等も解説されている。

第3章「アセスメント」では，認知行動療法で重要とされる"アセスメント"について，そのガイドラインが示されている。どういった問題やクライエントが認知行動療法に適しているのかといったことや，認知行動療法の主要な課題である"認知的概念化"についても解説がなされている。

第4章「介入の初期段階」では第3章で解説されたアセスメントを前提とした介入の初期段階についての説明がなされている。初期段階において設定される短期認知行動療法における介入の目標について解説され，またクライエントの問題をどのように明らかにしていくのかといったことも具体例を示しながら説明されている。

第5章「介入の中期段階」では介入中期段階における認知行動療法のさまざまな技法や手続きについて解説がなされている。具体的には，第4章で説明された介入目標を"クライエントとの協働関係""認知モデルのプロセス""セッション内外でクライエントが問題に取り組むことの援助"という三つのテーマとしてまとめ，それぞれについての手法や流れなどが具体例とともに示されている。

第6章「介入の終結段階」では，介入

終結段階の目標を中心とした介入の流れが解説されている。その終結段階の目標としては，たとえば"クライエントとの協働関係"の中では終結に向けての準備，"認知モデルのプロセス"ではクライエントが自身の問題を理解し，技法やツールを適用できるようになること，そして"セッション内外でクライエントが問題に取り組むことの援助"ではクライエントが自分自身のセラピストとなることの促進といったことが挙げられており，それらを目指した具体的な関わり方や，それらを実践していく上でのポイント等が示されている。

次の第7章「認知行動療法の方略と技法」では，ここまでの章で扱われてこなかった認知行動療法を実践する上で役立つと考えられる方略や技法，介入法が解説されている。具体的には，認知行動療法で用いられる技法を"認知／イメージ技法""行動的介入技法""リラクセーション技法"という3領域に振り分け，それぞれについて詳細な介入の流れや具体例を示すという形をとっている。"認知／イメージ技法"では嫌悪療法や読書療法などの計16個の技法が，"行動的介入技法"では反応暴露法やモデリング技法などの計9個の技法が，そして"リラクセーション技法"では漸進的リラクセーション技法など計3個の技法が紹介されている。

第8章「補助技法としての催眠法」では，認知行動療法と併用して用いられることのある催眠法について解説されている。具体的な催眠法の過程や，また不適切な思い込みを適切な考え方に再構成した面接の例，そして催眠法が適している対象・適用に注意が必要な対象についての説明などが記述されている。

最後の第9章「介入プロトコル」では，パニック障害や社会恐怖症，全般性不安障害，うつ病性障害，強迫性障害，心的外傷後ストレス障害といったさまざまな心理障害について認知行動療法を施行する際に留意すべき事項やポイントが示されている。また，自殺に関連する状況への対処法や注意すべき事項についても解説されている。

【臨床心理学を学ぶ上での意義】本書では，短期療法や認知行動療法についての基本的な理念や考え方などの説明だけでなく，それを実際に実践し介入を進めていく上で必要になるさまざまな方略や技法・目標の設定の仕方などが，初回面接から終結までの各介入段階において丁寧にわかりやすく解説されている。また，クライエントとセラピストの会話等の具体例や，ガイドラインなどの実際の臨床現場でもすぐに役立つような資料が随所に示されている。臨床心理士やカウンセラーを目指している人が認知行動療法を学んでいくための「入門書」として活用できることはもちろん，実際に現場で実践活動をしている援助専門職の人びとが自らの専門性をブラシュアップさせていくための「実践書」としても活用できる，非常に役に立つ一冊である。

堤　亜美

副読本

実践家のための
認知行動療法テクニックガイド
行動変容と認知変容のためのキーポイント

坂野雄二監修，鈴木伸一・神村栄一著

北大路書房，A5判200頁，2,500円，2005年12月

【本書の目的】著者らが実際に経験した症例を題材としながら，認知行動療法のテクニックおよび言葉づかいを含めたテクニックの適用方法を具体的に解説する。

【本書の概要】本書は全部で4章の構成になっている。第1～3章では，行動（第1章），気分・感情（第2章），認知（第3章）といった観点から認知行動療法における具体的なテクニックの紹介がなされ，第4章ではそれらのテクニックを実践していく上でのセラピストの基本的な考え方・心構えが解説されている。各章の概要は以下のようになっている。

第1章「行動のコントロール―望ましくない癖を減らし，望まれる習慣を形成・維持するテクニック」では，心の問題や精神症状を特定の行動の頻度の不適切さとしてとらえ，量的な変容を起こすことにより問題の解消を目指すことを目的とした行動のコントロールに関する技法の理論的解説と具体的な事例の紹介が行われている。行動という観点からアセスメントおよび介入を行う際の基礎となる学習理論，三項強化随伴性を基礎とした機能分析によるアセスメントの方法，アセスメントに基づいた行動への具体的な介入テクニックのそれぞれの解説が事例とともに示されており，行動主義的な考え方を面接場面で活用する方法を具体的にイメージしながら読み進めることができる。ケースの中でセラピストがつまずきやすい点（消去に伴う反応バーストなど）への対応方法などが載せられている点も，実践へのイメージが膨らむ点である。

第2章「気分・感情のコントロール―恐怖や不安を調整しながら積極性を獲得するテクニック」では，生活に悪影響を与える過剰な恐怖や不安への暴露を計画的にすすめることによって効果的に低めていくためのテクニックの紹介が行われている。一度感じた恐怖や不安が回避行動によって保存されるという悪循環が感情面での障害の中心的メカニズムであり，その解消には暴露による経験が必要であるというのがこの章での中心的な主張である。暴露の方法には，段階的暴露と持

続的暴露があるが，段階的暴露としては不安拮抗反応の獲得とイメージによる暴露を中心とした系統的脱感作法，現実場面を用いて受動的な回避を解消する継時近接法が解説されている。また，持続的暴露としては強い恐怖喚起刺激に比較的長時間暴露をするフラッディング（暴露反応妨害法）が解説されている。

　第3章「認知のコントロール—受け止め方，思考，信念を変容するテクニック」では，認知療法における基本的理論の解説の後に，とある事例でのやり取りを継続的に追うことを中心としながら感情や行動に影響を及ぼす存在としての認知を変容させるためのテクニックが，紹介されている。理論部分では，認知の歪みと認知の階層構造（自動思考・媒介信念・中核信念）についての解説が行われている。また，具体的な認知の変容方法については，セラピストが適応的な考え方を植えつけるのではなく，クライエント自身が自らの思考パターンを検討し考え方の偏りや柔軟性の欠如に気づくことが重要であるとし，それを援助するテクニックとして，思考記録表を用いたセルフモニタリングや行動実験の計画と実行について解説がなされている。

　第4章「認知行動療法を臨床実践に活かすために」では，章の前半は認知行動療法の基本的なコンセプトが，後半では認知行動療法を利用した援助の全体像とセラピストが気をつけるべき点の概要が述べられている。認知行動療法とは，クライエントとセラピストが共同実証主義と呼ばれる関係性の下で，具体的な問題（悪循環）に焦点をあて，「学習」を利用した治療原理によって望ましくない習慣を解消していく試みであるが，こうした試みを成し遂げるまでの過程の全体像（アセスメント〜面接の終結）をイメージすること，そしてその途中でセラピストが気をつけるべき点をチェックすることが可能になっている。

【臨床心理学を学ぶ上での意義】これまで国内でまとめられた認知行動療法に関するテキストの多くは，理論と技法の一般的な解説が中心となっていた。そのため，言葉づかいなどを含めた実践における細部については不明瞭であり，理論への理解は十分であっても実際のケースはどうやってよいのかわからないという事態が生じがちであった。

　本書は著者らが年に数回実施している認知行動療法の技法をテーマとした入門レベルのワークショップの内容を書籍化するという発想から生まれたものであり，上述の問題点に応える構成となっている。認知行動療法の「How to」を伝えるという実践的な側面を重視した構成の背景には，日々の臨床実践の中で少しずつでも認知行動療法を実践し役に立つと実感できることこそが，欧米でのスタンダードとなっている認知行動療法への正しい理解と親しみやすさを生みだすという信念がある。本書は，認知行動療法の理論を習得し実践に移ろうとする者の必読書であると考えられる。

末木　新

副読本

認知行動療法の科学と実践

D・M・クラーク，C・G・フェアバーン編
伊豫雅臣監訳

星和書店，A5判296頁，3,300円，2003年4月刊

【本書の目的】本書は，認知行動療法の成立・普及過程等について概説する。それとともに，認知行動療法を用いた実践・研究について紹介する。以上の二つが本書の目的である。

【本書の概要】本書は，大きく2部構成となっている。第1部は3章からなり，認知行動療法の進歩，科学と実践の相補的交互作用，認知と感情の関連性，認知行動療法の評価と普及に関する章を含んでいる。以下に第1部各章について概説する。

まず第1章では，認知行動療法の発展を三つの段階に分けて説明している。第一段階は，1950〜1970年代，英米において行動療法が並行して発展した時期である。第二段階は，1960年代半ばから，米国において認知療法が発展成長した時期である。第三段階は，1980年代以降，行動療法と認知療法が融合して認知行動療法にいたった時期である。第2章では，認知行動療法の進歩について，次の3点から概説している。第一は，特定の精神障害を特徴づける認知に関する研究である。第二は，そのような認知の役割に関する仮説を検証する研究である。第三は，そのような認知を持続させる要因に関する研究である。第3章では，情動障害と認知の偏りとの関係について述べられている。「何も怖いことなどないと分かっている（知識）のになぜか心配（感情）になってしまう」理由を次の3点から説明している。第一に，知識と感情では認知過程が異なるために，矛盾が生じる可能性があるということである。第二に，感情が生じる過程は無意識的なものであるということである。第三に，生じた感情を意識的にコントロールすることには限界があるということである。

続く第2部は，第4〜9章からなり，各章一つの特定の障害に関して書かれている。障害を認知行動的な観点から概念化し，関連研究のレビュー，実践の手順を記述している。以下に第2部各章について概説する。

まず第4章は，パニック障害と社会恐怖について述べられている。まず不安に

関連した歪んだ思考や信念が，両障害の維持に関わるとする認知モデルを紹介する。加えてそのモデルに関する実践・研究をレビューしている。第5章では，実験的・臨床的観察に基づいて改良された全般性不安障害（GAD）に対する概念的理解について論じている。まず最近の研究から，心配に対する心配が全般性不安障害の原因の一つであるとする認知モデルを紹介する。その上でこのモデルから示唆される治療法について述べている。第6章では，強迫性障害（OCD）に対する認知行動療法について述べている。まず臨床的強迫とは「自分には何か悪い結果を引き起こす力があり，それを防ぐため中和行動をとなればならないとする否定的な侵入思考」であるとする。次に，この強迫性障害と侵入思考の強さとの関連に関する研究および実践を紹介する。第7章では，摂食障害，特に神経性大食症の適応としての認知行動療法の科学的な立場と実践について，以下の3点から論評している。第一が，認知行動療法を用いることの理論的根拠である。第二が有効性の高さである。第三が治療の概略である。第8章では，うつ病の心理学的モデルおよび治療法の発展について，次の三つを挙げ論じている。第一は，P・M・レヴィンソン peter M. Lewinsohn の学習理論と社会技能アプローチである。第二は，L・P・レム L. P. Rehm のセルフコントロール理論アプローチである。第三は，A・T・ベック Aaron T. Beck の認知アプローチである。第9章では，心気症に関する認知行動学的モデルと治療について概観している。認知行動的モデルでは，心気症は，身体的徴候が実際よりも危険なものであるという信念によるという理解に基づいているとされる。よって治療は，身体的症状を除外するのではなく，症状について満足のいく説明を与えることが目的となると述べられている。

【臨床心理学を学ぶ上の意義】 臨床心理学を学ぶ上での本書の意義として二つ挙げることができる。

一つは，認知行動療法に関し，研究と実践の双方から学ぶことができる点である。臨床心理学は研究と実践の二つからなる学問である。なかでも認知行動療法は，これら研究と実践のバランスがよく取れたアプローチであることが本書から理解された。それゆえに認知行動療法は世界的に普及，発展を遂げているのだろう。

意義の二つ目として，各症状別に認知行動療法を学べる点が挙げられる。認知行動療法の背景にある理論に基づき，各精神疾患を理解できる。各症状は認知における何らかの問題と関連するという点では共通する。しかしながら，その問題の特徴は各精神疾患特有のものであり，よってアセスメントで注目すべき点も異なる。そのため各精神疾患の発生のメカニズムに関する理論とそれに応じた治療法を学べることは，アセスメント実践上，大変有意義であると思われる。

高山由貴

臨床心理基礎実習

　修士課程2年生の段階で学生は，臨床現場に出て研修を行うことになる。そこで，修士課程1年の段階では，臨床現場の実践活動に参加できるための基礎技能を習得しておくことが必要となる。基礎実習は，そのような基礎技能の訓練を行うことが目的となる。**前半では，教室内において個人面接のロールプレイやシミュレーションによって臨床的コミュニケーションの実習を行う。**後半では，臨床現場においてそのようなコミュニケーション技能を，臨床現場という社会的コンテクストで使いこなすための視点を得ることが目的となる。

①基礎実習1：基本編
〈修士1年前期〉

　すべての基本であるコミュニケーション技能の訓練を行う。基礎技能として，反射や明確化などを通してクライエントへの共感を示すカウンセリング技法（たとえばマイクロ・カウンセリングやイーガンのモデル）のロールプレイを行う。次に問題を明らかにしていくアセスメント面接のためのコミュニケーション技能についても学ぶ。これは，インテーク面接のロールプレイを通して学ぶ。いずれのも場合も，面接場面を記録し，ロールプレイ後に逐語録を作成し，その経過についてグループ討議を行う。基本編の基礎技能が習得できたならば，クライエントを募って，ミニカウンセリングを行う。計4回ほどの試行カウンセリングを行うこともできる。その場合には，スーパーヴァイズを受けながらの実践となる。

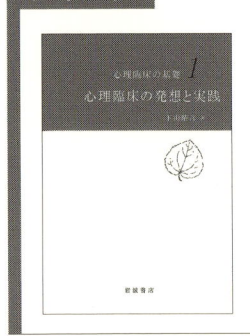

心理臨床の基礎 1
心理臨床の発想と実践

下山晴彦著

岩波書店，Ａ5判282頁，3,300円，2000年1月刊
※品切重版未定。

【本書の目的】わが国における臨床心理学の全体像を描き，その中で臨床実践の技能として何が求められているか，そしてそれをどう習得していくかを具体的に解説している。

【本書の概要】第Ⅰ部「臨床心理学の全体像」では，臨床心理学の社会的背景と学問的背景について検討し，物語性を基礎として成立する臨床心理学の全体像を描いている。
　第1章「心理臨床の社会的背景」では，現代社会においてなぜ臨床心理学が注目を集めているのか，社会の問題を，「自己の物語を生きることの喪失」として捉えながら明らかにし，その中で臨床心理学の専門性と心理臨床の現代社会における役割を明らかにしている。第2章「心理臨床の学問的背景」では，実践活動が，学問である臨床心理学の中核となる部分であること，そしてその臨床心理学が実証性を重んじる心理学の中でどう位置づけられているか，心理学の発展史を交えながら述べている。第3章「物語過程としての心理臨床」では，臨床心理学の実践活動を理解する上での物語性という観点の重要性を述べた後に，臨床実践を社会的な要請に対するヒューマンサービスの活動として位置づけている。語られたその人にとっての真実である「語りとしての物語」と実際に行われている社会的な事実としての「劇としての物語」という枠組みについて説明する中で，臨床実践において求められる技能にも言及している。第Ⅰ部を通して，臨床心理学の全体像が論じられ，どのような技能が必要か問いかけ，またどのような問題が現在の臨床心理学にみられるか提起しており，第Ⅱ部での著者の意図を読者がより理解することができる。

　第Ⅱ部「心理臨床の実習」では，大学院での教育課程でしばしばみられる学問と実践の乖離を問題意識として抱きながら，第Ⅰ部で述べてきた臨床心理学の全体像との関連の中で，具体的な臨床実践の実習プログラムを示している。
　第4章「心理臨床の全体構造」では，理論的枠組みを臨床活動の中で参照枠と

して捉え，実践活動の全体構造を提示している。それぞれの理論を必要に応じて参照しながら，事例の物語を読むという「心理学的アセスメント」と事例の物語に介入する「心理臨床的介入」とによって心理臨床過程の構造を明らかにしていく。その中で〈きく〉技能と〈みる〉技能の必要性を提起する。その後，心理臨床を社会的活動として位置づけ，その機能を「コミュニケーション」「ケースマネジメント」「システムマネジメント」という三つの次元から捉え，各次元と関連づけながら，第Ⅰ部で示された臨床実践の技能を体系的に整理している。第5章「コミュニケーション1—〈聴く〉技能を中心に」，第6章「コミュニケーション2—〈みる〉技能を中心に」では，第4章で述べた三つの次元のうち，基礎を形成する「コミュニケーション」の技能に焦点をあてて，その学習プログラムを示している。〈きく〉技能と〈みる〉技能の必要性を提示した上で，その技能を習得するための実習方法としてロールプレイなどを具体的に解説している。第7章「ケースマネジメント1—事例を担当する準備として」，第8章「ケースマネジメント2—実際に事例を担当して」では，事例に介入するために必要な"見立て"を立てて事例に関わっていく"ケースマネジメント"技能について，事例の記録の仕方，試行カウンセリング，事例検討について，具体的な方法から捉え方の枠組みまで提示している。最後の第9章「システムマネジメント」では，心理臨床を社会活動として社会システムの中にどう位置づけていくか，今までのわが国の臨床心理学の問題点を交えながら，詳しく述べられている。コンサルテーション，リファー，リエゾンなどさまざまな活動に必要な技能を学ぶために，観察学習や母親面接，研修などの方法を提示している。第Ⅱ部全体を通して，具体的に，かつ歴史的背景や社会的背景，理論を交えながら臨床心理学を学ぶための実習方法についてまとめられている。

【臨床心理学を学ぶ上での意義】近年，臨床心理士は多くの領域において，専門性を発揮するように求められている。そんな時代だからこそ，改めて臨床心理学とは何か，そして求められている専門性が何か社会に説明していく必要があり，本書はその役割を担っているだろう。臨床心理学が学問体系の中にどう位置づけられていくか，臨床実践の活動がどう社会的活動として認められていくか，わが国における歴史的背景をふまえながら明確に提示されている。臨床心理学の実践活動を"物語性"という観点から捉え，どの学派の立場であっても求められる共通の技能をコミュニケーション，ケースマネジメント，システムマネジメントという三つの次元から論じているだけではなく，具体的にそうした技能の習得方法を提示している。臨床心理学を学ぶ学生にとって，自らの技能の理解・習得に役立つ一冊だといえるだろう。

野中舞子

副読本

熟練カウンセラーをめざす
カウンセリング・テキスト

G・イーガン著
鳴澤 實・飯田 栄訳

創元社，A5判512頁，4,000円，1998年8月刊

【本書の目的】本書は，援助専門家の技能向上を目的としたテキストである。援助過程を3ステージに分けた上，さらに各ステージを三つのステップに分けて解説する。またそれぞれの段階で求められる援助技能を，具体的事例を用い紹介している。

【本書の概要】本書は5部構成となっている。まず第1部で援助とはいかなるものであるかを概観する。次の第2部では，あらゆる援助の基本となるコミュニケーションの技能について解説する。最後の第3～5部において援助過程を3ステージに分け，それぞれの段階で達成すべき目標と，そのための三つのステップについて述べている。以下に各部を概説する。

初めの第1部では「援助とは」をテーマに，カウンセラーのあり方，援助モデルの2点について述べている。ここでの前提は，カウンセラーは援助の専門家であるということである。そのため援助の専門家として求められる資質や技能について，その社会的影響も含め概観されている。

続く第2部では「基本的なコミュニケーションの技能」をテーマに，かかわり・傾聴・共感・プローブという四つの援助技能について扱う。かかわりとは，カウンセラーが身心両面からクライエントとともにいる方法である。傾聴とは，カウンセラーがクライエントから送られたメッセージを捉え理解する能力をさす。共感とは，カウンセラーがクライエントの言うことを理解し，理解したことを伝える能力をさす。プローブとは，クライエントが問題・行動・感情を明確にし，問題を探るのを助けるカウンセラーの能力をさす。いずれもクライエントを援助する上で欠くことのできない技能であるとされる。

最後の第3～5部では援助過程を次の三つのステージに分ける。「［ステージⅠ］現在のシナリオ」「［ステージⅡ］好ましいシナリオの開発」「［ステージⅢ］クライエントが実行するのを援助する」である。各ステージで達成すべき目標を

①基礎実習1：基本編

示した上で，それを実現するために必要な三つのステップをステージごとに提示している。まず「［ステージⅠ］現在のシナリオ」における目標は，クライエントの問題状況や新たな機会を探索し，明確化することである。その目標を達成するために，事の経緯について話をするのを援助する・問題の焦点化を行う・問題解決に向けた新しい展望をもつという三つのステップを踏むとされる。ステージⅠでは第2部で概説された基本的コミュニケーションの技能が用いられる。続く「［ステージⅡ］好ましいシナリオの開発」で目指されるのは，問題状況を十分に理解し，実行できる目標を設定することである。その達成のために，新しいシナリオを作る・それを評価する・シナリオを選択し実行の決意をするという三つのステップを踏むとされる。ステージⅡで大切なのはカウンセラーの創造力と，クライエントの想像力であるとされる。最後の「［ステージⅢ］クライエントが実行するのを援助する」では，実行－目標達成のためのストラテジー（戦略）を考え，実行することが目指される。その目標を達成するために，戦略のためのブレーンストーミングを行う・戦略の計画立案をする・戦略を実行するという三つのステップを踏むとされる。ステージⅠ，ステージⅡが準備の段階であるとすると，ステージⅢは実行の段階にあたる。そのため，早急に実行プログラムに移行しようとせず，実行のための十分な準備と話し合いを前ステージで行っておくことが，ステージⅢにおいて重要であるとされる。そして以上の全3ステージに共通して求められるのが，継続的に援助過程を評価することである。本書ではそのためのチェックリストが，各ステップごとに用意されており，援助過程を自己評価することが可能となっている。

【臨床心理学を学ぶ上の意義】臨床心理学を学ぶ上での本書の意義としては，以下の二つを挙げることができる。

まず一つが，初学者が援助を学ぶのに適したテキストであるという点である。本書は特定の学派・技法によらない解説書である。そのため，偏りなく基礎的な理論・技法を学ぶことができる。この点は，クライエントに資するという観点から，幅広く援助を学びたい初学者のニーズに応えるものであろう。

2点目は，新米カウンセラーの経験を補うのに適したテキストであるという点である。本書では，援助過程を3ステージに分け，各ステージで達成すべき目標・課題が具体的に明示されている。そのため，経験の少ないカウンセラーが援助を行う際に，参考・指針とすることができる。また各ステップにはチェックリストが用意されているため，援助過程を自己評価することも可能となっている。

以上のように本書は，初学者や新米カウンセラーが臨床心理学を学び実践する上で必要な要素を備えている。この点が本書の意義である。

高山由貴

副読本

カウンセリングを学ぶ　第2版
理論・体験・実習

佐治守夫・岡村達也・保坂　亨著

東京大学出版会，A5判296頁，2,800円，2007年5月刊

【本書の目的】本書はカウンセリングの理論と実践との間をつなぐことを目的としたテキストである。カウンセリング学習者のみならず，すでにその職責にある人びとも対象としている。

【本書の概要】カウンセリングの学習は，理論学習・体験学習・実習という三つの柱からなるというのが本書の考え方である。よって本書は，それら三つの柱から構成されている。

まず第1部は理論学習編である。カウンセリングの理論について，第1章「カウンセリングの定義」，第2章「カウンセリングの理論」，第3章「理論の意味するもの」という3章立てで解説している。それらはいずれも，クライエント中心療法が理論的背景となっている。まず第1章では，カウンセリングを「援助を求めている人々に対し，心理コミュニケーションを通じて援助する人間の営み」であると定義する。援助者はその際，一定の訓練によりクライエントとの間に望ましい対人関係を確立することが可能であることが求められるとされる。このように定義した上で，クライエントとの間に心理的コミュニケーションを成立させ，好ましい人間関係を確立するための，カウンセラーとしての基本的態度・傾聴のあり方などについて概説している。第2章では，クライエント中心療法の基本的な考え方をもとに，カウンセリングの理論が解説されている。C・R・ロジャース Carl R. Rogers の生涯を振り返りながら，クライエント中心療法の誕生から展開，そしてその後の課題までが概説されている。第3章は理論学習編のまとめである。カウンセリングにおいて，類型論的アプローチと現象学的アプローチとの関係という観点から，理論の意味するところが解説されている。本書では，臨床の知を積み重ね，類型論的アプローチを洗練させることで理論が構築されるとする。そして，そのようにして構築された理論が，クライエントのよりよい理解を助けるとする。つまり，類型論的アプローチが，クライエントの現象学的アプローチをより柔軟で有効なものすると述べる。

続く第2部は体験学習編である。本書では体験学習を理論と実習をつなぐ重要なカウンセリングの学習手段であると位置づけている。それは、理論学習からいきなり実習に移行することには飛躍があり、学習のあり方として現実的でないと考えるためである。本書では体験学習として、①ロールプレイ、②エンカウンター・グループ、③教育カウンセリングの三つを紹介している。ロールプレイは、実践への橋渡しを目的としたシミュレーション学習の一種であるとされる。ロールプレイにより、カウンセラー役割を擬似的に体験することが目指される。一方、エンカウンター・グループでは、自らクライエントとなりカウンセリングを体験する。グループ体験を通し、カウンセリング実践に必須とされる自己理解を深めることが目的である。これら二つに加え、教育カウンセリングも体験学習の一つとして本書では位置づけられている。その目的はスーパーヴァイザーとの対話を通し、カウンセラーとしてのありようを検討することにある。より広義には、スーパーヴァイジー自身の対人関係のもち方、建設的な人生の生き方などを考える場ともなるとされる。

最後の第3部は実習編となる。本書では実習として、スーパーヴィジョンとケースカンファレンスの二つを挙げる。それらのありようについて、具体的な事例に基づいて解説されている。まずスーパーヴィジョンに関しては、その過程がスーパーヴァイジーの体験の側から提示されている。そしてスーパーヴィジョンでは、スーパーヴァイジーが体験過程への照合・意識化・言語化という営みを行うことが求められると述べている。このスーパーヴィジョンと同じく重要な実習がケースカンファレンスである。本書ではケースカンファレンスを有意義なものとするためのディスカッションのあり方、記録の重要性が解説されている。

【臨床心理学を学ぶ上の意義】本書は理論と実践との間の橋渡しをすることを目指し構成されている。臨床心理学を学ぶ上での本書の意義は、まさにその点にある。臨床心理学は実践の学問である。しかしながら、初学者がいきなり実践の道へと入っていくのは、知識・経験などさまざまな点で問題がある。それでも知識に関しては種々の文献から学ぶことができる。一方、経験に関しては実践なくしては獲得できない。そのため初学者は、経験に乏しいために実践に入れない。それと同時に、実践に入れないため経験を積めないというジレンマに陥ってしまう可能性がある。本書は、そういったジレンマを解消し経験を補う学習手段を提案している。それが体験学習と実習である。本書は読み物としての学習書に留まらない。読んだ者が実際にテキストをもとに体験学習・実習を行い、そこから得られる経験が重要となる。以上のように理論を学んだ者が、実践に入る前に必要な経験を積むための学習手段を提供している点が本書の意義である。

高山由貴

臨床心理基礎実習

　修士課程2年生の段階で学生は，臨床現場に出て研修を行うことになる。そこで，修士課程1年の段階では，臨床現場の実践活動に参加できるための基礎技能を習得しておくことが必要となる。基礎実習は，そのような基礎技能を訓練を行うことが目的となる。前半では，教室内において個人面接のロールプレイやシミュレーションによって臨床的コミュニケーションの実習を行う。後半では，臨床現場においてそのようなコミュニケーション技能を，臨床現場という社会的コンテクストで使いこなすための視点を得ることが目的となる。

②基礎実習2：応用編
〈修士1年後期〉

　基礎実習1における個人面接のコミュニケーション技能を基礎としつつ，そこからより広い社会的場面における臨床技能の習得に学習課題を広げていく。具体的には，学内の研修期間である心理教育相談室で個人面接を担当し，スーパーヴィジョン，事例検討会での見直しを通して技能の向上を目指す。また，家族面接や集団面接，さらには臨床現場で研修するための技能訓練について学習していく。個別実習としては，臨床技能を見直すための事例検討会の方法や臨床現場で活動する際の実践マニュアルについて学習する。

第4章　実践活動に関する科目（必修）

テキスト

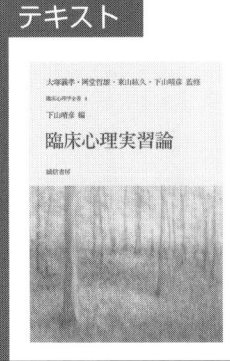

臨床心理学全書第4巻
臨床心理実習論

下山晴彦編

誠信書房，B5判430頁，5,100円，2003年9月刊

【本書の目的】臨床心理学の伝統を基礎にしつつ，臨床心理学の教育と訓練のモデルを提示し，臨床心理士として働くための実践場面における専門技能の獲得について段階を追いながら解説する。

【本書の概要】第1章「臨床心理実習の理念と方法」では，臨床心理学に関する教育理念・教育カリキュラムが詳しく示されている。その上で，本書を通しての目的である，高度専門技術職である臨床心理士として実践場面で働くために必要となる実習の位置づけが解説されている。

第2章以降は，実際に学部から修士課程へと，臨床心理学に関する教育カリキュラムの流れに沿い，それぞれの段階で学ぶべきことが具体的に解説されている。

第2章「基礎的体験学習」では，自己理解と対人関係構成といった実践活動の基礎技能を習得するための体験学習について，グループ主体のものと個人を主体としたものに分けて解説される。「グループ主体の基礎実習」としては，自己紹介，誉めあい，相互なぐり描き，グループ箱庭療法が紹介されている。「ファンタジーグループ」では，グループ力動を理解しつつ，グループを通して自分を理解するためにファンタジーグループが紹介されている。「個人主体の基礎実習」として，それぞれの個人が一人で取り組む実習が紹介されている。

第3章および第4章では，修士課程に入学後最初に学ぶべきこととして，シミュレーション学習法を用いた査定と面接に関する実習法が解説されている。第3章「臨床心理査定演習」は，心理査定実習に関する基本的事項について解説されている。「はじめに」と実践的な心理査定に関して述べられている「心理検査の臨床実習」で構成される。「はじめに」においては，第一に大学院カリキュラムの中での心理査定実習の位置づけが述べられ，第二に海外の教育研究機関との比較を通して，査定実習の重要性が詳説され，第三に査定に関する倫理的問題が解説されている。「心理検査の臨床実習」では，いずれの実践場面でも必要と

されるであろう，基礎的な心理検査に関する具体的知識の獲得を目的として，それぞれの検査に関する基本的な知識と，習熟方法が紹介されている。第4章「臨床心理基礎実習」では，学部での体験学習を経た次の段階として，大学院の修士課程で最初に行う臨床心理面接法の技能訓練について解説されている。臨床心理面接の基礎であるカウンセリングの技法の中でも，特に共感的にクライエントの語りを促す「聴く技能」と適切な質問を通して情報収集を行う「訊く技能」の実習方法としてロールプレイと，ケース・マネージメントの実習方法として試行カウンセリングが紹介されている。

次に，第5～7章では，臨床心理基礎実習を終えた次の段階として，面接演習について，対象ごとに紹介されている。第5章「臨床心理面接演習1―個人」では，大学院における心理臨床の実習の中でも，主として個人を対象にした方法について概説されている。そして，第6章「臨床心理面接演習2―家族・集団」では，複数のクライエントを対象とした心理面接について詳説されている。続く第7章「臨床心理面接演習3―地域・社会」では，個々のケースの対応方法について論じるのではなく，地域や社会，分化といった広い領域へのアプローチに関する具体的技能の習得について述べられている。

続く第8章および第9章では，心理面接演習の次の段階として「スーパーヴィジョン」と「現場研修」について解説されている。第8章「臨床心理実習1―スーパーヴィジョン」では，事例を担当する段階で，スーパーヴァイザーの指導を定期的に受け，事例の理解を深めるとともに，ケース・マネージメントの技能を獲得するための実習法について焦点をあてて解説されている。第9章「臨床心理実習2―現場研修」では，大学院での基礎的な技能訓練を一通り終えた者が，実際の支援場面での研修に取り組む際に必要なことや注意すべき点について解説されている。

【臨床心理学を学ぶ上の意義】本書のもっとも特徴的な点は，臨床心理士を目指すものに必要不可欠である臨床心理実習に関して，学習の段階に沿う形で，それぞれの段階に必要な実習を解説していることである。臨床心理士は，高度専門職業人として，質の高い支援の提供と社会へのアカウンタビリティーの重要性が指摘されている。援助専門職としての臨床心理士になるためには，現場での実習は，臨床心理士としての実践活動の技能訓練を行う課目であり，臨床心理学の専門教育の中では中核となるカリキュラムである。そのため，臨床心理士を目指すものが，学部教育・修士課程前期・修士課程後期それぞれの段階ごとに，実習で獲得するべき技能や目標について理解することができ，それぞれの段階で目標をもって学ぶための指針を示すという点で，本書は臨床心理学を学ぶ上で大変有意義であると考える。

野田香織

援助を深める事例研究の方法 [第2版]
対人援助のためのケースカンファレンス

岩間伸之著

ミネルヴァ書房，A5判216頁，2,200円，2005年6月刊

【本書の目的】 広く対人援助にたずさわる人を対象として，事例研究の意義やカンファレンスの展開方法について具体的に解説し，事例研究を通して対人援助そのものの意義について述べる。

【本書の概要】 まず，第1章「対人援助と事例研究」では，事例研究を通して，人を援助することの本質が解説されている。「対人援助の本質と事例研究」において，専門職として援助することの本質について，事例研究と関連づけながら詳しく説明される。「『対人援助の事例研究』の定義」では，対人援助の事例研究を，「ケースカンファレンスによって当事者本人の理解を深め，そこを起点として対人援助の視座から今後の援助方針を導きだす力動的課程をいう」と定義し，本書で扱う事例研究の全体像を明らかにしている。「対人援助の「価値」と「実践」を結ぶ方法としての事例研究」では，事例研究を対人援助の「価値」（理論）に基づいた「実践」を導き出すための方法として位置づけ，その意義と特性について示している。「事例研究の意義」では，事例研究の意義について，事例を深める，実践を追体験する，援助を向上させる，援助の原則を導き出す，実践を評価する，連携のための援助観や援助方針を形成する，援助者を育てる，組織を育てるという視点から解説している。「介護保険制度における事例研究の意義」では，対人援助の視点からみた介護保険制度の特性と，介護保険制度における事例研究の意義について整理されている。

第2章「事例研究の基本的枠組み──5つの構成要素」では，事例研究の構成要素として，事務局，検討事例と事例提供者，参加者，助言者（スーパーヴァイザー），ケース・カンファレンスの体験過程を挙げ，それぞれの内容や役割について解説されている。有意義な事例研究を実施するためには，五つの要素がいずれも不可欠であり，これらの要素が相互に機能的関係をもつことが本章の内容から理解できる。

第3章「事例研究の方法としてのケー

スカンファレンス―有意義な展開のための40の"ポイント"」では，対人援助の事例研究の方法としてのケース・カンファレンスの展開課程（プロセス）について詳説されている。ケース・カンファレンスの体験過程は，①開会，②事例の提示，③事例の共有化，④論点の明確化，⑤論点の検討，⑥まとめ，⑦閉会の七つのステージから構成される。これらの内容について40のポイントが示されており，本書を手にとった読者が具体的なイメージをもてるようにケース・カンファレンスの展開方法が紹介されている。それぞれのポイントの内容を実践的に理解しやすくするために，重要な点の要約やテクニカルな面からのアドバイス等を箇条書きで示されている。

第4章「事例研究のための事例のまとめ方」では，対人援助の事例研究のための事例のまとめ方について解説されている。事例研究用の事例のまとめは，日常のケース記録を基礎資料とし，一帯のルールに基づいた内容やまとめ方が求められる。そのため，質の高い事例のまとめをケース・カンファレンスで提示するためには，事例研究用の事例のまとめ方を学ぶ必要がある。そのための方法を具体的に紹介されている。

第1～4章までは，対人援助の本質に基づいて援助を深めるための事例研究の方法について具体的に明らかに述べられてきた。質の高い事例研究を高めることは，対人援助の中における援助の共通項を明らかにし，ゆくゆくはそれらが援助理論の構築に寄与する。このことも事例研究の大きな意義であるが，一方では，援助者には，対人援助の価値，知識，技術のよりどころとなる援助理論が求められる。事例研究と援助理論との相乗効果によって援助への指針はさらに深まることが期待されるため，第5章「対人援助のための基礎理論」では，対人援助のための基礎理論として，事例を理解するための基本的視点と援助理論について論じている。

【臨床心理学を学ぶ上の意義】本書のもっとも特徴的な点は，事例研究やカンファレンスの展開方法について，具体的な手順が解説されていることである。現在，臨床心理士は保健・医療・福祉・教育などさまざまな領域において多職種との連携が求められている。その際に臨床心理士に求められる役割として，職種間や領域間の架け橋となるリエゾン機能やコーディネート機能がある。

本書では，多職種が一同に介して事例研究やカンファレンスを展開する際の具体的なエッセンスが詳細に記載されており，事例研究を通して対人援助の本質が詳説されている。特に第3章では，実際のカンファレンスの展開方法についてポイントを明確にした上で記載されており，本書を手に取った読者が，ケース・カンファレンスをどのように進行し，多職種間の連携を深めていくのかについてのイメージを膨らまし，実践に活かすことができる内容となっていると考える。

野田香織

第4章　実践活動に関する科目（必修）

副読本

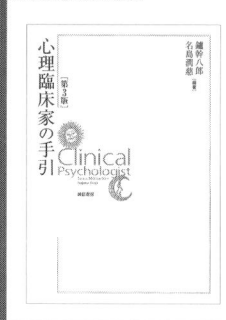

新版　心理臨床家の手引

鑪幹八郎・名島潤慈編著

誠信書房，Ａ５判388頁，3,800円，2000年12月刊
※最新版の書誌情報は巻末「書目一覧」をご確認ください。

【本書の目的】心理臨床家としてのアイデンティティ，倫理基準，心理アセスメント，心理療法に際して遵守すべき事項や過程，施設別援助の実際，関連法規等，踏まえておくべき基礎を解説。

【本書の概要】「心理臨床家」とは，大学や大学院で心理学およびその他の関連科学を学び，心理学的手法を使って，精神病院や児童相談所など社会の心理学的・福祉的領域で働いている人びとをいう。

本書は，全7章から構成され，第1章および第2章では，心理臨床家としての心構えについて，第3章および第4章では，（個人）心理療法の実際について，第5章では，さまざまな施設における心理援助の実際について，第6章では，他職種（とくに精神科医）との連携の上で重要な薬物に関する知識について，そして第7章では，クライエントからの質問にどのように答えるかという問題が扱われる。

まず第1章では，わが国における心理臨床家の現況，そのアイデンティティ，志望動機，そして基本的立場と理論的一貫性について概観する。とりわけ読者は，この章において心理臨床家としての自身の原点および基本的な心構えについて整理することになる。

第2章では，心理臨床実践を提供する上で非常に重要な「心理臨床家の倫理」について読者とともに考える。また，日本心理臨床学会により定められている臨床心理士の倫理綱領および倫理基準についても掲載する。

第3章以降は，いよいよ具体的な実践の基本・留意事項について細かくみていくことになる。まず第3章では，「心理アセスメント」について取り扱う。心理アセスメントとは，受理面接と心理検査，それも特に前者を通してなされる探索を指す。その目的は，クライエントに対する心理学的処遇がうまくなされるようにするための基礎的資料を得ることである。本章では，特にこの受理面接について，その位置づけ，回数，受理面接までの仕事，受理面接時に注意すべき事柄などについて具体的に言及する（例：母子

合同での受理面接,学校関係者に対する受理面接,電話相談による受理面接など場合分けして留意点を細かく記述)。また,一般的な受理面接記録シートについても参考資料として掲載する。

第4章では,「心理学的処遇」,とりわけ心理療法を始めるまでの留意点,それを始めてから,中断または終結するまでの一連の流れについて説明する。具体的には,①初めて心理療法を行うに際してクライエントとの間に設ける基本的なルール(例:面接契約,面接時間,面接場所,料金,面接者側の要因,他の専門家との連携など)について,②クライエントの発達段階および自我の強さによってその基本ルールに若干違いが出るため,幼児-児童期,思春期-青年前期,青年後期,老人期の心理面接の組み立て方と留意点について,③心理療法過程で生じる諸問題およびその対処方法(例:面接者への理想化・恋愛感情・非難・敵意・怒り,クライエントの自殺企図・家庭内暴力・非行や反社会的行動)について,解説する。また,心理学的処遇の多様性を超えた基礎,心理療法を始める前に心理療法家がしておかなければならない準備,その他の留意すべきことについても言及する。

第5章では,「いろいろな援助施設における心理臨床」について概観する。本章では,児童施設,教育センター,児童相談所,総合病院,精神病院,家庭裁判所,学校現場での心理臨床活動における問題と留意点について取り上げる。

第6章では,「心理臨床家と精神医学的知識」について,心理臨床家が得ておくべき精神医学的な知識(特に向精神薬)について概説する。

第7章では,「心理面接者に尋ねられる質問にどう答えるか」という問題を取り扱う。答えに窮するようなクライエントからの質問に対する具体的な回答パターンについて掲載する(例:先生はおいくつですか,先生は結婚しておられますか,などと面接者の個人的事柄を質問された場合の対処方法について記述)。

【臨床心理学を学ぶ上での意義】心理臨床家としての心構えについて取り上げている海外の良書は多いが,本書のもっとも大きな意義の一つは,わが国における心理臨床実践の現状に沿って記述がなされている点にある。

本書では,わが国の現状を踏まえながら,個々の場面について,一つひとつの問題にどのように対処するべきなのか,細かく丁寧な説明がなされており,臨床実践のためのマニュアルとしての機能も備えている。また,日本国内での関連法規等についても記載されていることも,わが国において臨床実践を行う上で重要である。

本書の明細さは,小さな疑問に戸惑うことの多い初心者にとって心強いばかりではなく,ある程度心理臨床の経験を積んできている中級者・上級者にとっても,これまでの臨床実践を振り返り自身が習得してきたことについて再度包括的に捉え直す上でも大変役立つと思われる。

袴田優子

臨床心理実習

　ここでの実習は，学外の臨床現場における研修を通しての技能訓練となる。大学院と臨床現場との連携をすすめ，臨床現場の心理専門職（臨床心理士）に臨床教育スタッフとして参加してもらい，大学院生の指導を委託する。大学と現場で協力して心理専門職育成のシステムを構成する。臨床心理実習については，スーパーヴァイズによる訓練を充実させるために，スーパーヴァイズを受けた時間を規定することが望ましい。**前半の基本編では，実習を行う現場とはどういう場所であるのかについて，コミュニティ心理学や社会組織論の観点から学ぶことが目的となる。後半の応用編では，臨床現場では特に重要となる他職種との連携や協働による実践とは何かを学ぶことが目的となる。**

①臨床心理実習1：基本編
〈修士2年前期〉

　臨床現場での臨床活動は，コミュニティと直接に関わりながらの実践となる。したがって，臨床現場での研修を適切に行うために，コミュニティ心理学の知識に基づき，さまざまな実習現場の特徴を知っておくことが必要となる。研修現場としては，「保健・医療」「教育・学校」「産業・労働」「福祉」「司法・法務・警察」がある。個別学習としては，臨床研修の方法，コミュニティ心理学特有の発想と技法，さらには心理支援の組織論について学習する。

第4章　実践活動に関する科目（必修）

テキスト

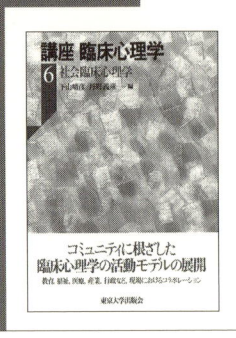

講座臨床心理学6
社会臨床心理学

下山晴彦・丹野義彦編

東京大学出版会，A5判352頁，3,500円，2002年1月刊

【本書の目的】英米を視野に入れた全体構造の描写を踏まえて，各領域の実践活動の統合的理解を提供することによって，臨床現場における研修の展望を示すことを目的としている。

【本書の概要】本書は3部構成になっており，1～3部にかけて視点の抽象性が変化していく。まず1部「社会臨床心理学」において，社会の中にある臨床心理学の全体構造と活動モデルを提示している。次に2部「各領域における臨床心理学の発展」において，教育，司法・矯正，福祉，産業，医療・保健，開業という各領域で実践されている活動の概論とモデルが示されている。最後に3部「社会における臨床心理学の展開」において，各領域における心理臨床の現状や事例を踏まえた実践の実際について詳述されている。本書は臨床心理学（＝全体構造）をマクロ的観点から捉えて，徐々に各領域における臨床実践（＝全体の構成要素），すなわちミクロ的観点へと移行するため，臨床心理学という全体構造を踏まえた実践活動の統合的理解が促される。

まず，1部では1「社会臨床心理学の発想」において，社会に開かれた柔軟な援助枠組をもつ必要性を示し，社会臨床心理学の展開，個人と社会をつなぐ統合的心理援助モデルが示されている。2「社会活動としての臨床心理学」では，予防やエンパワメントといった，コミュニティ心理学の要点と心理教育の必要性が詳述される。3「臨床心理学における統合的活動モデル」では，世界の現状を把握した上で，メンタルヘルスの新しい動向が示され，心の問題に対する介入方法の変化が解説されている。

次に，2部では1「教育領域における活動モデル」において，スクールカウンセラーの教育臨床活動の概要とそのモデルの独自性・可能性が示されている。2「司法・矯正領域における活動モデル」では非行少年を定義した上で，非行臨床の機能と特質，技法を詳述している。3「福祉領域における活動モデル」では，福祉領域の概観を示したのち，チームアプローチ・システムの展開と児童相談所に

おけるモデルが提供されている。4「産業領域における活動モデル」では，産業心理臨床の背景にある産業界・企業組織の概要が示された上で，コミュニティ・アプローチの現状と展望が述べられている。5「医療・保健領域における活動モデル」では，わが国における医療保健領域の心理臨床の歴史を概観した上で，臨床心理士の現状が示され，面接や査定，地域援助活動を含めた業務モデルと今後の展望が述べられている。6「開業の活動モデル」では，社会制度からみた開業心理臨床の概観と類型を示し，開業心理臨床に関わる社会的現実が詳述されている。

最後に，3部では1「病院における臨床心理学の活動モデル」において，医療現場の心理臨床の実態と医療側が求める心理臨床を詳述し，病院内での心理的援助の特徴と基本モデルを概説している。2「障害児をもつ家族のソーシャルサポート」では，障害児をもつ家族の心理社会的適応の実際と理論モデルについて詳述し，ソーシャルサポートを家族が求めるものと家族の適応を促すものに分けて提示している。3「被害者支援の臨床心理学」では，わが国と米国における被害者支援の歴史を比較したのち，PTSDを解説している。最後に犯罪被害者と災害被災者への心理的支援の現状と展望が示されている。4「経営組織の臨床心理学」は，経営組織が有する臨床心理学との関係性と，経営組織が心理学に求めるものの詳述で構成されている。5「行政と臨床心理学」では，これまで触れられなかった行政との関係に注目する。行政と心理臨床の関係性とジレンマを捉えたのち，それぞれへの貢献について相互的に詳述し，今後の関係性の展望を示している。6「多文化間カウンセリング」では，多文化間カウンセリングの現状を描写したのち，構成主義的ナラティヴ・セラピーの概論と事例を述べている。

【臨床心理学を学ぶ上での意義】本書は"さまざまな本を読んでみたが，臨床心理学という学問が結局よくわからない"と感じている初学者が，臨床心理学を統合的に理解するために必携してほしい一冊である。本書は全体構造の描写による統合的理解を目指しているため，実証的な理論展開を基本としている。したがって，従来の各学派による分類や，難解な理論および議論には触れられていない。それゆえ，社会臨床心理学の全体構造をマクロ的な観点から俯瞰した上で，徐々に実際の臨床活動や実践モデルなどミクロ的な観点へと移行する本書の構成により，読者は読み進めるうちに自然と統合的理解へと導かれる。さらに，各章の著書は各領域で活躍する専門職であるため，概論書という枠組のみでは捉えられない側面も有しており，すでに実践を行う心理職にとっても読みごたえのある一冊であろう。よって，臨床心理学の全体を捉えたい初学者にとっても，自身の活動の臨床心理学における位置づけを確認したい心理職にとっても，学ぶことの多い優れた良書である。

永野千恵

副読本

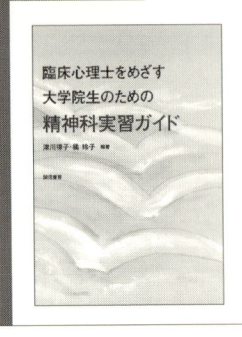

臨床心理士をめざす大学院生のための精神科実習ガイド

津川律子・橘 玲子編著

誠信書房, A5判244頁, 2,500円, 2009年1月刊

【本書の目的】臨床心理実習の中で多くの大学院が取り入れている精神科実習の実際, 意義, そして実習に臨む前に学生が知っておくべき点をさまざまな視点から包括的に述べていく。

【本書の概要】本書は3章からなる。第Ⅰ章「臨床心理実習における精神科実習の意味」では, 臨床心理実習の制度を他資格と比較しながら簡単に解説した後, 精神科実習でしか得られないものや, 実習の義務化による問題点を指摘している。

第Ⅱ章「精神科実習の実際」は7人の著者が, それぞれの立場から精神科実習を実際にどう行っているか, またはどう経験したか, 具体的に書かれている。1「実習前に考えておきたいこと, 準備しておくべきこと」では, 実習に行く前に, 学生が頭に入れておくべき心構え, 倫理意識, 学んでおくべきことが丁寧に記載されている。2「大学病院精神科での実習の実際」と3「大学病院精神科での実習を終えて」では, 大学病院という「臨床」「教育」「研究」を主な機能とする機関で実習を受けるにあたり, 具体的に知っておくべき業務内容, 病院のシステム, 実習における態度などが, 実習を受け入れる側の視点と実際に実習を体験した側の視点からそれぞれの著者らの体験にのっとり記述されている。4「総合病院精神科での臨床心理実習―当院における取り組み」は, 他科との関係が重要になり, さまざまな年齢, 状態の患者に出会う可能性が高いなど, 総合病院の特徴やその中に実習生として入っていく際の心構えが伝わってくる。5「精神科病院での実習―単科精神病院の場合」では, ここまでの章とは異なり, 実際に実習を体験した学生の言葉を中心に実習について考察している。6「精神科病院での実習を終えて―精神科臨床はすべての基本」では, 実習自体に対する示唆ももちろん豊富であるが, それだけではなく, 大学院前の経験, 実際に臨床心理士として働き出してから, また, 実習生を受け入れる立場に立ってから, 改めて精神科実習で学んだものがどう役立つのかを述べている。最後の7「実習病院と大学院

との関係と臨床実習の検討」では、大学院教員の果たす役割という視点から、大学院と実習先の信頼関係や、大学院教員が実習をよりよいものにするためにどのような工夫をしているかが書かれている。

第Ⅲ章「いろいろな立場からみた精神科実習」は、実習に関わるさまざまな立場の5人の著者から、それぞれの体験を交えて、精神科実習に臨む学生たちへのメッセージが綴られている。1「精神科実習担当者から」では、ある一人の大学院生を受け入れた経験を中心に精神科実習の実際について描かれた後、著者自身が日ごろ心がけている臨床心理士を目指す学生へのアドバイスが述べられる。2「送り出す教員の立場から」では、実習ノートの活用という実際に著者が行っている工夫を中心に、実習計画を立てる必要性を、研究への姿勢の比喩を交えながら説いている。3「精神科実習で学んだこと―統合失調症患者との出会いをとおして」は、心理士のアイデンティティを確立するために、自分の内面と向き合う場としての精神科実習を振り返っている。4「精神科医師からみて」、5「精神科看護師からみて」では、臨床心理士の立場から述べられていた今までの章と違い、医師・看護師の立場から精神科実習について述べている。精神科医師の立場からは、*bio-psycho-social*の枠組みや器質性精神障害をまずは疑う重要性など、予診の実習の前に知っておくべきポイントが凝集されている。精神科看護師の立場からは、看護師と臨床心理士の関係や協働した実際の事例、そして看護師からみた臨床心理士について述べられている。どちらの立場からも、他職種からの新たな視点が提供されており、チーム医療の中での臨床心理士についての理解を深めることができる。

【臨床心理学を学ぶ上での意義】本書の特徴として、非常にわかりやすい構成であること、各立場の著者がとても素直に、時に批判的に、時におだやかに、今後精神科実習を受ける学生へのメッセージを投げかけていることが挙げられる。内容が重複する箇所も見られるが、それぞれの著者が自分の体験に基づきその重要性を説いているため、読み進める中で改めて大事な点だと理解を深めることができる。また、各章の終わりには要点がまとめられており、一度読んだ後に振り返る上でも役に立つ。

臨床心理学を学ぶ上で実習が欠かせないことは共通した見解であろう。そして、その実習とは多くの人の協力や好意により成り立っているものである。そうした当たり前だが大切なことを、学生に気づかせてくれる一冊である。今後臨床心理士として社会に出ていく学生が身につけておくべき一般的な常識や知識から、精神科実習だからこそ学べる体験や具体的な実習の流れまで幅広く述べられており、精神科実習に行く前の学生や精神科実習に携わる関係者が一読する価値があるといえよう。

野中舞子

副読本

コミュニティ心理学
理論と実践

J・オーフォード著
山本和郎監訳

ミネルヴァ書房，Ａ５判388頁，4,800円，1997年３月刊

【本書の目的】コミュニティ心理学の歴史は，心理学の領域の中ではまだ比較的浅い。本書は，「コミュニティ心理学が充分明瞭なものであり，心理学の将来の発展のためには必要不可欠のものであること，独立した扱いが正当であることを読者に納得してもらうこと」を目的として書かれたものである。

【本書の概要】本書は，第１部「理論」と第２部「実践」から構成される。

第１部は６章からなり，はじめに１「コミュニティ心理学とは何か？」において，コミュニティ心理学の特徴が論じられている。具体的には，コミュニティ心理学では問題を個人と社会的環境やシステムの相互作用として捉えること，また，分析に際してはミクロからマクロな視点を含み，コミュニティの中からニーズを探し出すという働きかけをする点が特徴とされている。さらに，実践においては，治療よりも予防を強調し，他の専門家や非専門家とも積極的に協力するという立場を取るという点も特徴的である。

次に２「文脈内存在人間に関する理論」において，コミュニティ心理学の基本理論が解説されている。特に，「文脈内存在人間 person-in-context」という人間理解（ある人をその人自身の環境場面やシステムという文脈の中に生きる人間として理解すること）の重要性が指摘されている。３「コミュニティにおける心理的諸問題」では，精神障害の発症についても，その治療に際しても，多くはコミュニティの問題が絡んでいることが論じられている。

続く４および５では，社会的資源が取り上げられる。まず，４「社会資源Ｉ―ソーシャル・サポート」では，ソーシャル・サポートに注目し，その構造や機能を整理した上で，ソーシャル・サポートについての先行研究を概観している。また，５「社会資源Ⅱ―パワーと統制」では，社会的資源についてのよりマクロな視点として，パワーと統制の問題に注目している。パワーの不均衡や，性質，属性，次元，視点などが提示されるととも

に，リーダーシップや社会システム，集合体レベルの力動についても言及されている。

第1部「理論」の最後に，6「研究法」として，コミュニティ心理学の研究面の特徴が指摘されている。コミュニティ心理学では，幅広い社会統計資料が用いられることや，方法論としても準実験計画法が用いられること，さらに介入後のプログラム評価も積極的に行われる点などが特徴とされている。

第2部では実践について，5章にわたって解説されている。まず，7「対人サービスに携わる人びとと心理学を共有すること」において，コンサルテーションについて解説されている。8「予防」では，コミュニティ心理学の大きな特徴の一つである「予防」について，その難しさや問題点も含めて紹介されている。9「組織の理解と変革」では，よりマクロな関わりにおいて必要となる「組織」の性質について解説がなされている。組織そのものの変革と組織についての理論を確立するための手法として，アクション・リサーチが紹介されている。

続く10「セルフ・ヘルプと非専門職援助」では，非専門家の力を有効に活用するという方法として，セルフ・ヘルプと非専門職援助について解説されている。11「コミュニティのエンパワーメント」と題し，精神病患者がコミュニティの中で生きることの意義や，コミュニティ災害への対処，近隣ネットワーキングの重要性などが指摘されている。

【臨床心理学を学ぶ上での意義】本書はコミュニティ心理学の基本的概念について，理論，実践の両面から幅広く，包括的に記述されているだけでなく，一つひとつのテーマについて，これまでの研究結果や事例などを織りこんで丁寧に説明されている。したがって，コミュニティ心理学の概要を理解した初学者が，コミュニティ心理学の独自のものの考え方や実践，研究方法を，より広く深く学ぶ上で最適な書と考えられる。

本書で紹介されているコミュニティ心理学の考え方や実践は，個人面接をする上でも，臨床心理士がその存在や活動を組織や社会に位置づけるという意味においても重要と考えられる。個人面接において，セラピストがクライエントを一人で抱えこむのではなく，クライエントが生きる地域システムや，サポート資源を有効に活用して，コミュニティの一員として生きる力をつけていくことを援助するという発想は現実的であろう。

また，臨床心理士自身はとかく面接室内の一対一面接の力量を上げることに熱心になりがちであるが，本当に良い仕事をしようと思えば，自身の仕事や仕事場を提供している組織との関係性についても敏感でなくてはならない。自身が所属する組織や社会の現状を理解し，その中における立場や役割を考えるという意味でも，本書は役立てられるであろう。

高橋美保

支援組織のマネジメント

狩俣正雄著

税務経理協会，Ａ５判236頁，3,400円，2004年11月刊

【本書の目的】本書は，介護やケアを必要とする人びと，特に障害のある人びとを対象とした支援組織のマネジメントの問題と，支援組織の役割を，信頼という観点から分析した書である。

【本書の概要】第1章「少子高齢社会と支援組織の課題」では，支援組織がもつさまざまな課題と支援組織のマネジメントにおける信頼関係の重要性が指摘される。

続く第2章「組織マネジメント」では，支援組織の対極にある経営組織との対比から，支援組織の特徴とマネジメントの課題が明らかにされる。経営組織が営利の追求を目的として効率的なマネジメント・システムをもつのに対し，支援組織は社会的使命の追求を目的として対等で信頼関係にあるボランティアによって成り立っている。ゆえに支援組織の成立要件とマネジメントの課題には，経営組織のそれに信頼が加わることが論じられた。

第3章「信頼と支援」では，信頼とは何か，支援者被支援者間の信頼関係の形成とそのあり方といった問題が検討されている。信頼とは支援に不可欠の要素であり，信頼関係の形成には，支援者の言行一致や配慮と専門的能力，ロゴス性が必要である。支援者と非支援者がともに自己超越していくことを認めあう関係が，信頼関係のあり方として示されている。

第4章「コミュニケーションと支援」では，支援をコミュニケーションとして捉えるという観点から，支援の有効性を高める方法が検討されている。コミュニケーションの特徴は，メッセージの授受により，動態的連続的に意味形成の過程が移行する点にある。その阻害要因は，心理的・組織的・環境的・言語的要因に及び，特に，対人不信は防衛的行動の誘引やメッセージの歪曲によってコミュニケーションを破壊する。支援の有効性を高めるための示唆として，阻害要因の除去や差別・偏見の解消が示唆される。

第5章「ケアとQOL」では，ケアと障害者の生活の質（QOL）の問題から，支援のあり方が検討されている。これまで，障害者のQOLは，健常者と地域社会でともに学び，働き，生きるという生

活，すなわち生理的・社会的・心理的・職業的欲求の充足に求められてきた。しかしながら人間は障害の有無に関わらず精神的存在であり，そうであるならば，人生の意味を実現できるように支えるケア，すなわちスピリチュアル・ケアが必要である。ケアする人も支援によって成長・発展し意味実現する支援のあり方が示唆されている。

第6章「障害者の就労支援と共生のコンテクスト」では，障害者への見方が欠損モデルから社会的バリアモデルへと変化したのに対し，障害者の雇用はいまだ不十分だとし，支援システムや障害者自身に求められる役割が検討されている。雇用促進のためには，働きやすい共生のコンテクストの形成と，変革的リハビリテーションの実践家の育成，障害者自身がエンパワーメントされ変革を担うことが提言されている。

第7章「新規事業創造と支援」では，わが国の支援の本質的問題を明らかにするために，中小企業と新規事業創造に対する国の支援施策のあり方が文化論的観点から検討されている。今後のわが国の支援施策に対する，日本人の特徴を考慮した提言がなされている。

第8章「信頼のマネジメント」では，日本企業の信頼構築に関する課題が示される。対人的信頼を得るには，組織成員の能力を高め，利害関係者の期待に応えて業績を上げる必要があり，システム的信頼を得るには，組織の有効性を高め，多くの利害関係者から有効性の高い組織として認められる必要がある。コンテクスト的信頼を得るには，真の共生関係による信頼の創出が有効である。

第9章「支援組織のリーダーシップ」では，社会変革と共生のコンテクストの創造を軸に，支援組織のリーダーに求められるリーダーシップが示されている。

【臨床心理学を学ぶ上での意義】本書に挙げられた障害のある人びとを対象とした支援組織は，臨床心理士の職場として，今後ますます重要になると考えられる。

とかく費用対効果が重視され，成果を出すことを求められる今日であるが，著者は，支援組織の成立と発展には，経営組織同様の効果的なマネジメントに加え，個人レベルからシステムレベル，コンテクストレベルにわたる信頼が必須だとしている。これらは到底一朝一夕になるものではないが，支援組織のリーダーとメンバーは，一見矛盾する信頼関係の構築と，効果的な組織運営をどのようにしたら両立できるのだろうか。支援という目的をもった組織が一枚岩となって有効に機能しつづけるには，組織の成員が分業してさまざまな課題に取り組みながらも，理念や目標を共有して，協働する必要があるだろう。本書では，直接的な目標の提示から意味創造にいたる，支援組織のリーダーに求められるじつに幅広い働きも知ることができる。本書の示唆は，読者が支援組織の構築・運営にどのような立場で携わる際にも，目指すべき方向性を指し示してくれるだろう。

石津和子

臨床心理実習

　ここでの実習は，学外の臨床現場における研修を通しての技能訓練となる。大学院と臨床現場との連携をすすめ，臨床現場の心理専門職（臨床心理士）に臨床教育スタッフとして参加してもらい，大学院生の指導を委託する。大学と現場で協力して心理専門職育成のシステムを構成する。臨床心理実習については，スーパーヴァイズによる訓練を充実させるために，スーパーヴァイズを受けた時間を規定することが望ましい。前半の基本編では，実習を行う現場とはどういう場所であるのかについて，コミュニティ心理学や社会組織論の観点から学ぶことが目的となる。後半の応用編では，臨床現場では特に重要となる他職種との連携や協働による実践とは何かを学ぶことが目的となる。

②臨床心理実習２：応用編
〈修士２年後期〉

　さまざまな臨床現場における心理専門職の活動の実際を知ることが目的となる。特に臨床現場では，多職種との協働や連携が重要となる。そこで，多職種のチーム活動における心理専門職の役割と機能について学び，実際の研修の中でその知識を生かして研究を実り豊かなものにすることが目的となる。これは，同時に修士課程修了後に現場の心理専門職として独り立ちしていく最終の課題となる。個別学習としては，多職種との連携やチームワークについて学ぶことがテーマとなる。

専門職としての臨床心理士

J・マツィリア，J・ホール編
下山晴彦編訳

東京大学出版会，A5判448頁，5,600円，2003年4月刊

【本書の目的】1999年に出版された『What is Clinical Psychology? Third Edition』の日本語版。ヨーロッパ，特に英国の臨床心理士がどのような臨床実践に携わっているのかについて解説する。

【本書の概要】本書はⅠ〜Ⅳの4部構成となっている。

Ⅰ「臨床心理学の専門性」（1〜3）では，英国をはじめとする欧米圏の臨床心理士の活動の概要を知ることができる。1「臨床心理学とは何か」では，臨床心理士とはどのような存在であるか，臨床心理学の意義とは何であるかといったことについて論じられる。2「臨床心理学の活動における他者との協働」は，さまざまな「協働」の形を扱っている。協働の対象は他の専門職だけでなく，利用者やその家族，さらにはボランティアスタッフまでと幅広く，その内容も，心理教育からバーンアウトまでとやはり多岐にわたる。3「臨床心理学の展望」では，機能分析やメタ分析，コミュニティにおけるケア，国際的な臨床心理学の流れなど，本書を読む際に必要となる知識がわかりやすくまとめられている。

Ⅱ「発達と臨床心理学」（4〜6）は，臨床心理実践を利用者の発達段階ごとに論じている。Ⅰよりも専門的な内容が多いが，その分，援助において臨床心理士がいかに大きな役割をもっているかについて詳しく知ることができる。4「小児と少年のための臨床心理サービス」では，児童・少年やその家族が直面する病理的・発達的問題について述べられている。本章ではそれらへの直接的なアプローチだけでなく，他職種との協働やコンサルテーションについても記されている。5「成人のための臨床心理サービス」では，成人に多い心理的問題への臨床心理実践が論じられている。本章では折衷的なアプローチや認知行動療法（英国の臨床心理士は基礎訓練の段階でこれを学ぶ）についても詳述されている。6「高齢者のための臨床心理サービス」では，多面的な視点が要求される高齢者への援助において，臨床心理学以外の心理学の知見も活用する臨床心理実践

が描写されている。

Ⅲ「障害と臨床心理学」（7〜9）では，特定の障害や領域と関わる臨床心理士の活動が扱われる。7「知的障害の臨床心理サービス」では，知的障害を抱える人への援助が論じられている。特に本章では，行動の機能をアセスメントする「機能分析」による援助が強調されている。8「犯罪と反社会的問題への臨床心理サービス」では，精神障害を抱える犯罪者への臨床心理実践について，アドボカシーや法心理学との関わりも含め論じられている。臨床心理実践が更正に役立つかどうかについては議論のあるところだろうが，本章からは，犯罪者に対する臨床心理士の活動の有益さを窺うことができる。9「精神病への臨床心理サービス」では，重い精神障害を抱える人びとに対する臨床心理士の活動が論じられている。本章では診断に限定されない全人的総合的個別的な臨床心理実践が描写されている。

Ⅳ「臨床心理学の展開」（10〜12）では，医学領域と密接に関わる臨床心理士の活動が示されている。10「神経心理学と臨床心理士の活動」では，神経心理学の分野で活躍する臨床心理士の活動について解説されている。本章では，神経学的な問題を抱えた利用者に対して医学的介入に限定されない実践の様子が詳述されている。11「健康心理学と臨床心理士の活動」では，健康と病気の領域で心理学を活用する臨床心理士の活動について詳しく扱われる。また，生物－心理－社会モデルをはじめとするメタ的な視点からの研究も多く紹介されている。12「プライマリケアと臨床心理士の活動」では，開業医や保健センターなど，援助の初期段階で利用されやすい場所に従事する臨床心理士の活動について述べられている。本章は，カウンセラーと臨床心理士の違いについてや，ヘルスケア領域での社会構成主義的視点の導入などにも触れており，興味深い。

【臨床心理学を学ぶ上での意義】本書は，臨床心理学の世界的潮流を知る上で，また，わが国における臨床心理学や臨床心理士の可能性を考える上で非常に参考になると思われる。もちろん，わが国と英国では，臨床心理士の存在意義や位置づけ，背景にある文化などに大きな違いがあり，英国方式をそのまま日本へと応用することは難しいかもしれない。しかし，本書に流れる基本的な理念や考え方は，わが国においても十分通用するものであり，本書の内容はわが国と英国の文化・制度の違いを差し引いてもあまりあるほどに有益で普遍的な示唆を与えてくれるはずである。

なお，本書は内容的にもページ数的にも非常に読み応えがあるため，初学者が一通り読んで理解するためには前提となる知識が幾分必要になる。本書は興味ある章から読むことができるよう配慮された構成となってはいるが，予備知識に不安がある場合は，まず初めにⅠ，特に3を読むことをお勧めしたい。

綾城初穂

副読本

心理臨床実践における連携のコツ

丹治光浩・渡部未沙・藤田美枝子他著

星和書店，四六判208頁，2,400円，2004年9月刊

【本書の目的】近年，さまざまな領域において他職種・同一職種間の連携の必要性が論じられており，臨床心理活動の領域も例外ではない。本書では，臨床心理活動における連携を，実践例を通して解説し，連携をする上でのコツを紹介する。

【本書の概要】第Ⅰ章では，臨床心理活動の現場における連携について総論的に論じられている。ここでは，連携を「異なる立場のもの同士が共通の目標の達成に向かって協力し合いながら進むプロセス」と定義し，連携の必要性について論じている。そして，先行研究を概観した後，同一職種間の連携，他職種間の連携，同一職場内での連携，および他機関との連携など，多様な連携のあり方について検討している。また，連携の失敗要因と成功要因を挙げ，より良い連携のあり方についても検討している。

第Ⅱ章では，学校現場における連携について述べられている。ここでは，より良い連携を行うには，自らの専門性について理解を深めることと，異なる立場の専門職が互いの専門性を尊重し合い協力できるよう努力することの2点が重要だとされている。そして，心理専門職については，自らの異質性を自覚し学校という場の特徴や教員文化を理解すると同時に，心理が目指す方向性についての理解を得る努力が必要であるとし，そのための工夫を紹介している。また，学内相談室の課題として「守ること（守秘義務）」と「つなぐこと（連携）」を挙げ，心理専門職は，この相矛盾する仕事をともに軽視することなく，最大限に実現する努力が必要であると指摘している。

第Ⅲ章では，児童相談所における連携について述べられている。ここでは，児童相談所の主な役割と専門性について説明した後，連携の実践例の紹介を通して，効果的な連携と支援システムの構築の重要性について述べている。そして，より良い連携を実現するためには，"各機関の機能や役割だけでなく限界も含めて理解し合うこと" および "各機関が相互に作用し合う支援システムを考案すること" が重要であると強調されている。

第Ⅳ章では，保育現場における連携について述べられている。ここでは，保育士の専門性や気質的特性を理解した上で連携を行うことの重要性を論じている。また，保育現場の今日的課題として，①乳児保育，②保育ニーズの多様化，③障害児などの受け入れ，④親への援助の4点を挙げ，こうした課題に対応するためには，現任研修の継続的な実施に加え，保育現場と研修の場をより有機的につなげることが重要であると指摘している。最後に，本章では二つの実践例の紹介を通して，保育者の専門性と臨床心理の専門性の共通点と相違点について検討し，専門性が異なるからこそ，互いに理解し協力し合えるよう連携が必要不可欠であると締めくくっている。

　第Ⅴ章では，精神障害者の社会復帰を成功させる上での連携の必要性について述べられている。ここでは，精神障害者の社会復帰を目指し，医療・福祉・生活支援・地域作りを含めた総合的かつ包括的治療活動と支援体制作りを主な活動内容とする団体について，団体設立の背景から，基本理念，活動内容などを詳細に説明している。そして，こうした実践例を通して，従来の医療モデルから生活モデルへの転換の重要性を指摘し，コミュニティ活動に寄与する技法の開発こそ，今後心理専門職が担うべき職務であると論じている。

　第Ⅵ章では，司法領域（家庭裁判所）との連携について述べられている。ここではまず"家庭裁判所"の特色と理念，仕組みについて説明している。その後，家庭裁判所との連携経験のある心理職や福祉関係者から挙げられた疑問の声に応える形で，家庭裁判所の守秘義務・通告義務といった司法機関としての義務，活動の制約・限界などについて一つずつ説明を加えている。そして，家庭裁判所は，その機能の特殊性から，連携に難しさや限界があることを前提とした上で，今後，より良い連携へと発展させられる可能性は十分にあること，その際には心理職が機能しうる場であることを示唆している。

【臨床心理学を学ぶ上での意義】本書には，臨床現場の第一線で連携を実践してきた著者らにより，連携のために必要なエッセンスが多く盛りこまれている。これらは経験からしか得られないものばかりであり，本書は実践に役立つ良書であると言える。特に，本書の中でも繰り返し述べられているように，連携する際には，互いに理解し合うことが必要不可欠である。本書は，それぞれの領域で主体的に活動する他領域の専門職や，それぞれの"場"の特徴について，わかりやすく説明しており，われわれが連携をする上で理解しておくべきポイントが集約されているといえる。

　ただし，よりよい連携を目指すためには，本書の実践を単に真似るのではなく，本書をヒントに，われわれ一人ひとりが工夫を重ね，発展させることが必要不可欠であろう。そこに「連携」の難しさと面白みがあるといえるのではないだろうか。

割澤靖子

副読本

孤立を防ぐ精神科援助職のためのチーム医療読本
臨床サービスのビジネスマナー

野坂達志・大西　勝編著

金剛出版，Ａ５判216頁，2,800円，2007年１月刊

【本書の目的】本書は，精神科医療における連携をスムーズにするために，病院から地域で活躍する援助職までを網羅し，各援助職の職場や仕事内容そして考えを解説している。

【本書の概要】第１部「援助職のお作法（基本の基本）を考える」では，多様な援助職が「チーム」となるために必要な知識や技術が提示された。第１章「対人援助職と『援助のコツ』」，第２章「援助職とシステムズアプローチ」では，システムズアプローチの解説と，システムズアプローチとブリーフセラピーの観点から援助のコツと作法が提示されている。第３章以降は，より現場に即した内容に移る。第３章「病棟においての医師の心得」では，病棟医である著者が，若手の医師が病棟の一員として信頼を得るための方法を，初めて病棟に入る日の朝の挨拶から診察の仕方，休憩時間や飲み会の心得にいたるまで細やかに記している。第４章「カウンセラーとの協同治療のすすめ」では，精神科医である著者が協同治療を奏功させる勘所が解説されている。事例に沿って，協働治療の導入時，治療方針を立てるとき，介入のときといった要所要所でのポイントを押さえることができる。第５章「連携をするときに知っておきたいこと」では，医師の目から見た連携の課題とコツが示されている。第６章「実習生のためのルール」では，実習前に読みたい心構えと具体的なアドバイスが記されている。

第２部「援助職のホンネはチーム医療のキーとなる」では，援助職各職種の先達により，各職種の仕事内容や考え方と資格，そして自らの原点，連携のコツが綴られている。以下，各職種の仕事内容のみを概説すると，精神保健福祉士は，受診・受療援助に始まり，職場や家族との関係調整，経済的援助を含む治療的環境の整備や，就学・就労・住居に関する援助，地域連携と退院後の援助を行っている（第７章「精神保健福祉士について」）。小児科医は，胎児期から思春期（場合によっては成人期）にわたる治療と，健康な発達へのつきあい，さらには保護

者の成長過程の援助とじつに幅広い診療を行っている（第8章「小児科医について」）。社会福祉士は，身体上・精神上または環境上の理由により日常生活を営むのに支障がある者に対して，広く生活を支えることを目的に，福祉に関する相談に応じ，助言，指導その他の援助を行っている（第9章「社会福祉士について」）。精神科看護師は，精神的健康に援助を必要とする人びとに対し，個人の尊厳と権利擁護を基本理念として，身体看護や心理的看護，さらには家族や地域を視野に入れた支援を行っている（第10章「精神科看護師について」）。養護教諭は，幼稚園，小・中・高等学校，養護学校等に1～2名配置され，主に生徒の健康や環境衛生の実態把握と，健康の保持増進に関する指導，心身健康に課題をもつ生徒の支援を行っている（第11章「養護教諭について」）。臨床心理士は，カウンセラーやセラピストなどの名称で，心理面接や，研修会，医療機関との連携等々を行っている（第12章「臨床心理士について」）。作業療法士は，身体または精神に障害がある方に対し，遊び・仕事・日常活動からなる「作業」を手段として治療や援助を行う（第13章「作業療法士について」）。保健師は，療養指導や検診，健康相談のほか，家庭訪問や電話相談，医療機関や警察・市町村の要請による地域連携を行っている（第14章「保健師について」）。教育相談の教師は，生徒へのカウンセリングや，他の教員のコンサルテーションと校内の調整，関係機関との連携や全体計画・広報活動を仕事とする（第15章「教育相談の教師について」）。専門性の異なる職種が連携するには，それぞれの専門性の理解と尊重が欠かせない。そのためには，本書に綴られている手に汗を握るような日々の実践の様子や考え方を共有することが，回り道のようでいて，じつは近道であるといえよう。

【臨床心理学を学ぶ上での意義】2005年の「個人情報保護法」の施行後，情報の共有など連携への課題が増している。一方で，精神科を含む医療領域では，病院内の医療職・看護職・心理職だけでなく，病院外の福祉職や教育職とも協働するチーム医療への要請が高まっている。こうしたなか，本書は，「連携＝究極の治療技術」という考えのもと，連携のベースとなる互いの理解の構築を目的とした。本当の連携とは「機関対機関」ではなく「人と人」のつながりであるという。本書は，各職種の仕事内容はもちろん，おのおのの職種が，どのような思いで何を大切に仕事をしているか，また自らの職種の「くせ」や他職種への希望など，面と向かってもなかなか聞けないような点まであますことなく綴られている。本書を読み進めるうちに，今までよく知らなかった他職種の仕事はもちろんその汗や涙までが感じられるように思えてくる。機関の垣根を越え，精神科援助職が一枚岩になって機能するチームとなるために，一読を勧めたい一冊である。

石津和子

副読本

リエゾン心理士
臨床心理士の新しい役割

保坂　隆監修
町田いづみ・保坂　隆・中嶋義文著

星和書店，A5判204頁，2,400円，2001年9月刊

【本書の目的】リエゾン精神科医とは異なる立場としての「リエゾン心理士」のコンサルテーション・リエゾン活動について，著者の経験に基づき解説している。

【本書の概要】第Ⅰ章「リエゾン心理士の理念」では，リエゾン精神医学の歴史を概観した上で，今日総合病院においてリエゾン心理士に期待されている役割について考察されている。すなわち，チーム医療の一員である心理職にはメンタル・ケアのスペシャリストとしての役割，精神科専門スタッフとしての役割，コーディネーターとしての役割を担うことが求められている。

リエゾン心理士としてこれらの役割を果たすためにはどのような知識や技術が求められるのだろうか。第Ⅱ章「リエゾン心理士活動に必要な精神医学的知識と技術」では，リエゾン活動に必要な精神症状のアセスメントとアプローチについて症例を交えて解説されている。まず，ケアの対象となる精神症状の有無を観察・評価し，それらを組み合わせて患者の状態像・症候群を把握する。そして，最終的には病気を特定し，診断することが求められている。

しかし，心理的アプローチに必要な情報は観察以外にも収集することができる。第Ⅲ章「情報の収集」では，受診・入院時における情報の聴取の仕方について述べられている。初回面接で家族，夫婦関係，近親者や友人，病気への理解，コーピング・スタイル，病気の影響，性格，習慣・趣味，宗教，発達課題など心理社会的情報に加え，受診までの経緯や目的についても聴取する。それらを踏まえ，今後の治療計画を立て，患者を心理療法につなげていくのである。

また，第Ⅳ章「患者心理の理解と技術」で述べられているような，一般病棟の入院患者特有の心理についても忘れてはならない。悪い病気の告知などの際には強い不安が生じるが，これを意識することは心理的苦痛が伴う。そのため，抑圧，否認，反動形成，置換，退行，知性化，行動化，投影，昇華などの心理的防衛機制が働く。また，医療現場は常に機能の

喪失や制限，患者の死などの喪失体験が繰り広げられる現場であり，「悲哀の仕事」を経験することになる。このような患者の心理を理解し，患者の危機に介入することが心理職には求められている。

患者に直接介入することだけがリエゾン心理士の活動ではない。第Ⅴ章「医療コミュニケーション—コミュニケーション・スキル・トレーニング」でも述べられているように，コミュニケーション技術をもった心理士が医療従事者への総合的なコミュニケーション・スキル・トレーニングを行うことが，良好な患者・家族－医療者関係を結ぶことになり，間接的に患者を支えることにつながる。位置，姿勢，表情，身だしなみ，動作，沈黙，声の調子などの非言語的技術と，開かれた質問・閉ざされた質問・焦点をあてる質問，共感，説明，指示などの言語的技術を駆使し，患者の立場に立って理解しようとすることが良好な関係を築く礎となるのである。

次の第Ⅵ章「リエゾン活動の実際」では，前章までで述べてきた知識や技術を駆使した，がん患者，うつ病患者，慢性疾患患者，身体因性の精神障害患者への対応について症例を交えて紹介されている。がん患者は治るかもしれないという「希望」と「疑い」「不安」を心に秘めていることを忘れてはならない。うつ病患者に対しては行動に捉われず，心の奥にある不安や抑うつに目を向けていくことが重要である。糖尿病患者がよりよい自己管理を行うためには，患者が病気に関する感情を自由に話せる環境をつくる

ことが不可欠である。また，メンタル・ケアにシフトしすぎるあまり，脳器質性精神障害，症状性精神障害，せん妄など精神症状を伴う身体疾患も数多くあることを失念してはならない。

チーム医療では第Ⅶ章「情報の共有」も大切である。著者はどのスタッフにも理解できる言葉で説明し，メンタル・ケアの目標を伝え，治療の方向性を一致させるとともに，各スタッフが「今できる」ケアも伝えることの重要性を述べている。

そして，第Ⅷ章「三井記念病院におけるリエゾン心理士中心の新しいコンサルテーション・リエゾン・サービス」では，第Ⅰ〜Ⅶ章で述べられてきたリエゾン心理士のモデルを先駆的に具現化した三井記念病院について紹介されている。

【臨床心理学を学ぶ上での意義】従来，心理職は精神科医からの依頼でカウンセリングや心理検査を行ってきたが，そのような体制では依頼にいたらないようなささいな問題を扱うことは難しい。しかし，実際には一般病棟で医療スタッフが頭を抱えているのは，このようなささいな問題であることが多い。そのため，面接室で依頼を待つのではなく，心理職が積極的に病棟を周り，病棟スタッフとコミュニケーションを取り，情報を収集する姿勢が求められる。本書では，機動力の高い心理職をあえてコンサルテーション・リエゾン・サービスの中心に据えており，昨今の医療現場の実情に即したモデルを提案しているといえる。

松元和子

第5章

研究活動に関する科目
（必修）

臨床心理学研究法

〈修士1年後期〉

　普遍的法則を見出すことを目的とした学術的な研究法の学習ではなく，広い意味での実証的方法論を用いてクライエントの抱える問題や社会的現実にアプローチする姿勢を身につける。それとともに，研究成果の賢い消費者になることにも重点をおく。したがって，代表的な研究方法（量的研究法，質的研究法，事例研究法，評価研究法，社会調査法等の学習），および研究の批評 critique の仕方の習得が挙げられる。これによって修士課程2年における修士論文作成の準備をする。個別学習としては，さまざまな研究法について詳しく学ぶ。

テキスト

臨床心理学研究法第 1 巻
心理学の実践的研究法を学ぶ

下山晴彦・能智正博編

新曜社，Ａ5 判 368 頁，3,600 円，2008 年 3 月刊

【本書の目的】実践的研究を臨床心理学研究法の基盤をなすものとして位置づけ，"実践的研究"の全体像を示し，その基本的な方法論から具体的な研究技法までを解説している。

【本書の概要】本書では，心理学研究の伝統である量的研究と新しい質的研究を同等に扱った上で，実践と研究を融合することが意図されている。

第Ⅰ部では，意義がある実践的研究をするために，研究者の心構えに関して述べられている。第 1 章では「何のために研究するのか」その目的と方法が示されている。実践的研究の目的は，実践の質を改善し，学問の点に寄与することであり，エビデンスベイスト・アプローチの重要性が指摘されている。第 2 章では「よい研究とはどういうものか」をテーマに質的研究の観点を含み，研究の評価基準が解説されている。第 3 章では「どのように研究すべきか」をテーマとして，実践的研究における倫理が簡潔に述べられている。

続く第Ⅱ部では，「実践的研究の型」と題し，研究プロセスに注目し，仮説生成型研究と仮説検証型研究の二つに分けた解説がなされている。仮説生成型研究では，研究の進み方，いつ行なうべきかといったプロセスについての解説，この方法に適したデータ，研究者のデータとの距離の取り方等が詳説されている。仮説検証型研究では，全体の流れが詳説され，初学者が注意すべき点がまとめられている。

第Ⅲ部では，「実践的研究の枠組み」として「実践を通しての研究」である実践型研究，「実践に関する研究」である調査型研究，実験型研究を概説し，最後に実践的研究を遂行するために重要となる，協働研究の方法について述べている。実践型研究の特徴としては，①現実の変化を目的とする，②現実に介入しながらデータを収集する，③現実の複雑な諸要素を全体的に捉えるという点が挙げられている。調査型研究とは現実場面に操作を加えずに，対象の性質を明らかにする方法であり，実験型研究は研究者が変数

を操作し，因果関係を検討する方法である。このうち，調査型研究は量的調査と質的調査に区分される。量的調査型研究と実験型研究の間には混合デザインと呼ばれる方法があり，それについても解説されている。協働研究に関してはそのメリットや注意点が解説されている。

　第Ⅳ部では，具体的なデータ収集の方法について総説している。第9〜10章では，面接と観察を通じたデータ収集法，第11章では研修者が現場に入り，柔軟にデータを収集するフィールドワークについて解説している。後半の第12〜15章では，用いる道具の種類ごとに四つのデータ収集法（質問紙法，知能検査，神経心理学検査，脳画像）が解説され，これらは適切に用いれば詳細に対象の属性を捉えられるという。

　第Ⅴ部では，データの分析法に焦点をあて，質的分析法と量的分析法に分け，入門的な解説を行っている。第16章では質的分析法として，グラウンデッド・セオリー・アプローチ，KJ法，談話分析，言説分析が解説されている。第17章では，数量的データに対する分析の考え方とその手続きが概説されている。尺度水準をもとに適用する分析法が異なることを冒頭に述べ，実際の分析例を示しながら，χ^2検定から多変量解析までを概説している。

　第Ⅵ部では，これまでの解説をもとに実際にどのように研究を行い，論文としてまとめるのか，実践的研究の具体例が複数紹介されている。

【臨床心理学を学ぶ上での意義】本書は「実践的研究」を臨床心理学研究における中心として位置づけたという点で非常に画期的である。これまで心理学では，理念的には実践と研究はつながっているものとしては考えられていたが，実際にそれらがどのように結びついているのか，当該の研究が実際の臨床活動にどのように寄与するかは明確ではなかった。本書では，どのような手法を用いればそれが可能であるか，両者のつながりが初学者にもわかりやすく示されている。従来の研究法が伝統的な量的方法に重点をおき，質的研究法は周辺的な位置づけであったのに対し，両方の研究法について包括的に解説している点も本書の特徴である。現在，質的研究は実践的研究方法としての重要性が高まっている。このことを考えると，本書は現在の心理学の動向を踏まえた内容になっており，これからの臨床心理学の発展を考える上でも大いに参考になるだろう。

　全体の構成が丁寧に解説されており，非常に読みやすい。本書は初学者にとっては，これから研究を始める上での心構え，方法のロジックなど，研究を遂行する上での指針として本書を活用できるだろう。一方，既に研究法が決まっている人でも，各章で解説された部分を参考にすることができ，さまざまな使い方が可能である。自分の研究についても考えさせられる，示唆に富んだ内容となっている。

西村詩織

副読本

講座臨床心理学2
臨床心理学研究

下山晴彦・丹野義彦編

東京大学出版会，A5判320頁，3,500円，2001年11月刊

【本書の目的】臨床心理学研究における代表的な手法について紹介し，それらの具体的な手続きや研究成果をわかりやすく説明するとともに，わが国の臨床心理学研究の現状や今後の課題について解説する。

【本書の概要】1部「研究の理念と方法」では，さまざまな観点からみた臨床心理学研究の理念と手法が示されている。具体的には，1「臨床心理学研究の多様性と可能性」ではまず臨床心理学の歴史や臨床心理学研究がもつ多様な方法論・特性が示され，そして臨床心理学研究が目指していくべき方向性として「"実践を通しての研究"で構築したモデルを"実践に関する研究"で検討する」といった"実践性"と"実証性"が統合された構造が提示されている。また，それに伴った量的な研究法・質的な研究法双方の手法やそれらの相違の理解についての必要性もまた述べられている。続く2「臨床心理学研究の実証的方法」では，わが国の臨床心理学研究では欠落しがちといわれている実証的な研究の必要性や基本的な方法論，世界の動向について紹介されている。そして，今後実証的な臨床心理学研究を定着させていく上で必要な事柄や，わが国で"学"としての臨床心理学が発展するために重要な視点等が述べられている。

2～4部では，"実践を通しての研究"である"臨床的記述研究""実践に関する研究"である"心理臨床活動の評価研究""因果関係を探る科学的研究"といった，臨床心理学研究の分類が1部ごとに解説されている。

2部「臨床的記述研究」では，臨床実践の過程を記述し，そこから仮説や理論を構築していく"臨床的記述研究"について，その具体的な研究法が各章で取り上げられている。1「質的研究」，2「事例研究」，3「精神病理学研究」，4「生態学的研究」となっており，1ではデータ収集・分析を中心とした質的研究の流れや臨床心理学的活動に対する意義が述べられている。また2では事例研究の流れや方法論，臨床心理学における事

例研究の種類などが紹介され，3では患者の"心的体験"を理解する手法としての記述現象学について述べられている。そして4では，生態学的研究の意義や諸外国およびわが国における生態学的研究の例が紹介されている。

3部「心理臨床活動の評価研究」では，アセスメント研究と効果研究からなる"心理臨床活動の評価研究"についての具体的な研究法が各章で取り上げられている。まずアセスメント研究について，1「臨床心理アセスメント学の成立に向けて」でアセスメントの実施手順や領域などが述べられている。そして具体的な技法として2「アセスメント技法研究（1）：投影法」，3「アセスメント技法研究（2）：質問紙法」の二つが紹介されている。また，効果研究については4「効果研究とプログラム評価研究」，5「一事例研究とメタ分析」で述べられ，それぞれ4では心理療法効果研究の主要な成果や近年の研究動向，効果研究とは異なる観点であるプログラム評価研究についてや，わが国の今後の課題が記述され，5では一事例実験のデザインやデータ評価方法，メタ分析の方法や手続きなどが紹介されている。

4部「因果関係を探る科学的研究」では，統制条件下での人間の認知や行動といったメカニズム等を明らかにする"因果関係を探る科学的研究"について，その具体的な研究法が各章で紹介されている。1「調査的研究」，2「実験的研究」，3「生理学的研究」，4「神経心理学的研究」で構成され，1では臨床領域での調査的研究の研究デザインやサンプリング法，データ収集法などが述べられている。2では実験的研究の意義や具体例・課題などが示され，3では臨床心理学における生理学的研究の意義やその信頼性と妥当性などが述べられ，そして4では神経心理学研究の多様性や"精神医学と心理学の架け橋"という神経心理学研究の可能性などについて述べられている。

【臨床心理学を学ぶ上での意義】本書では，臨床心理学が社会の中で発展していく上で必要不可欠な臨床心理学研究について，"実践を通しての研究""実践に関する研究"のそれぞれに対応した代表的な研究法が，具体的な手続きやその意義などを含め詳細に紹介されている。このため，臨床実践が核にある臨床心理学研究の基本ともいえる"実践的"手法を学ぶための要素はもちろんのこと，これまでわが国の臨床心理学では重視されてこなかったデータという客観的根拠に基づいた"実証的"な推論を展開するための手法を学ぶことができる要素もまた多く詰まっている。どのようにして臨床実践の中から仮説を生成し，その仮説をどのように実証していくのか，という臨床心理学研究全体に関わる問いについて，多くのヒントや数々の選択肢が用意されており，今後ますます発展が求められる臨床心理学研究を学び実践していくために非常に参考になる1冊である。

堤　亜美

副読本

臨床心理学研究法第2巻
プロセス研究の方法

岩壁　茂著

新曜社，A5判252頁，2,800円，2008年7月刊

【本書の目的】臨床実践と科学的研究をつなぐプロセス研究を，学生や臨床家が計画・実施可能となるよう，プロセス研究の方法と実例を紹介し解説する。

【本書の概要】まず，序章「プロセス研究とは―プロセス研究と効果研究の歴史的概観と現在」では，「心理療法とカウンセリングのプロセス（過程）において起こるクライエントとセラピストのやりとりの研究」の必要性が指摘される。事例研究が代表的研究法となっているわが国においてこそ，プロセス研究が必要であることが，プロセス研究と効果研究の歴史的概観と現在が述べられながら議論される。

プロセス研究の位置づけがなされた上で，第1～3章では，プロセス研究の根幹が解説される。第1章「心理療法における『科学』的研究とは―プロセス研究の基礎」では，プロセス研究のベースとなる「科学」的研究の特徴，目的，問題点について解説がなされる。その上で，第2章「プロセスの諸側面」では，プロセス研究の諸次元として，①プロセスを眺める視点，②研究の対象，③プロセスの諸側面，④理論アプローチ，⑤分析の単位が解説される。これらを踏まえ，第3章「プロセス研究のプロセス」では，プロセス研究を計画・実施し，結果を発表するまでの一連の流れが紹介される。

プロセス研究の根幹が解説された上で，第4～9章では，プロセス研究の実践として，研究手続きが研究例とともに解説される。第4章および第5章は，セラピストの視点にもとづく研究についてである。第4章「セラピストの視点からの研究」では，セラピストの視点からカウンセリングや心理療法のプロセスを理解する方法について，セラピストに対するインタビューを中心に解説される。第5章「セラピストの視点からの研究例」では，クライエントの主体性を助長する介入についての研究と，治療的行き詰まりについての研究が，セラピストの視点からの研究例として紹介される。

第6章および第7章は，クライエントの視点にもとづく研究についてである。

第6章「クライエントの視点を捉えるために」では、プロセス研究と効果研究のレビューを通して、クライエントの主観的体験を直接的に研究する重要性が述べられる。そして、クライエントをインタビューすることの実際的・倫理的問題に触れた上で、インタビューの手続きが解説される。第7章「クライエントの主観的体験の研究例」では、研究例として、クライエントの追従についての研究、作業同盟の形成に役立った出来事についての研究、そして著者自身が行ったクライエントの初回面接の体験についての研究が紹介される。

第8章および第9章は、第三者である研究者（評定者）の視点に基づく研究についてである。第8章「課題分析―臨床家・研究者の視点からみたプロセス」では、研究者の視点に基づく研究法として、変容のステップを抜き出しながら介入モデルを開発する課題分析が解説される。そして、第9章「課題分析の例―意味創造の課題」では、研究例として、感情と関わる体験の意味を生み出す意味創造の作業についての研究が紹介される。

このようにしてプロセス研究の実践を解説した上で、第10章「終わりに―プロセス研究を発展させるために」では、プロセス研究を発展させるための議論がなされる。そこでは、プロセス研究の障壁として、臨床家の科学嫌い、個人の中で完結してしまう臨床学習、自身のとる理論アプローチに対する無批判的態度、用いる理論概念の曖昧さ、そして、研究活動と臨床実践の分離が挙げられる。これらの問題を乗り越える四つの姿勢として、①知を創造し生成する姿勢、②個人的営みを共有する姿勢、③厳密さ rigor を重視する姿勢、そして、④倫理的責任を自覚する姿勢が挙げられる。

【臨床心理学を学ぶ上での意義】わが国の臨床心理学における臨床実践を対象とした研究では、データをセラピストの記憶に頼るなど、「科学」的研究としては問題をはらむ事例研究がこれまで主流であった。このような従来の研究法の問題を省みてか、「科学」的発想に基づきながら実験統制された効果研究が、わが国の臨床心理学でも注目されてきている。だが、実際のカウンセリングや心理療法で役立つ知見を生むには、従来の事例研究よりも「科学」的、かつ、効果研究では扱いきれないクライエントとセラピストのやりとりを捉えることが可能な研究法が求められる。それに応える臨床実践を対象とした研究法がプロセス研究である。研究例を交えながら、わかりやすくプロセス研究の実際を解説している本書は、プロセス研究を理解し行うために有益な「教科書」となるだろう。また本書は、臨床実践におけるやりとりを「科学」的視点からみることが、いかに実践を行う上で役立つかも、研究例を通して伝えている。臨床実践と科学的研究をつなぐプロセス研究の醍醐味を伝えている本書は、臨床心理学に携わる者に、研究面でも実践面でも刺激を与える一冊となるだろう。

藤岡　勲

副読本

臨床心理学研究法第4巻
アナログ研究の方法

杉浦義典著

新曜社，A5判288頁，3,300円，2009年9月刊

【本書の目的】アナログ研究の特徴や背景となる考え方，研究の方法，および臨床的に意義の深いアナログ研究を行うための着眼点について，多数の研究事例を通して伝えることである。

【本書の概要】本書は，序章でアナログ研究の目的や利点，注意点について述べた後，アナログ研究の重要なテーマを，研究の目的や方法によって七つの章に分けて，最先端のさまざまなアナログ研究の実例を通して解説している。

第1章「心理的障害というカテゴリの実在性」では，精神疾患のカテゴリカルな独自性と健常群との連続性に関して，抑うつやパーソナリティ障害など具体的な精神疾患に対する実証研究を通じて検討している。また，Taxometric 分析など，連続性と非連続性を実際に評価する方法についても解説している。さらに，精神疾患の共通要因や，精神疾患の症状別アプローチなどを通して，次元モデルで考えることが今後の精神病理学研究へ与える示唆について考察している。

第2章「アナログ『症状』の記述研究」では，健常者における精神疾患の症状や，その類似症状に関する実証的な研究を，強迫性障害，統合失調症，自閉症などの具体例を通して解説する。次に，精神疾患と健常の境目を，全般性不安障害を例に検討する。第1章および第2章の健常群と臨床群の症状の連続性に対する知見は，アナログ研究の意義や有効性の基礎となるものである。

第3章「個人差を用いた異常心理学研究」では，症状やその他心理的変数など個人差を測定する研究として，横断的および縦断的な質問紙研究，神経心理学検査などの調査型研究について検討している。さらに，調査型研究の仮説の立て方として，媒介変数や調節変数，媒介変数の特殊な形態である抑制変数モデルなどを紹介し，調査型のアナログ研究のさらなる可能性について言及している。

第4章「実験を用いた異常心理学研究」では，実験室で何らかの操作をすることで症状をつくり出すタイプの研究について解説している。具体的な例として，

強迫的確認や思考の抑制，気分誘導などを挙げ，症状や気分を誘導する研究の特徴や方法，意義について検討している。

第5章「個人差を用いた介入研究」では，介入についての理解を深めるために役立つ個人差として，個人の適応資源を測定する調査研究を紹介している。この背景には，どのようにしたら問題解決の有効性を最大にできるのか，というモデル，すなわち規範的モデルがある。さらに，規範的モデルに基づく研究例として，本書では，問題解決療法に基づいた尺度や認知行動療法的なスキルの測定，マインドフルネスについて解説している。その後，規範的アプローチの研究から示唆される，複数の心理療法に共通する要素について検討している。

第6章「実験を用いた介入研究」では，健常者に対して実際に介入を行うタイプの実験について解説している。まず，健常者の中から特定の臨床症状の強い人を選んだり，実験によって気分や症状を誘導するなどして，特定の症状の低減を目的とする研究を解説し，これらの研究が介入のプロセスやメカニズムに与える示唆について検討する。また，症状や苦痛の低減というよりも，ポジティヴ心理学のように，幸福感や肯定的な気分を増加させる介入研究についても解説し，最後にマインドフルネス瞑想による介入の考察を行っている。

第7章「アナログ研究と臨床のリンク」では，非臨床群の結果を臨床群に応用する狭義のアナログ研究にとどまらない，多様な研究の可能性について論じている。アナログ研究では，臨床群に由来する概念を用いたり，臨床群と比較することによって，健常者の心理の理解が深まるという側面がある。このことを，自己愛性パーソナリティ障害や統合失調症のリアリティモニタリングなどの具体例を挙げ，検討している。また，今後病理を発症する可能性のある健常群を対象とするアナログ研究の，リスク要因や予防の研究としての側面についても考察する。

【臨床心理学を学ぶ上の意義】DSM-Ⅴから次元モデルへの移行が検討されていることからも，精神疾患を症状の連続性から捉える考え方への注目は高まってきているといえる。アナログ研究，すなわち，症状の連続性を仮定した健常者への研究は，精神疾患の特徴やその成り立ち，介入のプロセスなどを浮き上がらせ，心理的問題の理解や介入に大きな示唆を与える。本書では，さまざまなアナログ研究の解説を通じて，実際に精神疾患がどう理解されるか，どのような介入が有効なのか，考察している。そのため，読者の精神疾患に対する理解を深める点でも，有効なアナログ研究の方法について学ぶ点でも有益な本である。さらに，本書は最新のアナログ研究を多数紹介し，よい研究を行う上でのポイントや，問いの立て方，発想の仕方について触れている。ゆえに，アナログ研究に限らず，他の心理学研究を行う際にも役立つ重要な視点を学ぶことができるだろう。

菊池なつみ

臨床心理学研究法第7巻
プログラム評価研究の方法

安田節之・渡辺直登著

新曜社，Ａ５判248頁，2,800円，2008年7月刊

【本書の目的】研究・実践プログラムの目的，設計，過程，結果を観察・評価し，改善するための「プログラム評価」について，その基本的な考え方および主要な方法を解説する。

【本書の概要】まず，第1章「プログラム評価とは」では，プログラム評価とは何であるか，ということを，定義，目的，歴史的背景といった側面から解説してある。プログラム評価に関する学習への導入として，「何を評価するか」だけでなく，「どう評価するか」「評価の判断基準は何か」「何のために評価するか」といった視点の重要性が述べられている。

第2章「事前調査とプログラムの検討」では，プログラム評価の前段階として，プログラム実施の必要性を査定するためのニーズアセスメント，およびプログラムの目標に到達するための道筋を明確にするために効果的なロジックモデルの作成法について，実例を交えながら説明されている。これらの準備段階が軽視されることが多いのが実情であるが，実際のプログラム評価の過程において，前段階は欠かすことのできないものである。

第3章「プログラム評価の計画と実施」では，実際にプログラム評価を行う際，評価が可能であるかどうかを査定する，評価可能性アセスメントについて説明されている。また，プログラム評価において重要な，評価クエスチョンの設定についても，あわせて触れられている。

第4章「プロセス評価」では，プログラムが計画通り行われているか，行われていない場合介入効果の向上のために何が必要か，ということを検討するプロセス評価について取り上げられている。プロセス評価の内容や方法だけではなく，より効率的な評価を行うために有用な視点や切り口についても言及されている。

第5章「アウトカム評価」では，プログラムの効果をはかるためのアウトカム評価について，その手順および留意点が解説されている。アウトカム評価は，第4章とあわせて，プログラム評価の中核となる部分である。

第6章「実験的手法を用いたプログラム評価」では，社会科学アプローチに基づいた実験的手法による評価デザインについて説明されている。プログラム評価が有用と考えられる，無作為配置が行われていない準実験デザイン18種および，無作為化配置がなされている実験デザイン5種が挙げられており，各デザインの評価の現状および実行可能性を比較検討しながら，適切な評価デザインを選択する際の参照枠として利用できるようになっている。

第7章「プログラム評価における測定の問題」では，メタ分析，媒介効果の測定，構造方程式モデリングおよびクラスター無作為化試行デザインの活用について論じられている。それぞれの方法について，その役割や目的，手順とあわせて，陥りやすい誤りや留意点についても解説されている。

第8章「さまざまな評価アプローチ」では，評価の目的や用途に応じて使い分けられる評価のアプローチやモデルについて解説されている。評価形式には，真実を追求したもの，実用性を重視したもの，過去のアプローチをまとめた総合的なものなど，細分化すると22の評価モデルが存在するが，その中でも特に実用重視型評価，理論主導型評価，エンパワーメント評価の三つの評価形式について重点的に取り上げられている。

最後に，第9章「評価実施についての諸事情」では，評価結果の報告，評価者の役割，評価基準について論じられている。一般的な研究の報告と異なる，プログラム評価の報告の際に特異的な注意点について説明されている。また，評価者によりプログラム評価のばらつきを軽減するための対策として，評価の実用性，実現可能性，正当性，正確性という四つの評価基準についても解説がなされている。

【臨床心理学を学ぶ上での意義】近年，わが国の臨床心理学において，心理療法だけではなく，心理学者が医療や教育，生産の現場に入り積極的に関わる，実践的な研究への関心が急速に高まっている。今後のアカウンタビリティ確保のためにも，臨床心理学における実践的な研究において，多様なプログラムの作成とその評価が不可欠な課題になるものと考えられる。本書では，わが国においてまだ認知度の低いプログラム評価研究について，実例を交えながら解説されており，非常に有用な入門書である。また，実際にプログラム評価を行う際に使用することができるチェックリスト，評価項目リストなどが掲載されており，初めての人でも本書をマニュアルとして用いながらプログラム評価研究を実施することができるよう，実用的な工夫がこらされている。なお，各章の最後に，それぞれの章の内容をより詳細に学ぶ際に役立つ，参考文献リストが解説とともにまとめられており，読者がそれぞれの立場やレベル，ニーズに応じて活用することができる著作となっている。

吉田沙蘭

修士論文指導

〈修士2年前期〉

　修士論文では，実践の中からテーマを発見し，そのテーマに関して質的研究や量的研究によって実証的にアプローチしていくことになる。したがって，本科目では，このような実証的方法を用いて論文をつくりあげるプロセスを学習する。修士論文のテーマや方法としては，実践的課題に関する調査研究や特定の援助方法に関する効果研究，特定の臨床心理サービス提供機関における評価研究，実践活動に関するフィールドワークなどが考えられる。個別学習としては，具体的な研究技法について研究実践を通して学んでいく。

テキスト

シリーズ・心理学の技法
臨床心理学研究の技法

下山晴彦編著

福村出版，Ａ５判301頁，3,600円，2000年4月刊

【本書の目的】実践を意識しながら，科学としての客観性，臨床的な妥当性をもった心理臨床を目指すために，事例研究だけではない臨床心理学研究の技法を多面的に紹介する。

【本書の概要】1部では，臨床心理学とは何か，また実際に研究を行うために必要な基本技法とは何か，ということについて概観されている。第1章「研究の方法論」では，心理学研究における臨床心理学研究の位置づけが概観されている。対象に関わる実践活動を通して行う「実践型」の研究である，ということを臨床心理学研究の独自性として挙げながら，実践性と科学性の双方を取り入れることによって広がる，臨床心理学研究の可能性が多角的に解説されている。さらに，実践性と密接に関連する，倫理の問題にも言及されている。第2章「データ収集の基本技法」では，データ収集の基本的な技法について，観察法，面接法，検査法という三つの領域に分けて解説されている。個々の技法に関する詳細な解説ではなく，上記の三つの技法それぞれについて，その方法を用いることのメリットや，用いる際の留意点などについて実例を交えながら紹介されている。第3章「データ処理の基本技法」では，収集したデータから結果を導きだす過程における推論の方法について解説されている。前半では質的研究法，後半では量的研究法の観点から，それぞれ基本技法についてまとめられている。

続いて2部では，心理臨床実践との関係を基準として臨床心理学研究を分類した四つの枠組みを前提として，それぞれの枠組みにおける研究法について，1部よりも詳細に解説されている。第4章「実践を通しての記述的研究」では，研究を構造化することなく心理臨床実践の過程を記述し，何らかの仮説やモデル，理論を構成する実践を通しての記述的研究について解説されている。具体的には，会話分析，事例研究，実践的フィールドワーク，行動場面調査法が取り上げられている。第5章「実践に基づく統合的研究」では，実践を通して生成されたアイ

デアや仮説，モデルの妥当性を，構造化された研究で検証，確認という，「実践に基づく統合的研究」について解説されている。具体的には，調査研究と事例研究の統合，アクション・リサーチ，アナログ研究について述べられている。第6章「実践に関する評価的研究」では，実践活動を対象として，構造化された研究を構成し，活動の有効性を客観的に評価するという，「実践に関する評価的研究」について解説されている。具体的には，効果研究，メタ分析，一事例実験，過程研究，プログラム評価研究について紹介されている。第7章「実践で参照する統制的研究」では，心理臨床実践を行う際に参考資料となる知見を見出すことを目的とし，構造化された研究において人間の生理や行動についての一般的な傾向やパターンを明確化する，「実践で参照する統制的研究」について解説されている。具体的には社会行動研究，認知的実験研究，生物学的研究が取り上げられている。

最後に3部では，臨床心理学研究において，心理臨床実践に即して研究計画を立てることが重要であるという観点から，研究の実際について触れられている。第8章「アセスメント技法に関する研究」では，心理臨床活動の対象を分析するためのアセスメントに関する研究について，行動分析，投影法，質問紙法，知能検査，神経・生理学的検査という五つの側面から，実例を交えた解説がなされている。第9章「心理臨床的介入技法に関する研究」では，さまざまな介入技法を用いた研究について，わが国において携わる機会の多い催眠法，フォーカシング，遊戯療法，箱庭療法，グループワーク，家族療法，学校臨床を取り上げながら，それぞれ研究の実際についてまとめられている。

【臨床心理学を学ぶ上での意義】近年，臨床心理学が社会の要請に応え社会に根づいていくために，現場の実践から有効なモデルや理論を構成し，その客観的な有効性を社会に対して提示することが不可欠であると指摘されてきている。本書は，こうした活動のために必要な，臨床心理学における研究法について幅広く紹介した著作であり，多様な技法について実例を踏まえながら学ぶことができる。臨床心理学を学ぶ上での本書の意義は，まず，多様な方法について知ることができるという点であろう。臨床心理学の研究に関する著作では，事例研究などに重点をおいたものが多いが，本書では調査研究や実験的な研究にいたるまで，多様な研究法が紹介されている。それぞれの研究法については実例も出しながらわかりやすくまとめてあるため，どのような研究法を用いるのが適切かということを検討する際に，非常に有効な情報を提供するものであると考えられる。また，倫理的な側面などについても言及されており，実践と密接に関連した臨床心理学研究を行う上で不可欠な知識を得ることができる著作である。

吉田沙蘭

副読本

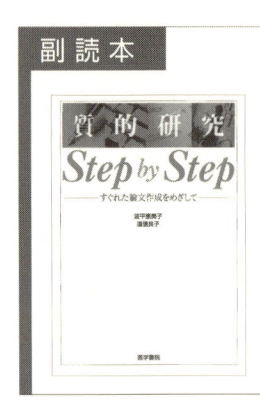

質的研究 Step by Step
すぐれた論文作成をめざして

波平恵美子・道信良子著

医学書院，B5判108頁，2,400円，2005年12月刊

【本書の目的】臨床心理学の研究手法の一つとして用いられる，質的研究を具体的に進める際の実践的な方法および指針を与えることを目的としている。

【本書の概要】本書は，序章で質的研究のエッセンスをコンパクトに概説した後に，第1～6章で具体的な研究の進め方について，Stepごとにきめ細かく記すという構成からなる。臨床心理学を学ぶ人は，ともすると臨床に埋没して研究者としてのプロセスを描きにくくなることもある。本書はさまざまなレベルの研究について章を分けて記述しているため，研究者としての発達のステップもイメージでき，研究者との両立を目指す臨床家向きの書となっている。

まず，序章では，質的研究が目指すのは「人間の生き方が多様であることを，その具体において，より深く，より広く明らかにすること」と，自らの定義を明示した上で，これまでさまざまに論じられてきた質的研究の定義の共通点を整理している。

第1章および第2章はテーマの設定について書かれている。6章中3分の1をテーマの設定に割いたのは，多くの学生の研究のつまずきが「テーマの設定に充分な検討を加えていない」ことに起因しているからであるという。ここでは，いかにして問題意識を研究テーマにまでもっていくかが説明されている。自分が問題意識を抱くにいたった背景や経緯，原因を書き出し，「自分は本当は何を明らかにしたいのか」を明らかにする。そして，「研究によって明らかになると推測される結果」としての「プレ仮説」を複数想定する。その上で，調査現場を観察し，調査で注目すべき観察項目や質問項目を決める。そして，得られそうな回答を予測し，そこから小さな結論を作成する。

第3章では，修士論文で学生が調査を開始するまでの具体的なプロセスが記されている。教員は，学生に話させることで問題意識を明確化し，先行研究との位置づけを明らかにして仮説を示し，一定の学問領域の文脈の中にその研究がどう

位置づけられるかを明らかにしていく。

第4章では，若手研究者の研究例を通して，医療現場における研究とその手順が記述されている。

第5章は，博士論文のまとめ方が記載してある。調査資料から小さなテーマを立て，小論文を作ってみる。この小論文をジグソーパズルのピースとみなして，小論文同士の整合性に注意を払いながら全体絵柄としての博士論文の構成を再検討する。加えて，論文作成後の反省と今後の展望，発展の検討の Step を用意しており，博士論文といえども，将来的に続く研究の一つのプロセスであることが示されている。

第6章は，若手研究者がオリジナリティをもつ研究を書くための Step が示されている。具体的には，企業におけるエイズ予防教育を例に，研究計画→具体的な研究方法や手順の検討→フィールドワークの実施→データ分析をもとにした解釈→結論という一連の Step が紹介されている。研究をスタートさせたときに今後の見通しが立つことほどわれわれ研究者に安心を与えるものはない。その意味でも，一つの指針としての情報を提供するものとなっている。

実際の研究では，先を急ぐあまりに十分に吟味されていない研究テーマを掲げて走りはじめてしまうことがある。そして，中途半端に研究を進めてから，「この研究で何を知ろうとしているのか」がわからなくなることが少なからずあると思われる。本書では，これに対して研究テーマの設定に2章をかけて丁寧に説明をしているなど，とかく研究初心者に優しい内容となっている。また，質的研究で研究をする学生が多いということは，教える教員も多いということである。本書では，学生と教員のやり取りがコラムに掲載されており，初めて質的研究を教える教員が，学生と具体的にどうやり取りをするかも紹介されている。

【臨床心理学を学ぶ上での意義】本書は，とかく抽象的な記述になりがちな専門書に対して，「実際に論文を書こうとする人にほんとうに役に立つレベルの情報を整理し提供すること」を意識して作られた質的研究の教科書である。質的研究は，臨床心理学のような，データの個別性を個人や社会的背景の中で記述・分析するような学問領域には有用な研究方法であると思われる。

本書では文化人類学を基礎においているものの，臨床心理学における質的研究のありようを学べるとともに，臨床心理学という全体の座標軸の中で，質的研究をどう位置づけるかという視座を与えてくれる。ただし，本書がすべてをカバーしつくしているとはいえず，Step の具体的な肉づけには，やはり研究者の創造力と想像力が必要と思われる。創造力と想像力はとりもなおさず，臨床にも通じるものである。研究には臨床的な力量が必要となるところであろう。

石川京子

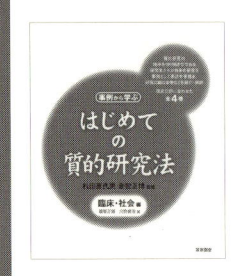

副読本

事例から学ぶ
はじめての質的研究法
臨床・社会編

秋田喜代美・能智正博監修
能智正博・川野健治編

東京図書，B5判変形304頁，2,800円，2007年5月刊

【本書の目的】初学者に向けて各章の著者がこれまでに書いた質的研究の論文を紹介しながら，その方法や手続きを紹介・解説する。

【本書の概要】本書は三部構成となっている。第Ⅰ部では第Ⅱ部行以降の研究を読むための枠組みが，第Ⅱ部および第Ⅲ部では各章ごとに具体的な研究の成立過程が示されている。

第Ⅰ部（第1～2章）では「総論」として臨床・社会領域における質的研究を理解するための理論的・方法論的な枠組みが提示されている。第1章では，社会心理学・臨床心理学におけるものの見方の変化を概説し，構築主義・社会構成主義という視点を質的研究を理解する上でのキーワードとして導入している。第2章では，質的研究を進める上での留意点が研究の流れに沿って初学者にもわかるようにまとめられている。研究法の選び方，フィールドエントリーの仕方，データの収集・分析方法などが述べられており，質的研究が具体的にどのような流れで進んでいくかを理解することができる。

第Ⅱ部（第3～6章）では「ミクロ過程に焦点をあてた研究」が集められ，個人の内的過程やミクロな相互作用がテーマとして取り上げられている。第3章では，重障児との関わりをテーマに書いた論文が題材となっている。観察の仕方，データ記述の方法，世界を解明するとはどのようなことか，といった点に関して現象学的な視点から述べられており，厳密な自己省察の姿を参考にすることができる。第4章では，非行少年をテーマに書いた論文を題材に，研究の具体的な進め方が書かれている。研究法としてはエスノグラフィーが用いられており，フィールドワークの仕方を学ぶこともできる。取り上げられた論文の裏話として読むこともでき，そちらについても合わせて読むことでより理解は深まる。第5章では，裁判で用いられる供述調書の分析がテーマとして取り上げられている。語りの中から未確定の事実を探るという点は供述分析と質的研究に共通する部分であり興味深い。また，「事実」とは何

かという質的研究全般に関わる問題提起もなされている。第6章では，認知症をもつ高齢者の語りがテーマとして取り上げられ，フィールドワークを通じて著者のもつ認知症への考え方が変わっていく様子が描かれている。具体的なエピソードや実際場面の会話の書き起こしも含まれており，著者に起こった変化を追体験することもできる。

　第Ⅲ部（第7～10章）では「マクロ過程に焦点をあてた研究」が集められ，集団内／間，フィールドなどで起こるやりとりがテーマとして取り上げられている。第7章では，精神病院の移転がテーマとなっている。章全体の構成は第4章と似ており，当該の論文ができるまでの裏話として質的研究全体の流れを知ることができる。分析としてはKJ法が用いられている。第8章では，参加観察，インタビュー，歴史資料との照合，先行研究の吟味を通じて故郷の機能や同郷という共同性の成り立ちについて論じたフィールドワークを読むことができ，論文に対する具体的なイメージをもつことができる。第9章では，被災者の語りについての研究と防災ゲーム研究という研究を紹介している。前者は被災によって壊れた日常を語りを用いて再構成すること，後者はゲーミングという手法を用いて防災上の課題を記述・伝達することを目的としたものである。一見まったく違った手法を用いているようだが，そこには，地域間，世代間に災害の記憶を伝達しこれまでの課題を克服した社会を構成するという実践に語りを通して取り組む共通の姿勢がみられる。第10章では，ベトナムでのフィールドワークが取り上げられている。フィールドワークを始めるときの不安や独特なフィールドエントリーの仕方などを含め自伝的な要素が多く盛りこまれ，研究法の入門書というだけでなく読み物としての魅力も兼ね備えている。記述する力の重要性を感じさせてくれる章にもなっている。

【臨床心理学を学ぶ上での意義】本書は初学者に向けた質的研究法の入門書である。実験的な手法をとることが難しいことの多い臨床心理学領域の研究においては質的研究のニーズが高いが，初学者は質的研究を行う際にもいろいろなところでつまずきを感じる。本書ではさまざまなタイプの研究を具体的に載せているため，その人のつまずきに応じた部位を参考にすることができる。「質的研究の本当の出発点は，多様な現実に立ち向かう方法がマニュアル的な形にはなりえないことを自覚するところにある」と本書の中でも述べられているが，各章で扱われる多様な研究からは，研究の仕方・テーマに関する知識を得るだけでなく，対象の独自性のためになされた研究上の工夫を読み取ることができる。ただし，データの分析に関しては使用された手法の名前は出てくるものの理論や具体的手順については踏みこんでおらず，その点については研究を進める上で他の本を参照する必要があると考えられる。

末木　新

第5章 研究活動に関する科目（必修）

副読本

臨床心理・精神医学のための SPSS による統計処理

加藤千恵子・石村貞夫著

東京図書，B5判変形272頁，2,800円，2005年4月刊
※ 2011年改訂予定

【本書の目的】本書は，研究成果を学会や論文で発表することの重要性を述べ，研究成果を論文やレポートで発表するための統計の上手な使い方と，分析手法を解説している。

【本書の概要】初めて書く卒業論文，専門的な分析が必要な修士論文，プレゼンのためのデータ処理などにすぐ使えるよう，SPSSの実際の画面をもとに，その手順が図示された内容となっている。

第1章のアンケート調査では，基本的なアンケート調査の進め方がフローチャートで提示されている。調査表そのものだけではなく，調査依頼の書き方，フェイスシートなどにいたるまでが丁寧に解説してある。調査の失敗を防ぐために，先行研究の詳細なレビュー，仮説設定のやり方が重要であると述べている。続く第2章では，アンケート回収後のもっとも基本的処理として，平均や分散といった基礎統計量の算出の仕方を解説している。SPSSの出力をもとに，母集団の正規性の検定，平均値の信頼区間についても紹介されている。第3章では散布図，相関係数，順位相関を取りあげ，最初に *Pearson* の相関係数を算出し，その結果をもとに散布図を書くという手順を説明している。第4章では，表をまとめて関連性を調べるという観点に立ち，クロス集計表，独立性の検定（χ^2 検定）の手順を具体例をもとに解説している。続く第5章では，第4章の具体例をもとに，オッズ比（区間推定を含む），リスク比の算出の仕方が載せられている。

第6章では，二つの治療効果を比較するためのt検定のやり方について述べ，グループ間に対応がある場合などの統計処理についても，別立てで説明している。ノンパラメトリックな分析として，ウィルコクスンの順位和検定とマン・ホイットニーの検定についても解説している。第7章では，三つの治療効果を比較するための方法として分散分析，ノンパラメトリック検定としてクラスカル・ウォリスの検定が紹介されている。また，論文を書く際の記述の仕方として，それぞれの分析ごとに具体例が掲載され

ている。

第8章では，説明変数が連続変数である場合の一般的な重回帰分析とその出力結果を具体的に示している。また，同時に三つの離散変数を説明変数とするために，ダミー変数を用いた分析も紹介されている。本章では，交互作用が見出された場合の下位検定のやり方として，SPSSのシンタックスの利用法もあわせて解説されている。第9章では，従属変数が「あり」「なし」のように2値を採る場合に使うロジスティック回帰分析について触れる。第10章では，変数がカテゴリカルデータの場合に用いる回帰分析の方法を記載している。

第11章では，因子分析のやり方が以下の方法で解説されている。まず，因子分析の中の最尤法を行い，母集団のパラメータや理論値を予測し，因子を抽出する。次に抽出した因子をさらにプロマックス回転し，因子負荷量を見て共通因子を探り，因子をプロットする。この方法とは別に，最後に主因子法（バリマックス回転）のやり方が付記されている。因子の構造行列とパターン行列の説明はあるが，直行解，斜行解に関する説明はない。第12章では，カテゴリカル主成分分析が取り上げられている。第13章は，一般化線形モデルによる交互作用の検定のやり方を解説しており，最初に交互作用の有無を図示することが推奨されている。第14章では，一人の被験者のデータを分析するシングル・ケースの統計手法が取り上げられ，測定を折れ線グラフで表現し（測定値の変化が大きい場合には対数変換してグラフを作る），傾きに違いがあるならラン検定を実施し，次いでそれぞれの単回帰分析を行い，直線の傾きを比較するという手順で説明されている。

最後に巻末の付録には，読者が実際に分析できるようサンプルが掲載され，自習にも役立てられるように工夫されている。

【臨床心理学を学ぶ上での意義】臨床心理学の社会的な説明責任を果たす上でも，エビデンスに基づいたサービスであることを示し，研究発表するという営みが重要である。その手段として，本書では臨床心理学で用いられる頻度の高い統計処理を厳選し，それについて懇切丁寧に解説をしている。

本書は統計や数式が苦手な学生でも，とにかく本を見ながらやってみようという気になれるところが魅力である。また，論文をいざ書くときの文言の具体例，自習用のデータも巻末に掲載され，SPSSで統計処理をする際の頼もしいパートナーとなってくれるだろう。本書はSPSS画面での操作を示すことが主眼となっているため，どのような場合にどの方法を選べばよいか，取り上げられた統計手法の理論といった側面については触れられていない。読者はこうした理論や基礎概念を理解した上で，用いる統計技法について別の本で学んでから本書を利用することが望ましい。

西村詩織

第5章　研究活動に関する科目（必修）

副読本

誰も教えてくれなかった因子分析
数式が絶対に出てこない因子分析入門

松尾太加志・中村知靖著

北大路書房，Ａ5判192頁，2,500円，2002年5月刊

【本書の目的】本書は，数学が苦手で数式が嫌いな人に対して，一切数式を使用せずに因子分析をわかりやすく解説した本であり，因子分析に興味がある人すべてを対象にしている。

【本書の概要】本書は5章から構成される。

まず第1章「因子分析の結果を見る」では，自分で因子分析はしないが，論文などに書いてある因子分析の結果を理解したいという人のために，因子分析の結果の見方を説明している。具体的には論文に登場する主な因子分析に関する専門用語のうち，どれがわかる必要があって，どれがわかる必要がないかを大胆に明記している。「わからなくてよいもの」をまず列挙し，「わからないといけないもの」を絞りこみ，論文を読み解くために最低限必要な知識と考え方について述べられている。続いて，「わかったほうがよいもの」についての説明の後，最後に実際の論文で使われた因子分析の結果を批判的に読むポイントが解説されている。

因子分析の基本的な目的を，具体例や比喩を用いながら言葉で説明してあり，統計分析に対して強い苦手意識をもっている人や，因子分析の初心者に対しても大変丁寧である。

第2章「因子分析を自分でする」では，実際に自分のデータで因子分析をしたい人のために，統計パッケージを利用した因子分析の仕方を説明している（統計パッケージは，SPSSとSASを取り上げている）。ソフトのマニュアル的な説明ではなく，因子分析を行うことのできるデータの種類，手順，解釈などを数式を使わずにわかりやすく解説している。具体的には，どのような調査データが因子分析できるのかという，率直な疑問から始まり，質問紙の作成の注意点について理論的な側面に加え，データの入力のしやすさといった実際的なことにも触れている。続いて，因子分析の手順について大まかな流れを紹介した上で，初期解の計算，因子軸の回転の目的，斜交回転に関する解説，因子寄与，因子寄与率，共通性，独自性といった概念についての説

明がなされている。このように，ソフトを利用する際に理解しておかなければならない専門用語についても，かなり詳しく例をふんだんに用いた説明がある。さらに統計ソフトの出力例のほか，因子分析に関連する尺度の信頼性や，最終的な論文の書き方まで触れられている。

第3章「因子分析の正しい使い方」では，正しい因子分析の利用について，他の多変量解析との違いを述べるとともに，因子分析の落とし穴について考えている。どんなときに因子分析をしたらよいのかという意思決定場面の想定のもと，主成分分析，重回帰分析，判別分析，クラスター分析との違いが対比的に説明されている。さらに，より包括的な分析手法である共分散構造分析についても紹介した上で，因子分析の独自性を強調している。さらに最後には，因子分析の「うさんくささ」について指摘した上で，因子分析の長所，短所を踏まえた上で，賢く読み，また使用することについて強調している。

第4章「Q&Aと文献」では，実践的な場面でよく疑問としてあがる質問とその回答について触れ，また，因子分析に対するさらなる理解の深化および関連する分析の学習に役立つ文献の紹介をしている。本書は数式がないことで，因子分析の入門書として非常にわかりやすい。ただし，一方で数式には万国共通で曖昧さがないため，情報が読み手に対して正確に伝わる長所がある。因子分析をさらに学びたい，より高度で正確な情報を得たい読者に対して，取り上げた書籍に関する丁寧な紹介がなされている。

第5章は「用語集＆索引」である。

【臨床心理学を学ぶ上での意義】臨床心理学では，全体的な流れとして，発症後の対処療法よりも，発症にいたるまでのメカニズムに焦点を移して，心理的症状の予防的介入を近年の課題としている。そのためにまた，従来の経験的知見から，実証的研究とそこから得られる明白な知見に基づいた治療法や理論の開発が重要とされていると指摘されている。こういう臨床心理学の大きな流れの中で，因子分析を含む多変量解析の手法は頻繁に利用され，すべて主観的なものに任せるのではなく，分析の客観性と研究の妥当性を大いに保障されている。

臨床心理学では，倫理上の問題から実験よりも調査の手法によって研究が進められることが多い。その中でも特に尺度の開発，要因間の関連の検討，仮説モデルの検証などに関して，因子分析による検討が欠かせない。したがって，自ら心理学的な要因を測定する調査を実施するときはもちろん，すでに行われた研究を的確に読み解くためにも因子分析の理解は不可欠である。また，多変量解析の新しい流れの中で，因子分析と重回帰分析のような解析がいっぺんにできるような，すべてを統合した解析手法である共分散構造分析が近年多用されている。因子分析を理解することは，こういったより高度な分析法をマスターするためにも非常に大切であるといえるだろう。

李　曉茹

第6章

関 連 科 目
（ 選 択 必 修 ）

　臨床心理学は，生物的側面，心理的側面，社会的側面を統合的にとらえ，さまざま領域にその活動を拡げている。したがって，臨床心理学の活動を的確に遂行するためには，臨床心理学特有の知識や方法論に加えて，近接領域の専門的知識や方法論もあわせて幅広く学習しておく必要がある。そこで，以下，研究法に関する科目群に，生物的側面，心理的側面，社会的側面にそれぞれの関連する科目群を加えて計4群を選択必修とした。各群からそれぞれ1科目以上を選択必修科目として履修することとする。この関連科目としてどのような内容を充実させるかによって，各大学院の特色が明らかとなる。

研究法に関する科目群

　心理学研究は，現在さまざまな方向に発展してきている。以前は，実験法や心理統計法が主要な方法であったが，現在では質的研究法も発展してきている。また，実践を組み入れたアクションリサーチやフィールドワークなどの実践研究法も発展している。したがって，臨床心理学の研究法を発展させるために，その基礎として心理学研究法についての最新の知識を習得していることが望ましい。また，新たに発展している実践研究法を知ることで，臨床心理学研究法のバリエーションを増やすことができる。**前半の心理学研究法では，臨床心理学研究法の基礎となる心理学の研究法の習得がテーマになる。後半では，臨床心理学研究の新しい方法となっている実践研究法について深く学ぶことがテーマとなる。**

①心理学研究法

　実践者である心理職にあっても研究法の知識を習得していることは必須である。また，新たな心理学研究法の発展を知ることで学術的心理学と臨床心理学の重なる領域を理解するとともに両者が協働して発展する方向性を理解できることになる。特に学部において心理学研究法をしっかり学んでいない学生には，この授業が必要となる。個別学習としては，心理学研究の基礎になる実証性の方法論，心理学研究の最新動向，新たな質的研究法の方法論と技法の学習がテーマとなる。

テキスト

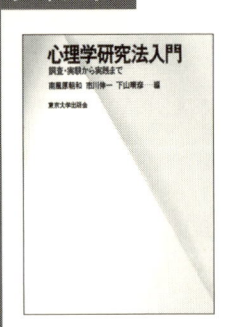

心理学研究法入門
調査・実験から実践まで

南風原朝和・市川伸一・下山晴彦編

東京大学出版会，Ａ５判272頁，2,800円，2001年3月刊

【本書の目的】心理学の研究法を，「調査研究」「実験研究」「実践研究」という3本柱で整理し説明するとともに，それらの心理学研究の基礎となる考えについてわかりやすく解説する。

【本書の概要】本書は，多様な心理学研究法を，研究者が現実の世界とどのような形で関わるかという観点から，「調査研究」「実験研究」「実践研究」という3本柱で整理し，解説を行っている。「研究に向けての学習」のための教科書として，基本的な事項に加え研究法の新しい流れも積極的に取り入れる形で構成されている。

まず第1章の「心理学の研究とは何か」では，心理学研究がどのようなものであるのかについて丁寧に解説されている。心理学研究が心理現象についての日常的な認識を超えようとする営みであるとし，「良い研究」がどのようなものであるのか，そしてその研究に向けてどのような学習をするとよいのか，といったさまざまな視点から心理学の研究法が解説されている。

続く第2～3章では，3本柱の一つである「調査研究」について取り上げ，質的な研究法（第2章）と量的な研究法（第3章）とに分けて解説されている。第2章の「質的調査—観察・面接・フィールドワーク」では，まず観察や面接，フィールドワークといった具体的な質的研究方法の概略を紹介した上で，質的調査がめざす理論構成やその特徴について論じている。第3章の「量的調査—尺度の作成と相関分析」では，主に仮説検証型の研究を念頭に，量的な調査研究の方法について具体的な例を挙げながら解説している。特に，量的データを得るための代表的な方法である質問紙法を取り上げ，作成の手順に加え，基本的な概念などの詳しい解説を行っている。

第4～5章では，二つ目の柱である「実験研究」について解説している。第4章の「実験の論理と方法」は，実験研究の要点や用語，主な方法について，実際の研究例を取り上げながら示している。代表的な実験デザインをいくつか紹介

し，実験データの分析法の基本的な考え方や具体的な手法の概略などが解説されている。続く第5章「準実験と単一事例実験」は，実験室を使って条件を統制し，条件の異なる群で結果を比較するという従来型の実験に加え，現実の生活の場により近い状況で行われる準実験や，一人の被験者を対象とする単一事例実験について解説した章である。はじめに，実際の教育・臨床場面で用いられているいくつかの研究デザインについて，研究の内的妥当性という観点から，その問題点について検討する。そして，その欠点を補うデザインである準実験デザインの代表的なものを紹介し，そこで収集されるデータの解析方法についても解説している。

三つ目の柱である「実践研究」については，第6～7章で取り上げられている。第6章では教育・発達の分野，第7章では臨床における実践研究について詳しく解説されている。第6章の「教育・発達における実践研究」では，まず教育・発達分野において，実践研究をするための視点と研究の過程について扱っている。さらに，この分野でもっともなじみが深いと考えられる「子ども」に焦点をあて，集団と個のそれぞれに実際に関わる研究方法を紹介している。第7章の「臨床における実践研究」では，心理臨床活動に関する心理学研究の方法について，そこで必要とされる基本技能や実習，具体的な研究方法などが詳しく解説されている。

第8章の「研究の展開―研究計画から発表・論文執筆まで」では，研究計画の立て方から論文の書き方までを解説している。具体的には，研究の入り口にあたるテーマの設定や研究計画，研究の出口にあたる研究発表などが取り上げられている。

そして最後に，付録1として，研究者に研究発表および交流の場を提供してくれる心理学関係の国内主要学会を，その概要と合わせて紹介している。付録2「心理学研究における倫理の問題」では，心理学研究を遂行し結果を公表していく上で留意しなければならない倫理の問題についての説明を掲載している。

【臨床心理学を学ぶ上での意義】本書の特徴は，多様な心理学研究法を，研究者が現実の世界とどのような形で関わるかという観点から，「調査研究」「実験研究」「実践研究」という3本柱を立てて整理し，詳しく解説している点である。臨床心理学においてその重要性が認識されてきている質的研究，実践研究などの新しい展開についても説明を加えながら，初学者にもわかりやすいように体系立て解説されている。著者の言うように，「研究に向けての学習」の教科書として最適であろう。また，心理学研究における仮説の生成や検証，物事を捉える視点などは，臨床実践に向かう際にも求められ，役立つ姿勢であるといえる。科学者－実践者モデルが求められている昨今，研究に携わる者はもちろん，実践者を目指す者にも参考となる一冊である。

鴛渕るわ

副読本

心理学の新しいかたち第3巻
心理学研究法の新しいかたち

吉田寿夫編著

誠信書房，Ａ5判294頁，3,400円，2006年3月刊

【本書の目的】本書は，心理学研究法のあり方について，新進ないし中堅気鋭の研究者が思うところを，自由にかつ強い主張性をもって論じたものである。

【本書の概要】本書では，「大学や学界および研究者稼業の現状」と「そのような状況における基本的な心構え」といった現状が紹介される。次に，量的研究法，質的研究法の双方について，各章において問題意識をそれぞれ設定した上での「問い直し」が行われる。

まず量的研究法に関し，測定法に関する問い直しと統計学的分析方法に関する問い直しが行われている。ここでは，測定の妥当性からみた尺度構成と生理学的・神経科学的方法の利用，因果関係のモデリングとサンプルサイズの計4点がテーマとなっている。

測定に関しては，①心理学において「測定する」とはどういうことか，②妥当性をどのようにして保証するのか，③尺度構成の手続きと落とし穴，の3点が取り上げられている。生理学的・神経科学的方法の利用については，①行動的方法を補完するということ，②行動では観測不可能な現象を探るということの2点が取り上げられている。因果関係のモデリングについては，①共分散構造分析とは何か，②共分散構造分析が応用研究者に与えるメリット，③共分散構造分析が応用研究者に与える悩みについて取り上げた上で，その活用法や限界等について論じている。①サンプルサイズ決定の目的，②サンプルサイズを決める要因，③著者の研究の3点を取り上げた上で，サンプルサイズについて言及している文献や，サンプルサイズを決定するために有用なソフトウェアの紹介がなされている。

次に質的研究法に関して，参加観察における「個別性」，形成的フィールドワークという方法，フィールドワークから質的研究法にいたるまでの流れが詳述されている。

「個別性」に関しては，ある被観察者の事例が取り上げられている。観察の記述データを利用し，仮説検証の過程が述べられた上で，参加観察の「個別性」が

もつ方法論的意味が考察される。次に，「形成的フィールドワーク」という，研究と実践の関係を構築したいという問題意識に基づいた未完成の方法論の素描が試みられる。そして，フィールドワークから質的研究法への変遷をたどるようなテーマ，すなわち日常における確率の使われ方，事例や個別性にこだわることの意味，フィールドワーク旋風，量的研究の問題点，仮説生成と仮説検証，質的研究の評価基準について詳述される。

量的・質的研究法について議論をした後には，量的研究法 vs. 質的研究法という二項対立を超える方法について取り上げられる。フィールドワークと実験という二つの方法論を取り上げ，物質に還元できない「心の社会性」に焦点をあてる心理学研究の可能性について議論がなされる。最後に心理学教育の現場におけるさまざまな問題点を指摘した上で，研究法のあり方について議論し，結んでいる。

このように，本書は心理学研究法について，量的研究法および質的研究法の双方を取り上げ，詳細かつ専門的なテーマに踏みこんだ議論をするものである。

【臨床心理学を学ぶ上での意義】本書は「心理学の新しいかたち」を提案するという目的を有したシリーズ本の一冊である。

このような性質を帯びた書物であるから，既存の研究法についてその問題点も含めて概観し，新しい研究法とそのあり方に触れ，自身の研究パラダイムについて整理するとともに理解を深めることができる。これから心理学を学ぼうという初学者や研究者の卵にとっては，このような点において有用であるだろう。

そして本書が有する最大の特徴は，各章の末尾部分においては，編著者より当該章の執筆者へ寄せられた質問とそれに対するリプライが記されている点である。このやり取りを通読することは，既存の研究法の問題点を指摘し，新しい研究法の紹介する中で，どういったことが論点になり，あるいは重要となるのか，その一例を理解するのに有用である。

編著者によると，本書は読者にとって「役立つ」というよりも，ためになることに力点がおかれている。したがって，量的研究法と質的研究法をそれぞれ別に取り上げた後で関連づけているのだが，これらの研究法についての詳述は網羅的ではない。また，それぞれのテーマについてそれぞれの心理学者が独自の見解を述べているために，心理学研究法の本として系統だっているとはいいがたい。

しかし，ここで取り上げられているのはどれも重要なテーマばかりである。よって，既存の研究法はもちろん，新しい研究法のあり方や，それらについてどのように扱うかといった問題に対して，批判的に関わり吟味するための手掛かりとして役立てることができるだろう。いうまでもなく，研究法のあり方や扱い方の問題は，臨床心理学を学ぶ上で避けることのできない重要な問題である。

藪垣　将

副読本

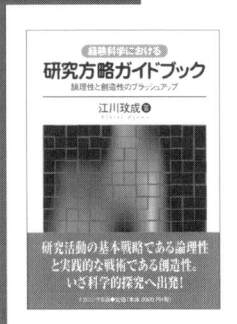

経験科学における
研究方略ガイドブック
論理性と創造性のブラッシュアップ

江川玫成(びんせい)著

ナカニシヤ出版，A5判272頁，3,000円，2002年10月刊

【本書の目的】心理学研究法の前提となる基本的な原理，概念および手続きをわかりやすく説明するとともに，それらの活用の仕方を実際の研究と結びつけられるように解説する。

【本書の概要】まず第1～2章で実証研究とは何かが解説される。第1章「研究活動の基本的特質」で，研究活動の本質的特徴とそれに準ずる基本的性質としての社会的性格が解説される。前者として「論理性と創造性，研究テーマ，研究のタイプ，方法論，客観性，研究のオリジナリティ」，後者として「研究成果の公共性，研究者間の相互影響，研究活動と社会との相互影響，科学者の社会的責任とモラル」が取り上げられる。第2章「問題発見と主題設定の方法」では，研究テーマの決定のために，より効率的に問題発見を行い，より積極的な主題設定を行う基本原則と有効な方法が，具体例を踏まえつつ提示されている。問題発見のポイントとして，疑問・懐疑心の重要性，自己反省の大切さ，曖昧点の見抜きが指摘される。また，主題設定の方法として連想法，仮説演繹的発想，類推の活用，イフ・ベター法が解説される。

次に科学・学問的論述や理論を構成する重要な要素が解説される。まず第3章「述語と定義について」では，研究活動における述語の重要性・役割，述語の要件，述語の種類，基本概念の意義，基本概念と他の概念との関係に加えて，定義の意味，定義の表現形式，定義の構成要素，定義の必要性，定義の類型，定義の仕方，定義文の異同の問題，定義の要件と評価の問題，再定義の問題などについて具体例を交えながら詳細に論じられる。

第4章「仮説と法則について」では，実証科学の研究の中心的なものとして仮説と法則について論じられる。仮説については，その意味と類型，仮説の機能・役割，仮説の満たすべき条件，仮説形成の方略，仮説の表現形式が，法則については，その意味と類型，法則の基本的性質，法則の機能と活用，法則の定立が物理学や心理学の法則を具体例にとって詳細に論じられている。

そして，第5章「理論について」では，科学・学問にとって本質的に必要不可欠なものである理論を扱う。そこでは，理論の意味，その類義語，理論の満たすべき条件，理論の修正，理論の構築，他分野の理論や法則の援用，理論の統合などの一連の問題について具体例を踏まえた上で考察が記されている。なお，理論がよいものかそうでないかの程度は，その分野・領域の水準ないし発展の程度を示す指標となると指摘されている。

次に続く一連の章では，よりよい研究を構想し，構成していくために必要な創造的思考の原理が解説される。具体的には，第6章「拡張と焦点化」，第7章「観点変更と逆発想」，第8章「分類・分解と再分類・再編成」，第9章「加減」，第10章「結合」，第11章「変換」，第12章「具象化・連想・反復検討」となっており，各章ではその方略について具体例や適用例を示しながら丁寧な説明がなされている。以下，第6～9章の原理を紹介する。

"拡張の原理"は，新しい問題の解決や創造活動の過程で，考慮ないし検討する範囲を狭く限定せずに広くとる（押し広げてみる）ことであり，"焦点化の原理"は，新しい問題の解決や創造活動の過程で，よりよいものを選ぶべく絞り込んでいこうという発想である。"観点変更の原理"は，新しい問題の解決や創造活動の過程で，観点を変えてみようという発想であり，"逆発想の原理"は，新しい問題の解決や創造活動の過程で，逆の考え方，やり方をしてみようという発想である。"分類・分解の原理"は，新しい問題の解決や創造活動の過程で，分けてみようという発想であり，"再分類・再編成の原理"は，既存の組織・制度や知識体系・学問領域の分類・編成を見直して，新たに分類したり，改編したりしようとする発想である。"加減の原理"は，新しい問題の解決や創造活動の過程で，基本的性質を変えることなく，何かを加えたり，取り除いたりすることによって，よりよいものや状態などにしてみようという発想である。

【臨床心理学を学ぶ上での意義】臨床心理学研究では，データの種類や分析法などアプローチは異なっていても，根本にある研究に向かう姿勢や基本的な発想は同じである。他の研究法に関する書籍の多くが，それぞれの研究法の理論や枠組みの解説であるのに対して，本書は，それぞれの研究法の前提となる，基本的なものごとの捉え方，考え方そのものに焦点化して解説している点が特徴である。

また，抽象的な説明にとどまらず，実際の研究と結びつけられて示されている点で，他の発想法に関する本とも一線を画している。臨床心理学においては，研究だけでなく，臨床実践においても問題に関して創造的思考を働かせ，仮説を生成し，データを分析し，必要に応じて理論を形成していくことが求められる。

本書は，そうした姿勢や基本的な発想をブラッシュアップするための創造的思考の方略・原理について具体的に解説しており，研究マインドを育ててくれる一冊である。

下山晴彦

副読本

質的研究の基礎
グラウンデッド・セオリー開発の技法と手順　第2版

A・ストラウス，J・コービン著
操　華子・森岡　崇訳

医学書院，A5判408頁，3,800円，2004年12月刊

【本書の目的】グラウンデッド・セオリー法に基づき，質的データ分析の体系的な方法を提示することで，研究者にデータについて考える際の刺激を与え，筋道を示す。

【本書の概要】Ⅰ「基本的な考え方」では，グラウンデッド・セオリー・アプローチ（以下，GTA）を理解するために必要な基礎知識についての説明と，Ⅱ以降の分析のための基礎を提示している。1章では導入として，質的研究が研究の積み重ねられていない領域や，感じ方や思考プロセスという複雑な現象を研究対象にできることを指摘し，GTAは「グラウンデッド・セオリー」（体系的に収集され，研究プロセスを通じ分析されたデータに基づいて構築された理論）の構築のための手段であると位置づけている。2章では，著者の立場を三つの用語を用いて明確にする。「記述」とはさまざまなことに関するイメージを伝えるために言語を使用すること，「概念上の整理」はいつ，どうしてといった解釈を含む概念（カテゴリー）を記述によって説明すること，「理論化」は諸概念を枠組みに従って定式化し，理論を作り出していく過程のことであり，GTAはこの「理論化」が目指される。3章では量的研究に触れ，質的研究と量的研究のそれぞれがその研究の理論化にとって有用かという視点で，真の相互作用によって研究を発展させていく必要が主張される。4章は実際の研究に着手する準備として，課題を発見して研究可能な形にしていく過程，データへの客観性を伴った創造性，必要に応じた文献の利用がポイントとして挙げられている。

Ⅱ「コード化の手順」では，具体的な技法と手続きが説明される。5～7章では，研究を通じて重要な方法を挙げている。研究の最初期や分析が不十分とわかった際の，ミクロ分析と呼ばれる詳細な分析（5章），理論の構築には「問いを発すること」と「比較をすること」の二つを繰り返していくこと（6章），カテゴリーに関する特性や次元の感受性を高めるためのテクニック（7章）が解説

される。8〜10章では，GTAの基本的な手続きである三つのコード化を扱う。それは，ミクロ分析と現象の命名（ラベリング），コードのグループ化によるオープン・コード化（8章），概念をカテゴリーとサブカテゴリーに分け，枠組みに従って関係づける軸足コード化（9章），分析結果を凝縮し，より大きな理論的枠組みをつくりあげていく選択コード化（10章）である。分析の初期においてはオープン・コード化，進行するに従って軸足コード化，選択コード化なども行われるようになっていくが，一方向的なものではなく，それぞれの段階において必要な分析方法を見極め，柔軟にそれを用いることが重要と強調される。11〜14章では，さまざまなGTAの中でも特に著者らが提唱する独自の方法や，サンプリング方略についての説明がなされる。三つのコード化と同時に，行為・相互行為や文脈に意識的に注目してプロセスを明らかにすること（11章），複雑な行為／相互行為を分析するためのマトリックス（12章），諸概念のもつバリエーションを発展させる機会を最大化する場所や人びとや出来事を見つけ，カテゴリーの緻密さを増すことを目的とした理論的サンプリング（13章），メモやダイアグラムなどの視覚ツールの利用（14章）が挙げられている。

Ⅲ「終えるにあたって」は，結果をまとめる際の留意点が示されている。15章では，分析の結果を公開するにあたり，口頭発表や学位論文，投稿論文などの形式によって，対象としている受け手に合わせて結果をストーリーとしてまとめることが強調される。16章のテーマは評価の基準であり，研究発表においては，研究プロセスが適切であるか，導かれた理論がいかに精緻化されたものであるかによって評価されると著者らは述べる。また，最終章である17章では，学生からのよくある質問とその答えも載せられている。

【臨床心理学を学ぶ上での意義】本書では，GTAの目的から手順，研究発表の形式やまとめ方までの一通りが，バランスよく構成されている。理論的基盤や基本的な考え方の解説に多くのページが割かれているので，本書を学び，実際にGTAを用いた研究を行いながら改めてこの基本の部分を読み込むことで，より深く方法論を理解することができるだろう。また，具体的な技法についても，実際の分析例を用いながら詳細に解説されている。加えて，分析の流れと手順とを明確に区別し，研究の流れに合わせて手順を柔軟に使うことが繰り返し強調されているので，書かれていることが実際に活用しやすい。そのため，GTAを用いて研究を行おうとする者にとっては，常に手元において参照したい一冊である。なお，パラダイムや条件／帰結マトリックスなど，著者ら独自の分析技術にも解説が及んでいるため，他のGTAの解説書も参考にしつつ，必要に応じてこれらの技術を利用するのがよいだろう。

慶野遥香

副読本

フィールドワークの技法と実際
マイクロ・エスノグラフィー入門

箕浦康子 編著

ミネルヴァ書房，A5判240頁，2,300円，1999年3月刊

【本書の目的】人間を，その生きている文脈ごと理解することを目指すフィールドワークの手続きについて，リサーチ・クエッションの設定からエスノグラフィー作成にいたるまでを詳細に解説する。

【本書の概要】本書は，第Ⅰ部「フィールドワークの技法」と第Ⅱ部「マイクロ・エスノグラフィーの作成」からなる。

第Ⅰ部では，フィールドワークの歴史的変遷と理論的基盤の概説とともに，フィールドワークの具体的な手続きが解説されている。第1章「フィールドワークと解釈的アプローチ」では，フィールドワークの理論的基盤と学問的変遷，仮説生成法と仮説検証法の相違について，解説されている。また，フィールドワークを用いるのが適切かどうかを研究テーマに基づいて判断すること，フィールドワークする場所を特定する方法についても述べられている。第2章「フィールドワークの基本的スキル」では，観察・面接の具体的な方法，および現実をよく見ることができるような態度・心構えをつくる訓練プログラムの概略についてまとめられている。また，フィールドに対する研究上の倫理についても触れられている。

続く第3～5章では，フィールドワークの実施からエスノグラフィーの作成にいたる八つのステップについて解説されている。すなわち，①フィールドサイトを選定する，②フィールドの全体像を把握する，③リサーチ・クエッションを立てる，④観察のユニットを定めて焦点観察を行う，⑤観察結果を読み解くための理論枠組みの探索を行う，⑥理論に導かれた事象の選択的観察を実施する，⑦データを分析し，解釈する（概念的カテゴリーの生成→仮説の生成），⑧エスノグラフィーを書き上げる，である。各段階は互いに重複したり反復したりしながら進行する。第3章「フィールドワーク前期」では，①～④の「フィールドに入り，フィールドノーツをちゃんと書けるようになるまで」が解説されている。フィールド・エントリーの方法と心構え，初期の記録の方法，現実を眺める視座を決めるリサーチ・クエッションの設定，焦点

観察の方法，フィールドノーツの書き方について述べられている。第4章「フィールドワーク後期——データ収集と分析の相互依存関係の展開」では，⑤～⑦について取り上げられている。この段階は直進的に進行するのではなく，行きつ戻りつを繰り返す。データの収集と分析が循環する中で仮説が生成されていく段階であり，フィールドワークの中核といえる。具体的には，フィールドの実際に応じたリサーチ・クエッションの再検討，理論的サンプリングの手続き，概念的カテゴリーの析出，仮説生成の方法について解説されている。第5章「エスノグラフィーの作成」では，エスノグラフィー作成上の注意点とガイドラインについて述べられている。

　第6章「私のフィールドワーク・スタイル」は，第8章の著者がフィールドワーク開始からエスノグラフィー作成にいたるまでの試行錯誤の過程について記しており，第3～5章の具体例となっている。

　第Ⅱ部は，上記の手続きに沿って作成された実際のエスノグラフィーが，6編掲載されている。第7章「新しいボランティア観のインパクト」，第8章「ある中国人5歳児の保育園スクリプト獲得過程」，第9章「幼稚園児はどのようにして『集団』に出会っているのか」，第10章「帰国生によるハイブリッドなアイデンティティの構築」，第11章「集団と集合状態の曖昧な境界」，第12章「フィールドワーク・クラスのエスノグラフィー」はいずれも，エスノグラフィーを学んで1～2年の学生によるものであり，読者にとって「手に届く所にある目標」となっている。

【臨床心理学を学ぶ上での意義】本書には研究例が豊富に掲載され，読者は自身のテーマに沿ったデータの収集方法やテーマの焦点化の方法，研究結果の分析や論文化の方法を選択しながら読むことができる。そのため，フィールドワークの手続きを学べるだけでなく，研究のアイデアを広げ，固めていく際にも役に立つ。

　さらに興味深いのは，フィールドワークという手法が臨床実践と数多くの特徴を共有していることに気づかされる点である。第2章，第3章で繰り返し強調されている，フィールドに常に敬意を払うことや自己の態度やありようを厳しくモニタリングして研究に反映させていくことは，臨床実践にも相通じる。また，臨床実践に欠かせない要素である，クライエントが語ることばからクライエント独自の"意味"を掬い取って理解しようと努めること，"意味"の理解を積み重ねることでクライエントに関する一つの仮説＝見立てを立てていくこと，その見立てをもってクライエントに関わることでさらに見立てを洗練させていくことなどは，まさしくフィールドワークの手法と共通である。臨床的態度や見立ての立て方について改めて考えさせられる一方で，こうした臨床実践の積み重ねが研究につながりうるのだと自然と納得させられる書でもある。

瀬戸瑠夏

研究法に関する科目群

　心理学研究は，現在さまざまな方向に発展してきている。以前は，実験法や心理統計法が主要な方法であったが，現在では質的研究法も発展してきている。また，実践を組み入れたアクションリサーチやフィールドワークなどの実践研究法も発展している。したがって，臨床心理学の研究法を発展させるために，その基礎として心理学研究法についての最新の知識を習得していることが望ましい。また，新たに発展している実践研究法を知ることで，臨床心理学研究法のバリエーションを増やすことができる。前半の心理学研究法では，臨床心理学研究法の基礎となる心理学の研究法の習得がテーマになる。後半では，**臨床心理学研究の新しい方法となっている実践研究法について深く学ぶことがテーマとなる。**

②実践研究法

　現在，質的研究法が目覚ましい発展を遂げている。質的研究法は，原則として現実に生活している人びとのあり方をそのまま把握することを目指している。その点で生活場面で起きている問題への介入を目標とする臨床心理学実践と重なる面が多い。特に「実践を通しての研究」においては，質的研究法がもっとも適切な研究法となる。そこで，質的研究法を活用した実践研究法を習得することが，臨床心理学研究の幅を広げることになる。そのような実践研究の方法を学ぶことが，この科目の目的となる。
　個別学習としては，臨床心理学以外の領域で発展している質的研究法や実践研究法の学習を行う。

テキスト

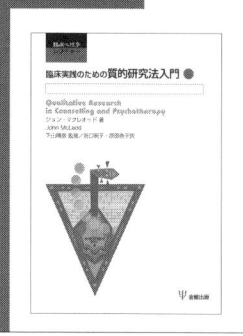

臨床心理学レクチャー
臨床実践のための質的研究法入門

J・マクレオッド著
下山晴彦監修，谷口明子・原田杏子訳

金剛出版，A5判300頁，3,800円，2007年3月刊

【本書の目的】心理療法と質的研究の間に橋を架けるため，カウンセリングや心理療法における質的研究の方法の紹介，実際例の要約，問題点と論点の概観を行う。

【本書の概要】まず，第1章「質的研究と心理療法の再構成」では，質的研究の背景を知るために，質的研究の実践が歴史的・社会的文脈の中に位置づけられる。そして，世界の構築のされ方を理解することが質的研究の役割であることを指摘し，第2章以降で質的研究をどのように行うのかに焦点があてられる。

第2～5章では，質的研究のベースとなる哲学的側面が解説される。まず，第2章「テクスト解釈学の活用」では，文化的・歴史的文脈に根づきながら，人や集団の言動の根底にある意味を，解釈という行為を通して明らかにするテクスト解釈学が解説される。第3章「現象学的アプローチ」では，テクスト解釈学とは違い，既存の発想をいったん棚上げし，詳細な記述を通して日常的な生活経験現象の本質的構造の理解を目指す現象学的アプローチが解説される。第4章「質的研究法の中核としてのテクスト解釈学と現象学」では，このような異なる哲学的背景をもつ両アプローチが，M・ハイデッガー Martin Heidegger によって，両者の諸要素を取り入れながら両者を超えたものがつくりあげられたことが解説される。そして，あらゆる質的研究法において，意味を構成する上で，テクスト解釈学と現象学の両アプローチが用いられていると議論する。

このような哲学的側面を踏まえた上で，第5～8章では質的研究の具体的な方法が，研究例も紹介されつつ解説される。第5章「エスノグラフィック・アプローチ」では，特定の文化もしくは人間集団の"生活様式"を，フィールドに入り参与観察する形で，相互作用を活き活きとした形で描き解釈するエスノグラフィック・アプローチが解説される。第6章「グラウンデッド・セオリー」では，この方法が，特定の文脈において現実を理解するための実用的な枠組みを生成する

上で有効なアプローチであることが説明される。第7章「会話，談話，ナラティヴの分析」では，会話分析・談話分析・ナラティヴ分析という三つの言語志向的アプローチの紹介を通して，心理療法の実際を発話や言語に着目しながら明らかにする方法が解説される。このような固有のアプローチに基づく研究法が紹介された上で，第8章「"ブリコラージュ"としての質的研究」では，研究者自身が研究目的に合わせて，データ収集や分析法を編み出していく発想が解説される。そして，その具体例として，包括的プロセス分析 Comprehensive Process Analysis と人間探求アプローチ human inquiry が紹介される。

このような既存の方法を解説した上で，第9～11章では包括的な議論がされる。第9章「質的研究の方法：包括的な観点」では，さまざまなアプローチの共通した手続きや研究方略を踏まえた，'包括的な質的研究の方法'が提示される。そこでは，研究者の活動や方略のリスト，方法のレパートリー，研究に一貫性をもたせるための組織化の原則が論じられる。第10章「効果研究における質的研究の役割」では，無作為統制デザインを代表とする量的な効果研究に対して，質的な効果研究が果たしうる役割として，心理療法がどのように行われたかという how の側面と，心理療法がなぜ効果的/非効果的なのかという why の側面を理解することができることを議論する。第11章「質的研究の利用に関する批判的諸問題」では，妥当性と真実の追求に関する問題と，批判的省察の展開に関する問題という，質的研究を行う者が引き受ける問題が検討され，カウンセリングや心理療法における質的研究の展望が明らかにされる。

【臨床心理学を学ぶ上での意義】多くの質的研究法についての書物は，個別のアプローチに焦点をあてる傾向がある。それに対し本書は，質的研究の背景となる哲学的側面を踏まえた上で，個別のアプローチを紹介しながらも，包括的な議論がされており，心理療法における質的研究の全体像を理解することを手助けする。また，研究例が紹介されつつわかりやすく書かれているため，初学者にとっても質的研究の実際がイメージしやすい適切な入門書といえる。そして，本書で紹介されている文献にあたることで，さらなる理解も可能とするという意味で，ガイド的な役割も果たしている。さらに，これまで分けられながら議論されることが多かった心理療法と質的研究の関係を念頭に置きつつ書かれているため，質的研究および臨床実践の経験者もさまざまな刺激を受けるだろう。

本書は，カウンセリングや心理療法における良質な質的研究を行う上で，貴重な情報を豊富に含む一冊である。本書を通して，カウンセリングや心理療法に対して質的研究が果たしうる貢献を理解し，臨床実践に役立つ質的研究が数多く生み出されることが望まれる。

藤岡　勲

副読本

実践的研究のすすめ
人間科学のリアリティ

小泉潤二・志水宏吉編

有斐閣，A5判310頁，2,400円，2007年7月刊

【本書の目的】心理学，社会学，教育学，人類学など人間科学に関わる研究をどのように構想し，進めていくべきかという要点やコツについて，実例を交えて解説する。

【本書の概要】まず第1～5章までの第I部では，一般にたどられる研究のプロセスを追う形で，実践的研究の基本的な手続きについて述べられている。

イントロダクションにあたる第1章「実践的研究」では，実践的研究とは何かということについて，本書における捉え方が概説されている。第2章「研究をデザインする」では，研究のデザインについて解説されている。問いを立ててから対象にアクセスし，データの収集と分析を行い，成果を発表するまでの過程について概説されている。第3章「研究を位置づける」は，主に研究の倫理とリスク管理という観点からまとめられている。特に，基本的な倫理の概念，個人情報の保護，インフォームド・コンセントから，対象者および研究者双方にとってのリスク管理といったテーマについて対策が解説されている。第4章「研究を進める」では，研究者に求められる基本姿勢についてまとめられている。「研究者」と「実践者」という二つの立場の間で生じる葛藤を取り上げ，そうした立場にありながら，どのようにフィールドと関わるかということについて解説されている。第5章「研究をまとめる」では，実践的研究の成果をまとめる段階に焦点をあて，研究者に向けて書く論文と，実践の現場の人に向けて書く文章という二つの視点から解説されている。

続く第6～14章までの第II部では，実際に研究を進める際に必要となる具体的な研究法について，詳細に解説されている。

第6章「実験法」では，一般的な実験研究の方法論，およびその利点や欠点と留意点について解説されている。特に研究の留意点に関しては，実験計画，実験の実施，実験結果の解釈や発表という三つの視点から詳細に述べられている。第7章「質問紙法」では，質問紙法につ

いて，その基本的特徴，長所と短所，および方法がまとめられている。方法については，質問紙の作成，実施，解析，発表という側面から，実施上の注意を含めて記述されている。第8章「行動観察法」では，ニホンザルの観察研究の実例を用いながら，行動観察の実施に関して，現場に出る段階，予備観察，行動カテゴリーの作成，記録などの手続きを追って解説されている。第9章「統計解析」では，統計解析の利用法に特に重点をおいて解説をするのとあわせて，統計解析法の研究開発についても触れられている。第10章「フィールドワーク」では，フィールドの状況によって具体的な「技法」が異なるというフィールドワークの特性から，技法ではなく，フィールドワークにおいて生じる「すれ違い」というテーマが取り上げられている。第11章「インタビュー法」では，インタビュー調査として三つのパターンを提示した後，その類型や実施の方法という観点から解説されている。実施方法については，テーマの設定から調査の依頼，実施と記録，分析に至る過程について，具体的な方法と留意点が述べられている。第12章「臨床心理面接法」ではまず，臨床心理面接法の特徴について，日常会話やインタビュー調査との比較によって提示されている。その後，各派の考え方を概観し，面接構造，治療契約といった面接の進め方が紹介されている。第13章「混合研究法」では，量的方法と質的方法を組み合わせる混合研究法について解説されている。その利点とあわせ，時間的順序および重点のバランスという二つの軸を参考にしながら実際の方法が解説されている。第14章「アクション・リサーチ」では，アクション・リサーチの方法と長所，短所を概説した後，問題提起，デザイン，実行，まとめ，当事者との知識共有，という過程を追って具体的な方法について述べられている。

【臨床心理学を学ぶ上での意義】本書は大学院生を主な対象として書かれた著作であるが，学部生や一般読者にもわかりやすいようにまとめられたものであり，全体的に非常に読みやすい。本書における実践的研究とは，臨床心理学研究に特化したものではないが，実践と密接に関係するという点において，臨床心理学研究と共通する部分は多く，臨床心理学研究を行う際にも参考になる。特に，研究実施前の，デザインや対象へのアクセスの段階，発表の段階における手続きや，倫理的な問題に関する留意点について丁寧に解説されているという点において，非常に有用である。

　取り上げられている技法の種類が多いため，個々の技法に関する情報量は限られており，本書のみを用いて各技法を実践することは難しい。しかし，実際にその技法を軸として研究を行っている研究者の視点から記述がなされているため，実践者としての目線から見た具体的な留意点に関して情報が得られるというのも，本書の有用な点の一つであろう。

吉田沙蘭

副読本

質的研究実践ガイド
保健医療サービス向上のために 第2版

C・ポープ，N・メイズ編
大滝純司監訳

医学書院，B5判160頁，2,600円，2008年4月刊

【本書の目的】質的研究が現実のどのような問題に対していかなる目的で用いられるのか，われわれが研究を始める際にあらかじめ知り考慮しておくべき点は何か，などを簡潔に解説する。

【本書の概要】第1章では，質的研究方法の特徴を示し，その狙いは「脱自明化」であるとしている。質的研究に対する"非科学的である，質的データは主観的であり偏りがある，再現性に乏しい，個人的な印象や憶測の域をでない"など従来の批判に対する反論を行い，質的研究方法を用いることの整合性と成果を提示している。第2章では，保健・医療サービスの場でもっとも頻繁に用いられる質的研究方法である面接法を紹介している。面接でよく起こる失敗から被面接者への趣旨説明の仕方などにも触れ，面接において初心者が留意すべき点を示している。また，診療における面接と異なる点についての注意が促されている。第3章では，参加者同士のコミュニケーションを利用してデータを集める，集団面接の1形態である，フォーカスグループによる研究の要点が示されている。またフォーカスグループを用いた研究例を紹介しながら，他の研究法との比較を行っている。フォーカスグループを運営するための具体的な方法も提示されている。第4章では，質的研究で用いられる観察法について述べられている。また観察法や他の研究手法を用いた保健・医療サービスの領域に関するエスノグラフィー的な研究が紹介されている。選択したフィールドに接触する段階から，データを記録するまでの流れ，フィールドに入った後に生じやすい諸々の問題などが具体的に紹介されている。第5章では，従来型の統計的手法ではまとめられない新たな根拠を扱ったり，科学的根拠が不足していたり，相反する根拠が得られているために誰もが納得できるような結論が出ていない事柄を検討する方法として，consensus method である表題の二つの方法が紹介されている。consensus method とは，参加者の同意の程度を明らかにしようとしたり（コンセンサス測

定），対立する意見をすり合わせたりしようとする（コンセンサス形成）方法である。第6章では，事例検討は保健・医療サービスの中でどのような分野を調査するのに適しているのか，が紹介されている。また，事例検討研究の計画を立てる際に，前もって留意すべき点なども明らかにしている。従来の研究によって得られた成果が現場ではあまり役立たないという指摘がある。そのため第7章では，医療・保健サービスの臨床の現場の問題点を見出したり，診療の改善策を探ったりする場合に適しているアクションリサーチという方法を説明している。アクションリサーチという形態の研究は質的研究と同義ということではないが，質的方法が用いられることも多く，多くの研究例が紹介されている。第8章では，質的データの分析は簡単で短時間で済むものではないことを指摘している。つまり，走り書きのメモから面接やフォーカスグループのテープ起こし原稿，研究に関して生じた疑問や進行状況を記したフィールド日記など，さまざまでかつ膨大なデータが収集できる。さらに，質的研究は体系的で緻密なものであること，そのためには分析を行う研究者の技術，洞察力，真摯な姿勢が必要であることを示している。質的研究の「質」の問題は，その質を正しく評価できるのか，できるとすればどのようにすればよいのか，という議論にもつながる。そのため第9章では，研究の質に関する諸問題を概説し，質的手法の評価方法に関する考え方を紹介している。第10章では，事例を検討しながら質的研究の真髄に迫り，第11章では理論と社会的に意味ある実践活動を有機的に相互作用させながら研究を進めるアクションリサーチを紹介している。第12章では，合意を形成していく方法を説明し，最終章では，質的研究の合成について語り，本書をしめている。質的研究のみにとどまらず，「混合型」手法による一次研究や二次解析，そして本章の「研究の合成」という，これまでに焦点をあてられなかった新しい領域を紹介している。

【臨床心理学を学ぶ上での意義】本書は入門書ながら，保健・医療サービス領域における実践と質的研究との関連性が複数の事例とともに紹介されている。そのため，読者は実際の保健・医療現場で起こっている問題に対し，質的研究がどのように行われ，さらにその研究知見が現場にどうフィードバックされているか，その概観を知ることができる。また，本書は，効果的な研究をするには質的研究と量的研究を対立構造におくのではなく，両者によるアプローチが必要との観点に立っている。さらに，質的研究の質を高めるには *relevance*，つまり，研究結果が役立つかどうかの視点を用いている。これらの点から，この書は，臨床心理学における実践と研究とがどのように相乗効果を上げていけるか，実践に役に立つ研究知見をどうフィードバックしていけるかなどのヒントになるといえよう。

石川京子

副読本

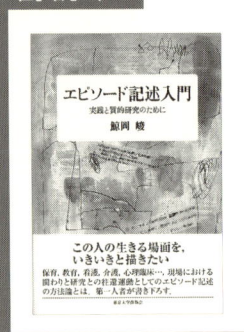

エピソード記述入門
実践と質的研究のために

鯨岡　峻著

東京大学出版会，A 5 判 288 頁，2,800 円，2005 年 8 月刊

【本書の目的】実践現場に関与している人が自らの体験をほかの人に伝えようとする際の質的アプローチの一つであるエピソード記述の方法論について，実践研究へとつながる形で解説する。

【本書の概要】序章「なぜ，いまエピソード記述の方法論なのか」では，エピソード記述のエッセンスを紹介している。エピソード記述とは，人と人との関わりの中で生じる一回性の生の実相を，書き手側に立ち上がってくる問題意識や問いと関連させながら掘り起こし，他者（書き手自身を含む）に向かって表現したものである。エピソード記述の中心は，人と人の「あいだ」に生じているものを関与観察者がその「主観」において捉えること，すなわち「間主観的に把握されるもの」である。実践現場において，関与観察者に実感される「力動感＝生き生き感」は非常に重要なものであるが，関与観察者の問題意識や「いま，ここ」の関与のありようが反映されているため，従来の行動科学の枠組みでは捉えきれない。そこでエピソード記述では，事象の客観的側面に沿って「あるがまま」を可能なかぎり忠実に捉えることを大切にした上で，場面の第一の意味を超えた「メタ意味」の掘り起こしを行うという，2 段階のプロセスを踏むのである。ここで著者は，「エピソード記述を中心にした事例研究は一般性に開かれていない」という議論に対して吟味を加えている。エピソード記述が目指す一般性は，手続きではなく，むしろ読み手が感じる読後の了解可能性にあるという点で，従来の行動科学とは異なる前提に立っている。われわれは他者の世界に開かれているため，他者の一つの体験を提示されると，それをわが身にも起こりうる可能的真実として受け止めることができる。エピソード記述は，こうした読み手側の了解可能性に訴えかけるものである。

第 1 章と第 2 章は，エピソード記述を扱った授業案を紹介したものである。第 1 章「関与観察するとはどういうことか」によれば，関与観察では「関与」と「観察」という二つの態度を同時に働かせること，すなわち，脱自的に「あるがまま」を捉

えつつ，しかもわが身を通じて何かを感じ取っていく，という態度が不可欠である。こうしたことを体験するため，著者の授業では，講義している著者の姿を視覚的・言語的に描写したり，ビデオ録画された場面を記述したりする課題を取り上げている。続く第2章「フィールド体験と簡単なエピソード記述の試み」では，フィールドへの関与を実地で体験し，印象深かった出来事を素朴なエピソード記述にまとめ，それがなぜ自分にとって印象深かったのかを考察する，という実習を紹介している。

第3章と第4章には，エピソード記述に習熟するためのヒントがちりばめられている。実際にエピソード記述を始めてみると，研究者はさまざまな局面で困難に陥るという。それは，情報を捨てられない悩み，「客観的に記述する」ことへのこだわり，問題の背景の理論的検討が浅いためにメタ観察ができないという悩み，自分の立ち位置が定まらないからエピソードが書けない場合などである。第3章「エピソードが描けないという悩みの出所」では，具体例を交えてそれぞれの悩みへの対応を論じている。また第4章「エピソードが立ち上がるとき」では，著者の研究室の学生が描いたエピソードとそれらに対する著者のコメントを6例にわたって紹介しており，これを読み進めるうちに，読者はエピソード記述から質的研究への展開を知ることができる。

【臨床心理学を学ぶ上での意義】臨床心理学の中核に位置し，研究の源泉でもある臨床実践は，一回性のエピソードの集合体である。したがって「エピソードをいかに記述するか」という問題は，臨床心理学にとって，古くて新しい問題といえるだろう。この問題に正面から切りこみ，現場の「力動感」「生き生き感」をそのまま描き出す方法とその理論的基盤を明らかにしている点で，本書は画期的な書物である。

本書は，実践現場で日々エピソードを記述している人びとを強く意識して書かれている。間主観性，2段階の意味の掘り起こし作業など，本書で挙げられるいくつかの論点は，臨床実践のケース記録に通じるものがある。研究につながる実践記録を書くために，本書の議論は大いに参考になるといえよう。また，エピソードを上手に記述できない場合のさまざまな対処法が紹介されており，記述方法をより洗練させたいという問題意識をもつ読者にとっては特に有益である。

そして，実践に関するエピソード記述を積み重ねていった先には，質的研究への展開が示されている。質的研究を量的研究との対立図式の中に収めるのではなく，エピソードから研究を立ち上げるとはどういうことか，厳しく問う内容となっている点が大変興味深い。一般化可能性，信頼性，妥当性についても丁寧に扱われており，海外文献の翻訳書にはない日本語に密着した論が展開されているので，質的研究の入門書としても読み応え十分である。

原田杏子

副読本

アクティヴ・インタビュー
相互行為としての社会調査

J・ホルスタイン，J・グブリアム著
山田富秋・兼子 一・倉石一郎・矢原隆行訳

せりか書房，四六判216頁，2,000円，2004年10月刊

【本書の目的】社会構成主義の立場からインタビュー法を捉え直し、「アクティヴなインタビュー」観とそこでのインタビュアーのあり方を論じる。

【本書の概要】本書は、米国の社会学者J・ホルスタイン James A. Holstein とJ・グブリアム Jaber F. Gubrium による『The Active Interview』（Sage, 1995）の翻訳書である。

私たちはこれまで「インタビューとは、その中を探って何かを発見すべきものである」というイメージに囚われてきた。理想的なインタビュー状況さえ整えられれば、回答者（＝「回答の容器」）はいつでも真実を取り出し、私たちの前に示してくれるはずだと信じられてきた。信頼性の基準、つまり、異なるインタビュー状況においても同じ内容の回答が得られるべきであることが前提とされ、したがって、インタビュアーのあり方としては、中立的態度を守り適切な質問を行うことが、間違い・バイアスを避けるための条件とされてきた。このような伝統的インタビュー観を本書では「回答の容器」アプローチと呼ぶ。

これに対して、本書の「アクティヴなインタビュー」という捉え方からは、インタビュアーも回答者も、今ここでの意味の解釈実践に携わる主体として位置づけられる。「アクティヴな対象者」は多面的・可変的な経験のリソースからインタビュー状況に即応して意味を組み立てていき、対する「アクティヴなインタビュアー」は、意味の産出を促すためにインタビューの構造を用意し、語りの展開を活性化するのである。インタビュアーの役割は、回答者の語りを誘発することと同時に、研究の目的に沿って一定の制約を課すこととされる。背景知を積極的に活用して回答者の具体的経験を理解しようとするとともに、研究にとって意味のある観点から語るように回答者へ働きかけることもある。

「アクティヴなインタビュー」観のもとでは、従来いわれてきた意味での信頼性の基準は想定しえない。むしろ、一つの現象について多様な視点から多様な

意味が生み出されることをめざしていく。そこで，インタビュアーは，回答者が多様な視点の間を行き来し，物語の文脈を固定せずに転換していくことを促していく。研究をまとめる際には，回答者とインタビュアーの関わりあいの中で，どのように意味が構築されていったのかを明らかにすること，つまり，語られた内容のみを扱うのではなく，語られた内容とプロセスとのダイナミックな相互作用を分析することが重要な目標となるのである。

これまでの考え方に従うと，特定の方向へ回答を誘導していると批判されかねないようなインタビュアーの問いかけも，本書のアプローチにおいては一律に排除されるのではなく，それがどのように意味の構築プロセスに関わっているのかという観点から積極的に検討されることになる。だからといって，決して「何でもあり」というわけではなく，インタビュアーが自らの問題意識と研究目的について自覚的となり，批判的にインタビューのプロセスを検討することが求められているのである。

なお，ここではインタビュアーのあり方をどのように捉えるのかという関心から本書を紹介してきたが，実際に目を通していただければ明らかなように，本書の内容と含意はこの点だけにとどまるものではない。回答者をどのように捉え，どのような観点から選択すべきか，回答に認められる矛盾や多様性をどのように考えるか，複数の回答者のいるインタビュー状況ではどのようなことが生じうるかといった問題に対しても，「アクティヴ・インタビュー」という視点からの明確な示唆が含まれている。インタビューをめぐり誰もが出会う種々の問題にも本書は十分に応えている。

【臨床心理学を学ぶ上での意義】近年，臨床心理学研究においてもインタビューが重要な調査方法となっている。インタビュー・データに基づいて，どのような知見をどのように見出しうるかを考えるとき，インタビューという方法についての真摯な検討が必要となる。とりわけ，インタビューの場で何がどのように語られるかに大きな影響を及ぼしうるインタビュアーの役割について研究者が首尾一貫した視点をもつことは，インタビュー法を用いた研究を計画し実施し分析するプロセス全体の一貫性を保つためにも大切なことである。

本書は，初学者にとってなじみやすくバランスよく記述されているようないわゆる概説書ではない。信頼性・妥当性を重視する心理学研究法になじんできた読者にとっては，取り組みにくい印象さえ与えるであろう。しかし，あえて一つの視座を拠り所とする一貫したインタビュー論を学ぶことは，読者が自らのインタビュー観を鍛え上げていく際に大いに役立つと考えられる。本書とは対極的立場から書かれているテキストと読み比べてみることも，読者が自らの立ち位置を見定めていく上で有用であろう。

今泉すわ子

副読本

医療現場の会話分析
悪いニュースをどう伝えるか

D・メイナード著
樫田美雄・岡田光弘訳

勁草書房，A 5 判 260 頁，2,900 円，2004 年 2 月刊

【本書の目的】ニュースが伝えられるさまざまな臨床場面の会話分析を行うことで，医療者と患者の合意がどのように形成されていくのかということや，会話の中にみられる諸特徴を「知る *notice*」とともに，ニュースが伝えられる臨床場面への示唆を提示する。

【本書の概要】まず 1「悪い知らせ，良い知らせと日々の生活」では，本書の中心的話題である「ニュース」の諸特徴について語られている。人は「ニュース」と聞くと悪いニュースの経験ばかりを思い出すかもしれないが，悪いニュースも良いニュースも日常の生活と経験のどこにでも存在するものである。たとえば，フラッシュバブル記憶のように，これまでの研究では悪いニュースが受け取り手にいかに強い影響をもたらすかということが中心に述べられてきた。しかし，これらの強い影響は悪いニュースであっても良いニュースであっても存在しうるものであることが論じられている。また，「ニュース」は担い手と受け取り手のそれぞれによって意味構成されていくものであったり，意味構成上の危機を迎えたりすることが明示されている。悪いニュースと良いニュースの共通の特徴が述べられるとともに，「非対称性」などの特徴も解説している。

2「ニュースの受け入れられ方—道徳的トポグラフィーの問題」では，がん告知場面のナラティヴ・データを用いて，「ニュース」を伝える際には「ある種の前触れ」を使うことや，「ニュース」の担い手が「社会的世界において，対象のノーマルであるとされている状態についての諸前提」に目を向けることの必要性が論じられている。

3「会話分析とエスノグラフィー—診療場面から見る方法論上の争点」では会話分析の手法とエスノグラフィーの手法の関係性について詳述される。

次に 4「ニュースを伝えるシークエンス」である。ニュースを伝えるシークエンス *News Delivery Sequence*（NDS）とは「参与者が，通常のターンのシークエンスを展開することを通じて，ニュー

スの授受という行為を一連の行為として組織する仕方を描き出す」ものである。ある出来事が参与者にとってのニュースになっていくためには、アナウンスを前触れするものがあり、ニュースのアナウンスが続き、その後にアナウンスへの反応、ニュースの精緻化、ニュースの評価と一連の行為が行われるということが詳しく解説されている。

5「悪い知らせとそれに伴う感情—子が自閉症であることを告知された臨床事例から」と6「悪い知らせが隠される訳、そしてその明かし方—HIVカウンセリング現場での実践例から」では、これまで述べられてきたことを基本に、臨床事例を提示することでよりわかりやすく「ニュースの伝え方」を述べるとともに、それによって引き起こされるニュースの担い手、受け取り手の両方の感情について語られている。

さらにエピローグでは「ニュースを告げる方法」について丁寧な説明がなされている。訳者本人が「『効果的なニュースの伝え方』を理解し身につけるためになら、『エピローグ』だけを読んですませることさえ、許されると思う」と書いているように「ニュースの伝え方」のエッセンスが詰まったエピローグとなっている。

【臨床心理学を学ぶ上での意義】近年わが国においても、「悪いニュースをどう伝えるか Breaking Bad News」ということに注目が集まっている。「悪いニュースをどう伝えるか」というと、あたかも「ニュースの担い手がニュースを上手く伝えるスキルを身につける」といったような一方向からの意味合いが強くなるのではないかと考えられる。

しかし、本書ではニュースとは「誰がニュースを告げるかによって、誰がニュースを受け取るかによって、またそれらの社会関係を含む状況全体によって特定のニュースとして組み立てられる」ものであり、悪いニュースでも良いニュースでもニュースの担い手・受け取り手の意味構成によって大きな影響を与えるということに注目が置かれている。

本書を読むことで「ニュースを伝える」スキルのみならず、その背景に存在する意味構成、意味を支える構造を理解することの重要性にも触れることができるだろう。

これまでの医療現場には、客観的事実やスキルが重要視されてきた歴史がある。しかし、近年ではこれまで置き去りにされてきた全体としての人間の苦悩や病いの意味、個々人の歴史に再注目がなされてきている。「意味」や「コミュニケーション」に注目することは臨床心理学の一つの役割であるし、医療現場で働く心理士が臨床心理学の専門性を示していくことのできる部分だともいえるだろう。

本書はそうした医療における「ニュース」についての基本的な学びや、医療において臨床心理学を専門とする者へ臨床実践への示唆を与えてくれる一冊である。

土屋瑛美

生物的側面に関する科目群

ここでは，生物－心理－社会モデルの生物的側面について学ぶ。近年，脳科学や遺伝学，臨床薬理学などの発展によって精神医学の生物学的基礎に関する知見が蓄積されつつある。精神医療の現場で働く心理職はもとより，それ以外の領域で働く場合では，精神医療との連携は必須である。その点において心理職にあっても，精神医療の基本的方法に加えて精神医学の最新知識を習得しておくことが必要となる。①では，まず**精神医学の全体について，最新の生物学的知見，診断と治療，薬物療法といった基本要素を中心に学ぶ**。②では，精神医学の基本的枠組みとなっている精神障害学について，その限界も含めて詳しく学ぶ。③では，近年目覚ましい発展を遂げている脳科学の基礎を学び，精神病理や異常心理の生物学的背景や心身相関のあり方を知る。

①精神医学

精神医学は，生物学的知見および症状学に基づく精神障害の診断分類体系と治療法（特に薬物療法）を有している。心理専門職が精神医学を学ぶためには，まず精神病理学，臨床薬理学，生物学的研究を含めて精神医学の全体を体系に知ることが重要となる。その上で，治療手順や薬物療法について学ぶことが望ましい。ここでは，精神医学の全体と，その基本的方法を学ぶことが目的となる。

精神医学を知る
メンタルヘルス専門職のために

金生由紀子・下山晴彦編

東京大学出版会，A5判352頁，3,200円，2009年7月刊

【本書の目的】 メンタルヘルス専門職を対象に，具体的な精神疾患や，精神科医の見立てと対応，脳科学や遺伝などさまざまな学問領域を通して，精神医学全体に通じる考え方を伝えることである。

【本書の概要】 本書は，全5部14章からなり，それぞれの章で，精神医学の重要なトピックを扱っている。

第1部「生物－心理－社会の見方」（1～4）では，心理的見方や，特に生物学的，発達的，社会的な見方を通して，精神医学を学ぶ背景となる考え方を示している。1「精神医学への誘い」で本書の位置づけや狙いに言及した後，2「精神医学を学ぶ―よりよい協働のために―」では，心理的問題を生物－心理－社会モデルで捉えることの意義および，医師や心理士などの専門職と患者との協働について，実例を交えて解説している。3「心と身体」では，心について，感情と意識という二つの側面から脳科学や心理学の知見を用いて考察した上で，身体性の復権に関する考察を行っている。4「ライフサイクルと精神医学」では，乳児期，幼児期，学童期，青年期，成人期，老年期の六つの時期に特有な，認知機能の発達や発達課題などの心の発達と精神医学的問題について解説している。

第2部「精神科医の診かた」（5～7）では，代表的な精神疾患を通じて，精神科医がいかに精神疾患を見立てるかについて学ぶことを目的としている。5「パーソナリティ障害と不安障害」では，それぞれ障害の説明と，特に両障害が合併した場合の特徴や意味，治療的示唆について，具体的な症例を交えて検討している。6「気分障害」では，気分障害の見立てに必要な基本的な知識や，情報の聞き方のポイント，鑑別疾患などを具体的な話を聞く流れに沿って記述し，治療上の示唆を与えている。7「統合失調症」では，多元的で総合的な判断が求められる統合失調症の診断のために，その概念や発症機序などの説明と具体的な診断のポイントについて述べている。

第3部「ライフサイクルの視点から」（8～10）では，精神疾患を発達的な

視点から捉える際の基本的な知識や考え方について解説している。8「乳幼児精神医学」では，乳幼児を対象とした精神医学の診断分類や治療法などの特徴と，乳幼児精神医学を巡るテーマや，具体的な臨床実践について解説している。9「発達障害」では，主要な発達障害の定義と特徴，治療や支援の基本と実際のポイントについて解説している。10「老年期精神医学」では，老年期の記憶や注意などの認知機能の変化，認知症や老年期うつ病などの精神障害の特徴について解説している。

第4部「生物学の視点から①：脳科学を中心に」(11, 12) および第5部「生物学の視点から②：遺伝と薬理」(13, 14) では，精神疾患の要因や治療法などが，生物学的な視点からどのように理解され，その知識をいかに実際の臨床場面に役立てることができるか，論じている。11「神経心理学・脳科学」では，精神機能の行動を評価する神経心理学検査と，脳の構造や活動を直接計測する脳科学検査に関して，各検査の特徴および精神疾患との関連について解説している。12「精神病理・心理療法と脳科学」では，感情の言語化時の脳や，統合失調症の脳機能，脳科学の発展の歴史などを通じて，精神病理や心理療法と脳科学の関係がどのように理解されているか，考察している。13「遺伝学」では，精神疾患における遺伝要因の関与とその様式，研究法などについて解説し，実際の臨床場面において遺伝学の知識をどう役立てるかということを論じている。14「精神薬理学」では，精神薬理学の歴史や，具体的な薬物療法について，その特徴や実際の使用法について解説し，今後の精神薬理学の展望について述べている。

また，本書にはこのほかに短いコラムが複数あり，その中の連続コラム「リエゾンの視点から」では，リエゾンの意義や特徴について解説した上で，実際のリエゾン事例について解説し，今後のリエゾンの展開について考察している。

【臨床心理学を学ぶ上の意義】臨床心理学の対象となる心理的問題は，実際には心理的な要因のみでなく，生物学的要因や社会的要因が複雑に絡みあっていることが多い。それゆえ，心理的な援助を行う上で，医師，特に精神科医との協働の重要性は計り知れない。精神科医と協働していく際，精神医学の基本的な枠組みを理解していないと，互いに問題意識を共有したり，共通の援助方針を立てたりすることが難しくなる。そのため，本書を通じて，精神科医の精神疾患の見立て方や，治療の方針，研究の方法など，精神医学の基本的な考え方を学ぶことは，精神科医との協働を行う上でとても有益であると考えられる。

さらに，本書は精神疾患や治療について，脳科学や遺伝，薬理学などの生物学的な知見が豊富に解説されており，これらの知見が精神疾患に対する誤解や誤った思い込みを退け，精神疾患への新たな理解を深めることと期待される。

菊池なつみ

副読本

精神科における予診・初診・初期治療

笠原 嘉著

星和書店，四六判180頁，2,000円，2007年2月刊

【本書の目的】予診，初診，初期治療にいたるまでの精神科医としての配慮やコツを綴っている。

【本書の概要】第1章では，「予診とは」どういうものか，どうすればうまく取れるようになるのかが紹介される。まず，予診のもつ三つの側面，①フレシュマンや医学生のための教育的側面，②短時間により多くの有効な診療をするための情報提供的側面，③病人とその家族のための初回面接的側面であることが指摘されている。次に，予診を取るにあたって，経験のある医師であれば無意識にやっているであろう七つの留意点が具体的に挙げられている。第一に誰に先に会うのかという点である。第二に，予診は何のためになされるかを互いに確認しあう，精神療法でいう「状況の規定」の必要性に触れられている。第三に，予診の記入に際しては，できるだけ具体的に，生の声をそのまま，学術用語に置き換えず，外国語を用いないことの重要性が指摘されている。第四に，家人や病人が心因論的解釈をしがちであることを知っておく必要に触れられている。第五に，予診は陳述者との共同作品であることを指摘し，陳述者は予診者の聞きたいことだけに答えればよい式の予診で終わらないことが良い予診であると述べられている。第六に，簡潔な「主訴」を冒頭に記入しておくコツが紹介されている。第七に，予診室の構造に関する心配りが示されている。さらに，初心者に役立つであろうポイントとして，①自発的に来たか，連れてこられたか，②年齢・性別，③これまでの社会的機能，④性格，⑤発症契機，⑥家族に関する事項，⑦生活史，⑧身体的既往歴の八つが具体的なコツとともに紹介されている。

第2章は，初診のもつ「診断」と「初期治療の第1日目」としての側面が紹介されている。最初に，診断に続いてする初診時治療の部分に時間を惜しまないことが2回目以降の診察が報われる秘訣であると示されている。次に，面接は一つの小ドラマであり起承転結をつけることの必要性が指摘されている。さらに，病

人の入室時は診療のための大変大事な一瞬であることを指摘し，退出時を含めた第一印象に注目する重要性が述べられている。そして，初診の「記録」としての意味と，最後に，短い時間で内容のある問診をするための開業医としての一工夫が紹介されている。そして，診断のための五つの要点として，第一に，精神「医学」であるからには，初診をする際の診断の作法として，体因性→内因性→心因性の順番で行うこと。第二に，二つの事例を紹介しながら，病人の心のひだについて何がしかの推論ができたとしても，暴露しなくてよいところは暴かないこと。第三に，神経症においては，初診時に心因が明らかにできるケースはきわめて稀であること。第四に，神経症についてはパーソナリティの偏りにも注目するコツ。第五に，現時点で脳科学の知見が利用できる可能性が低いことを説明した上で，精神科医は人間観察の技を磨かざるをえないことが紹介されている。さらに，初回面接のためのポイントとして，①了解力，②二つの身体，③心的疲労という考え方，④治療意欲の乏しい人への対応，⑤家族との会い方，⑥困難ケース，⑦サマリーのつけ方について具体的な事例や著者流の配慮とコツがあますところなく述べられている。

第3章は，臨床家として力をつけるためには，初診の際にどのような治療から入るのが望ましいか，少ないページの中に簡潔に紹介されている。まず，一つのことに打ちこみすぎないことの重要性が挙げられ，初心者が取り組める小精神療法の基本的な定式が紹介されている。次に逆転移の取り扱い方，治療中断者や転医希望者への対応，サマリーのつけ方，初期治療と予後の関係が著者の具体的な事例とコツともに紹介されている。

本書では，面接術に関心のない精神科医や心療科医は，手術に関心を示さない外科医のようなものだろうとしめくくっている。若いときから，診察室での面接術を意識的に身につける努力をすると，専門科医としての晩年が豊かになると示唆し，本書のあとがきとされている。

【臨床心理学を学ぶ上での意義】本書は，外来診察用手引きの名著といわれた「〈精神科選書1〉予診・初診・初期治療」（診療新社，1982年刊，現在絶版）が，大幅に加筆訂正され復刊したものである。つまり，治療を行う精神科医向けに書かれた書物である。診察室でどうすれば心の症状を短時間にうまく診断できるのか，その知見をどのように治療につないでゆくのか，良識ある豊かな視点で書かれている。そのため，クライエントが「心の問題を抱えながらどう生きてゆくか」というテーマに向かい合う臨床家にとっても，予診とは，初診とは，そして初期治療で何が求められているのかを知ることで，クライエントのさまざまな様相を重層的にかつ的確に捉える知見を手にすることができる。また，自らの専門性と医師の専門性を融合するヒントを得，学ぶ上でも役立つといえる。

石川京子

副読本

精神科のくすりを語ろう
患者からみた官能的評価ハンドブック

熊木徹夫著

日本評論社，A5判208頁，1,800円，2007年9月刊

【本書の目的】本書では，心の問題に対して適用される精神科治療薬が患者にとってどのような体験となっているかについて，薬効や副作用など主観的な服薬体験を解説する。

【本書の概要】本書はウェブサイト「精神科医・熊木徹夫の臨床感覚の広場」の官能的評価掲示板において書きこまれた，服薬体験に関する記事をもとに執筆されている。ウェブ掲示板における服薬体験に関するやり取りを通して，著者が精神科医として現場で築き上げてきた薬効のイメージや，官能的評価をつくりあげてきたプロセスを示すことで，読者（もしくは患者）が官能的評価の必要性を感じ，日常臨床，日常生活での活用の契機となると述べている。

序章では，精神科における薬物投与に関し，官能的評価の発見と役割，官能的評価を収集することの社会的意義，臨床における官能的評価の意義について述べられている。

第1章では抗不安薬として，デパス，リーゼ，メイラックスなど，8種について取り上げている。特にデパスについては，メールマガジン読者を対象としたアンケート結果でも，一番関心の高い薬であるとし，抗不安薬としての効果と同時に，入眠導入薬としての効果，筋弛緩作用，その他の掲示板読者それぞれの官能的評価について多くの記載がなされている。その薬効の多様さから，読者が処方アプローチの提案をしたり，それに対する学問的立場からの指摘などが記載され，それらをもとにした評価がなされている。第2章では，睡眠導入薬としてロヒプノール，レンドルミン，ハルシオンといった7種が取り上げられている。睡眠導入薬としての典型的な服薬感想だけでなく，「眠り込んでしまうことの怖さ」といった，薬効を受容できないケースや，意識・精神状態を操作されることへの恐れを感じるケースが紹介されている。精神科医と患者との間で，いかに服薬に関する納得できる説明ができるか，処方薬を受容してもらえるか，「非常に深い信頼関係」が築けるかどうかに治療の成否

がかかってくることが述べられている。

第3章では，抗うつ薬として6種が取り上げられ，躁転，多様な副作用についても触れられている。また，三環系抗うつ薬，SSRI，SNRIそれぞれの副作用についての前評判と実際の官能的評価についても詳説されている。パキシルでの例を挙げ，個々の官能的評価は独善的に言い放ってよいものであり，それをどう捉えるかは受け取り手の問題であること，(マスコミ情報や風評も含めて) 各自自由に感じるところを発言し，その是非を研修することが，新たなコンセンサスを生み出すことにつながると述べている。

第4章では，抗精神病薬として4種について述べている。なかでもドグマチールの多様な副作用を例にとり，医師が事前に副作用を告げないいくつかの場合を挙げるとともに，医師でも把握することが難しいほどの副作用の多様性について述べている。それを踏まえ，処方の際の薬の情報提供のリスクとベネフィットの難しさについて指摘している。

第5章では，感情調整薬としてリーマス，テグレトールなどの5種を挙げている。デパケンやテグレトールについては，抗てんかん薬だけでなく感情調整役としての薬効や，感情面に多く注目した副作用に関する官能的評価について述べられている。またリーマスについては，さまざまな副作用に加えて，焦燥感（イライラ）が生じた際の鑑別の困難さについて触れている。焦燥感に対し，鑑別の困難さから，確たる根拠なくいろいろな薬が試されている実態を指摘すると同時に，このような状況に対して官能的評価を生み出すことの営為は止めるべきではないと述べている。

終章では，著者は官能的評価に関し，本書で主に取り上げられている"服薬体験者"によるものだけでなく，同様に"投薬体験者""服薬・投薬体験者"によるものも重要であるとし，本書を補完する意味で，著者の症例報告を通した，官能的評価の例が記されている。

【臨床心理学を学ぶ上での意義】服薬という行為の主観的体験を丁寧に汲み上げようとした点で，非常に画期的な本といえる。心理士にとって，面接をするクライエントが精神科治療薬を服用していることは多い。クライエントの抱える問題を理解し，解決を支援するためには，言葉のみならず，身体が語る「か細い声」にも耳を傾けることが重要である。このような意識，感覚の研ぎ澄まし方を学ぶことも重要である。

クライエントの中には自分の症状について，身体的に感じながらも，それをうまく言葉で伝えられない方も多い。実際の臨床場面でも，主治医にうまく症状を伝えられず，歯痒い思いをしている方に出会う。本書は実際の患者の声をベースとして作られた本であり，こうした実際の声を参考にしながら，クライエントの問題を整理し，主治医との関係をつなぐことも心理士として重要な役割になるのではないだろうか。

西村詩織

生物的側面に関する科目群

　ここでは，生物−心理−社会モデルの生物的側面について学ぶ。近年，脳科学や遺伝学，臨床薬理学などの発展によって精神医学の生物学的基礎に関する知見が蓄積されつつある。精神医療の現場で働く心理職はもとより，それ以外の領域で働く場合では，精神医療との連携は必須である。その点において心理職にあっても，精神医療の基本的方法に加えて精神医学の最新知識を習得しておくことが必要となる。①では，まず精神医学の全体について，最新の生物学的知見，診断と治療，薬物療法といった基本要素を中心に学ぶ。②では，**精神医学の基本的枠組みとなっている精神障害学について，その限界も含めて**詳しく学ぶ。③では，近年目覚ましい発展を遂げている脳科学の基礎を学び，精神病理や異常心理の生物学的背景や心身相関のあり方を知る。

②精神障害学

　精神医学は，その発展過程の当初は狂気を身体病同様に明確な生物学的病因があるとの想定のもとに精神病理学を確立しようとした。しかし，その後の研究においてそのような病因が確定できなかったことから，病因を想定する病因論から，観察できる症状のまとまりとして症候群を設定し，それによる精神障害の分類体系を形成するようになった。これは，症候論とよばれ，米国の精神障害の分類体系であるDSMでも採用されている。ここでは，このような歴史的経緯をもつ精神科診断学について，その限界を含めて学ぶ。

テキスト

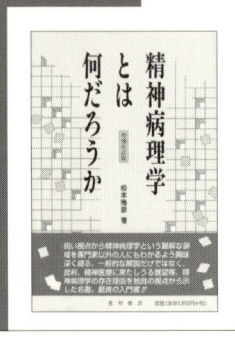

精神病理学とは何だろうか
〈増補改訂版〉

松本雅彦著

星和書店, 四六判 376 頁, 3,800 円, 1996 年 9 月刊

【本書の目的】本書は精神病理学に関し, 精神科医のみではなく非専門家の人びとにもわかるよう解説することを目的としている. 加えて, 精神病理学の存在理由について述べている.

【本書の概要】本書ではまず第 1〜5 章で, 欧米の精神医学のおおまかな流れと, それに絡まる精神病理学の歴史をたどる. 続く第 6 章ではわが国の精神医学・医療の現状にも言及する. まとめとして第 7 章では精神病理学の存在の根拠は何かが考察されている. 以下各章を概説する.

第 1 章では, 精神医学が社会的基準に依拠しているため相対的基盤の上にしか成り立ちえないことを指摘している. その一方で, われわれは個人的資質の中に病理を認めるともする. 第 2 章では, 精神医学の一分野である精神病理学も精神医学と同じく相対的基盤の上に成立しているとする. そのような限界を踏まえつつ, できるかぎり実証性を高める試みとして, 精神医学はターゲットを, 脳や遺伝といった生物学的異常に求めているとする. 一方, 精神病理学はこれをコトバ, すなわち精神医学的用語に求めるとしている. 第 3 章では, 精神医学成立の歴史が大きく四つに分けて概観されている. 第一が 18 世紀後半に始まる精神病院設立の時代である. 第二は 19 世紀における近代医学発展の時代である. 精神医学においても脳の組織病理に関する研究が活発となる. 第三は 19 世紀末に始まる E・クレペリン Emil Kraepelin と E・ブロイラー Eugen Bleuler による「精神病」概念確立の時代である. 第四は, 同じく 19 世紀末に始まる S・フロイト Sigmund Freud と P・ジャネ Pierre Janet による「神経症」概念確立の時代である. 第 4 章では, K・ヤスパース Karl Jaspers と K・シュナイダー K. Schneider の精神病理学と E・クレッチマー Ernst Kretschmer のそれを比較することにより, 精神病理学とは何かについて論じている. 著者は彼らのこの動向に厳密な意味での精神病理学の誕生をみている. 第 5 章では, 戦後の米国とドイツにおける

精神病理学の動向をたどっている。まず米国においては，精神分析から力動的精神医学へと展開した後，記述精神医学へと回帰する流れが紹介されている。次にドイツにおいては，人間了解学や現存在分析の観点から病者の存在意味を問おうとする流れが紹介されている。これらに共通するのは，正常者が病者を了解しようとする努力である。しかしこのような努力は正常そのものを問う反精神医学運動のもと，1960年代末より衰退していく。著者はここに伝統的な精神病理学の終焉をみている。

第6章では，わが国における精神病理学の歴史と現状について，その問題点を中心に述べている。1900年代初頭黎明期におけるわが国の精神病理学は，大学精神医学教室における，臨床のない組織病理学研究が主流であったとする。1960年代に入り，米国とドイツ精神医学が輸入される。それに伴い精神病理学的研究も活発となる。しかし同時期に精神病院に隔離収容される人びとの数も増加する。この矛盾が解消されないまま，以降学会は混乱した状況が20年ほど続く。そのため精神病棟の開放化などが取り組まれるようになったのは1980年代に入ってからとなる。ここ10年における，精神病理学に関連した特徴的動きとして著者はDSM-Ⅲの登場と生物学的精神医学の進歩を挙げている。

最後の第7章では，まとめとして精神病理学の存在理由を考察している。まず精神病理学は「病気」の人を抽出し，その特徴を症状として分類し，病名を「名づけ」ているとする。そしてこの「名づけ」る行為は病気を理解すると同時に，病気を生み出すという別の側面があると指摘する。よって，自らが「名づけ」たコトバを疑い，問い直すという永遠の作業の中にしか，精神病理学の存在の根拠はないのではないかと考察する。

【臨床心理学を学ぶ上の意義】臨床心理学を学ぶ上での本書の意義として二つ挙げることができる。

一つは，精神病理学と臨床心理学の共通の成り立ちを知ることができる点である。病因や成り立ちをコトバにより理解する点において，精神病理学は，身体病理学とは異なる。コトバを疑い，問い直すという永遠の作業が精神病理学の存在理由であるとする著者の指摘は，臨床心理学においても共通するのではないかと思われた。

意義の二点目として，精神病理学という学問領域について，精神医学を専門としない立場でも理解しうることが挙げられる。本書により，精神疾患が現象学的記述という方法論のもと分類・記載された歴史的過程を理解することができる。この理解は，医療現場におけるアセスメント実践において，他の専門職との共通基盤となりうる。また，精神疾患が社会的基準に依拠した相対的基盤の上に成立していることが再確認できる。アセスメント実践において，常に正常とは何かを問うことの大切さを教えてくれる。

高山由貴

副読本

精神・心理症状学 ハンドブック［第2版］

北村俊則著

日本評論社，Ａ５判400頁，2,850円，2003年2月刊

【本書の目的】精神病理学における疾患の症状を「誰でも知っていなければならない基礎知識」として，辞書的に網羅している。平易な言葉で解説しているのが特徴。

【本書の概要】Ⅰ「総論」では，精神・心理症状学の意義が述べられ，次いで，疾患，病態，症状の違い，寛解や再発といった症状の経過を表す用語など，精神医学で用いられる細かな用語の解説について丁寧に説明されている。本書の大きな特徴として，精神症状と精神疾患を理解するには症例の定義を読むことも必要だが，イメージとして理解することが重要と述べていることが挙げられる。その症状を理解するための学問，症状学とは異常心理現象の概念規定付与の作業と定義されている。精神現象の「正常・異常」の区分は恣意的かつ多義的であり，心理・行動現象の測定は身長・体重のように単純なものではなく，そもそもの現象の概念規定が重要な課題となってくる。また，多くの研究で精神症状や精神科診断が基準変数，説明変数，介在変数として用いられるため，研究場面でも症状評価と診断が必要である。

精神科医療や関連臨床現場で扱われる病態は，十分に疾患としての単位性が確立されておらず，現在は生物－心理－社会モデルをもとにして理解される。著者は特定の患者について予後判断，治療方針の決定という目的にそって情報をまとめあげる「診断的フォーミュレーション」の重要性についても指摘している。特定の疾患が持続している上に，他の疾患が上乗せ的に発生することを「重畳」という。精神症状の評価を行う際には，個別の症状の有無だけでなく，重畳の様子にも十分な考慮を払わなければならない，としている。

Ⅱ「症状学」では，症状がその機能別に，読者がその状態についてイメージできるよう詳述されている。DSMやICDにみられるように，当該の障害に特徴的な症状別に記述されるのではなく，「機能別」となっている点が本書の第二の特徴である。ここでは大きく分けて以下の10の機能が実際の臨床例をもとにして記載されている。①感覚と知覚の異常，②時間経験の異常：時間経験の異常と生物学的リズム

とその異常,③思考障害(思考の流れ,早さ,連続性,内容,形式の障害),④会話の異常(反響言語,独語,吃音など),⑤記銘障害と追想障害,⑥自我障害(能動性意志の異常,単一性意識の異常など),⑦意識障害,⑧注意の障害,⑨欲動と意志の障害(精神運動性制止,激越,昏迷など,自己破壊的行動,攻撃性と暴力),⑩感情の障害[感情の量的な障害(気分変調,不安発作など)と,感情調節の障害]。それ以外に,パーソナリティ障害,知能の異常,非器質性身体症状(転換症状,心身症など),疾患への態度(疾患の捏造,病態の否定,疾患の理解,疎通性),特殊な症候群(緊張病症候群,陽性・陰性症候群など)が取り上げられている。

Ⅲ「精神医学面接」では,精神症状の評価場面は大きく分けて,臨床場面と調査場面があるとしている。臨床評価の記述要素としては,病歴の記載が重要である。初診時の面接では,患者の疾病分類学診断,診断的フォーミュレーション,検査計画,治療法を立案するのに十分な情報を聴取する。それぞれの記載事項について,主訴や家族歴,生活史などを聴取する際の注意点などを解説している。たとえば,生活史に関しては,出てくる情報は本人の「めがね」を通した情報であることを常に念頭に入れつつ,共感能力が強く必要とされると記載されている。その他の情報として,学校,職業などの情報,人格もいわゆる病前性格として重要とされている。生活史を聴取する中で,発生した状況に対する患者の一定の特徴を探し,そこから患者の人格傾向を推測することは有効であるとされている。また,現在の印象としての外見,姿勢,思考内容,病識なども大切である。

後半部では,症状評価の方法には自記式尺度,評価尺度,構造化面接があると述べ,精神症状は面接でしか得られない情報が多く,面接の重要性を指摘する。また,心理的現象は言葉にしにくいため,症状を把握するにはその言語表現の情報から,仮説を立てることが重要であるとされる。それに伴い,必要な面接者の態度として,相手に興味を示すこと,言葉使い,同じことを二度は言わないこと,不明な現象についてはその場でわかるまで尋ねること,相手の文化・背景を理解すること等が挙げられる。

【臨床心理学を学ぶ上での意義】医学の現場で働く心理士にとって,精神医学的な知識は必須である。本書では,患者が語る言葉から症状をイメージすることの重要性が述べられ,曖昧になりにくい症状についても平易に説明されている。また,症状がその機能別に書かれているため,つながりのみえにくい症状の関係性についても理解が深められる。さらに,それらの症状から診断にいたるまでの道筋が記載されており,アセスメントや報告書を記載する際にも役立つ。一方で,本書は記述精神病理学という色彩が強く,個人にとって症状がどのような意味をもつのか,との視点に欠ける。心理職には医学的知識とともに「個人の意味を考える」との視点をも必要となるであろう。

西村詩織

副読本

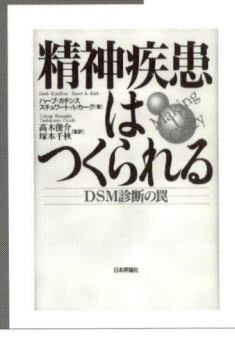

精神疾患はつくられる
DSM診断の罠

H・カチンス，S・A・カーク著
高木俊介・塚本千秋監訳

日本評論社，四六判360頁，2,800円，2002年10月刊

【本書の目的】精神科医の研究と臨床に幅広く使用され，健康保険の支払い根拠等として人びとの生活に大きな影響を与えている DSM 診断基準の知られざる改定経緯や舞台裏について解説する。

【本書の概要】第1章「精神医学診断とセクシャル・ハラスメント論争」では，1991年に米国で起きたセクハラ裁判の話が導入となっている。両陣営がお互いに「統合失調症」「エロトマニア」「セクハラ被害者性障害」など精神科的病名をつけあう騒ぎとなった。著者たちは100万部以上を売り上げている DSM（米国精神医学会による診断分類）について，科学の勝利の物語ではなく，精神科医たちが政敵と戦いながら診断名を創作してきた物語であると述べている。第2章「これも病気？ あれも病気？―日常の病気化」で著者らは，精神科の診断には相対性や不確実性があり，しかも日常的なことを病気化していると指摘する。DSM は数回の改訂を経ているが，この改訂の原動力となったのは，科学の力ではなく，「同性愛」の診断基準からの削除要求，製薬産業からの圧力，保険支払い制度，精神分析家たちとの対立であったとしている。第3章「『同性愛という診断名』の浮沈」では，DSM の非科学性，政治性を象徴する存在として「同性愛」という診断名を取り上げる。「同性愛」という言葉を含む診断名は，自身が同性愛者である匿名精神科医たちの活躍などによって，1973年に初めて DSM から削除された。しかし，そこにはデータについての議論はなく，信念と価値観の論争だけがあった。その後，1980年にはDSM に復活し，1987年には再削除されるという経過をたどり，診断名の恣意性を浮き彫りにした。第4章「DSM に持ちこまれた戦争」では，外傷後ストレス障害（PTSD）という診断について解説される。こちらは逆に，削除されるのではなく，診断への組み入れを勝ち取った。もともと戦争体験の後に起きる障害のためのものだったが，その後，性被害の後の苦しみについても適用され，その後，適用範囲は広がる傾向にある。

後半に入り第5章「マゾヒスティック・パーソナリティ障害，屈辱を喫す」では，新たな精神障害をつくろうとして挫折した例が提示される。①他人から食い物にされたり，つけこまれるような人間関係を維持している，②他人のために自分を犠牲にしていると信じている，といった症状群に対して「マゾヒスティック・パーソナリティ障害」と名づける案があったが，これは女性役割を表しているとの批判が出た。このときの改訂責任者であったスピッツァーの夫人が「私だって時々これくらいのことはするわよ」と言ったため，DSMから外される流れになったとの話も伝わっているとのことである。第6章「境界紛争―あるいは，いかにして彼女は主治医を誘惑したか」では，境界性パーソナリティ障害（BPD）を取り上げる。精神科医の6.4％が患者と性的関係をもっているとの調査があるが，「男性治療者の不適切な性的行動は，女性患者のBPD診断によって説明がつく」などという主張があり，ある程度の支持さえ得ているとのことである。第7章「精神科診断の中に生きつづけるレイシズム」では，精神医学と人種差別の問題が扱われる。488人の精神科医に同じ事例を読ませ，診断させるという実験をしたところ，同じ文章なのに黒人男性とされた場合には，白人や女性である場合よりも重い診断をつける傾向がみられたとのことである。

最後のまとめとして第8章「精神医学のバイブルを診断する」で，著者らは，①精神障害の定義，診断基準をより狭くすべき，②DSMの科学性の主張にはより控えめになるべき，③臨床家は個人的トラブルを精神障害に無理やりあてはめない，④精神障害のラベルを貼って治療に預けてしまわなくても援助することができるサービスを開発するという4点を提言している。

【臨床心理学を学ぶ上の意義】本書では，具体的な政治的駆け引きのエピソードが随所に登場し，一見科学的英知の結晶であるようなDSMをさまざまな角度から批判しているので，読み物としても面白く読める。臨床現場の立場からすると，このような極端な批判が，すぐにクライエントのために役立つわけではないだろうし，精神医学の保守本流ともいえる統合失調症や気分障害などに対しては批判の矛先は向いていない。しかし，DSMを科学的真実のように絶対視せず，その歴史的な成り立ちを知り，精神分析の排除や，圧力団体による政治活動などの文脈の中で各診断分類を深く理解しておくことは有用である。

特に本書では，普段注目されにくいパーソナリティ障害や，性・文化の問題について，興味深く知識を得ることができる。診断にまつわる思いについてクライエントと話し合う際にも役立つだろう。また，メンタルヘルスケア活動と社会・経済・倫理について考えるよい材料にもなりそうである。

石丸径一郎

生物的側面に関する科目群

　ここでは，生物－心理－社会モデルの生物的側面について学ぶ。近年，脳科学や遺伝学，臨床薬理学などの発展によって精神医学の生物学的基礎に関する知見が蓄積されつつある。精神医療の現場で働く心理職はもとより，それ以外の領域で働く場合では，精神医療との連携は必須である。その点において心理職にあっても，精神医療の基本的方法に加えて精神医学の最新知識を習得しておくことが必要となる。①では，まず精神医学の全体について，最新の生物学的知見，診断と治療，薬物療法といった基本要素を中心に学ぶ。②では，精神医学の基本的枠組みとなっている精神障害学について，その限界も含めて詳しく学ぶ。③では，近年目覚ましい発展を遂げている脳科学の基礎を学び，精神病理や異常心理の生物学的背景や心身相関のあり方を知る。

③脳科学

　生物－心理－社会モデルの基盤の一つとなっているのが心身相関のメカニズムである。近年では，この心身相関の要に脳を置き，FMRなどの脳画像機器によって脳の機能を解明するとともに，脳の機能不全と精神障害との関連を研究する脳科学や神経科学が発展してきている。ここでは，生物的側面の基盤を研究する脳科学について学ぶことを目的とする。

テキスト

コンパクト新心理学ライブラリ 14
生理心理学
脳のはたらきから見た心の世界

岡田　隆・廣中直行・宮森孝史著

サイエンス社，四六判264頁，2,200円，2005年12月刊

【本書の目的】脳と心との関係を実験的に研究する「生理心理学」の初学者のために，細胞・分子といったミクロなレベルから精神疾患と脳との関係にいたるまで，主要分野を幅広く解説する。

【本書の概要】生理心理学とは，精神機能や行動の生物学的基礎を研究する学問領域のことをいう。その究極的な目的は，脳と心の関係の解明である。第0章では，生理心理学とその隣接分野との相違や生理心理学における主要な研究方法について概観する。

人間の精神機能を実現しているのは脳の活動である。脳の働きを知るためには脳の構造に関する基礎知識が必要となる。第1章では，脳の基本的な構成要素であるニューロンの基本構造とその興奮，さらに脳の基本的な分類について学ぶ。

ニューロンの興奮は膜電位のプラス方向への変化であるが，第2章では，この膜電位変化の原理について，詳説する。

動物は外界の情報を絶えず取り入れて生きている。この知覚体験にはさまざまな感覚系が関与するが，ヒトでは視覚系が他の系より優位に働いているといわれる。第3章では，視知覚の神経機構を中心に概観する。

日常生活において人はさまざまな事柄を記憶しながら生きており，その機能は生きる上で重要な役割を果たしている。第4章では，記憶とその障害に触れ，記憶に関与する神経機構について紹介する。

学習とは経験の結果として行動が変わることをいう。高度な学習能力を駆使しながら人は柔軟に行動を変えて環境に適応する。第5章では，下等動物にも見られる単純な行動変化の背景，次いで条件づけや比較的複雑な学習の生理学的メカニズムについて概観する。

情動とは，ある刺激によって誘発され，身体反応を伴う比較的強い感情のことをいう。情動はさまざまな身体系の活動をまとめ，行動に志向性を与える。第6章では，情動の理論，情動反応と自律神経系・内分泌系・免疫系の変化，また

情動に関与する脳部位について解説する。

　動機づけとは，行動を開始・維持・停止させ，その方向を決めるある種の力をさす。このような力が自覚的に意識されれば，それは欲求とよばれる。第7章では，人間の基本的な欲求と関わる摂食・飲水行動や性行動，さらに攻撃行動における神経機構について概観する。

　心の病気とは，人間を取り巻く複雑な環境に適応するために脳が生み出した生物学的な反応の一形態であると考えられる。第8章では，代表的な精神障害である統合失調症，うつ病，不安障害を取り上げ，それらの病態生理仮説について紹介する。

　大脳半球は左右の二つに分れているが，その機能は両者で大きく異なる。特定の機能が一方の大脳半球に偏って存在していることを側性化という。第9章では，主に左脳の損傷によって生じる失語症研究を通して，側性化について概観する。

　睡眠は生理・心理・社会など，いろいろな要因で容易に障害を受ける。精神障害において睡眠障害はしばしば認められる問題である。第10章では，睡眠の基本的な生理，そしてなぜ眠るのかについて系統発達と生涯発達の観点から迫り，睡眠の神経機構と夢や睡眠障害の問題について取り上げる。

　意識とは，自分が自分についてわかっている状態と定義される。意識研究には，知覚・記憶・プランニング・睡眠など数多くの研究対象が存在する。第11章では，意識研究へのアプローチが紹介される。また，ヒトをヒトたらしめている機能と考えられる意識は，前頭連合野と密接に関連するが，この領域に関する脳機能測定方法についても紹介する。

　臨床実践の現場で出会う事例のいくつかについては，生物学的基盤が徐々に明らかになりつつある。第12章では，注意欠陥/多動性障害，自閉症，パーキンソン病，アルツハイマー型認知症の脳機能・構造異常を紹介し，その神経心理学的リハビリテーションにも言及する。

【臨床心理学を学ぶ上での意義】日常の臨床心理学の実践において，脳についてじっくりと考える場面は少ないと思われる。また，わが国の臨床心理学の教育でも，生理心理学や脳科学を正規の科目にすることはほとんどない。

　しかし，実際には，脳とは，臨床心理学を学ぶ者がもっとも関心を寄せているものの本体（＝心）である。人の心の動きは非常に複雑で多岐にわたるため，心理職は時として全体像を見失うように感じることがあるかもしれない。

　本書は，単に生理心理学を理解する上で必要な基礎知識を提供するだけではなく，日々の臨床実践を俯瞰するような幅広い視点を提供する上で意義深い。こうした幅広い視点を得ることによって，日々の臨床実践が，また一つ大きく新しい枠組みから捉え直され，一層深まっていくことが，期待される。

袴田優子

第6章　関連科目（選択必修）

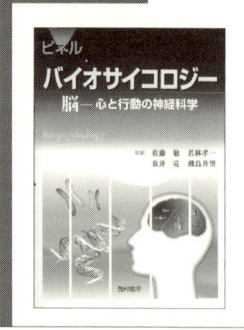

副読本

バイオサイコロジー
（ピネル）

脳－心と行動の神経科学

J・ピネル著
佐藤　敬・若林孝一・泉井　亮・飛鳥井望訳

西村書店，B5判448頁，4,800円，2005年6月刊

【本書の目的】行動の生物学を研究する学問「バイオサイコロジー」の最新の理論と研究について，イラストや写真，アイコン等を多用し，具体的な症例を交えて，簡潔・明快に解説する。

【本書の概要】バイオサイコロジーとは，行動の生物学を研究する科学をいう。本書は，このバイオサイコロジーについて，多様な視点からコンパクトにわかりやすく，しかし真髄部分を落とすことなく，まとめられている。その特徴を三つのキーワードで表現するとすれば，それは，「わかりやすい」「おもしろい」「科学的思考能力を伸ばしてくれる」である。

初めてバイオサイコロジーを学ぶ者にとっては，難解な用語や複雑な概念の理解にしばしば戸惑いと困難を覚えることがあるが，本書では，事例やカラー印刷図を豊富に盛りこむことで，読者が自身の身近な事象に結びつけてバイオサイコロジーを理解できるように細かく配慮されている。また本書は，通常の教科書とは異なり，非常にユーモアに富んでいる。本書を読み進める中で，思わず笑ってしまう読者も少なくないだろう。この笑いは，教科書を読むときに覚える苦痛感を吹き飛ばし，学ぶ楽しみを教えてくれる。さらに本書を構成する各章は，一貫して，人びとにとって，当然のものとして（熟慮を要さずに）受け入れられている考え方に対し，疑問を投じていることから始められている。本書を読み終えたとき，読者は，バイオサイコロジーの最前線の知見について"納得"をもって理解することができるとともに，バイオサイコロジーを考える上でもっとも重要な能力，すなわち，科学的根拠に盲点や弱点がないかを吟味検討する能力が随分と鍛えられていることに気づくことだろう。

本書は，全18章から構成されているが，内容別にまとめると，①第1〜5章，②第6〜8章，③第9・10章，④第11〜18章の四つに分けることができる。

まず第1〜5章では，バイオサイコ

ロジーを学ぶ上で必要な基礎知識について習得することを目的とする。第1章では，「バイオサイコロジーとは？」と題し，その定義と特徴について明らかにする。また，バイオサイコロジーを構成する各学問領域を概観する。第2章では，バイオサイコロジーと密接な関連をもつ「進化・遺伝学・経験」について再考する。第3章および第4章では，脳と行動の関係について理解するために必要な「神経系の解剖」「神経の興奮伝導とシナプス伝達」に関する基本的な知識を学ぶ。第5章では，バイオサイコロジー研究で用いられる具体的な研究方法について，神経系の研究方法と行動の研究方法の二つに大別の上，これらを概観する。

続いて第6～8章では，各種感覚系（視覚・聴覚・体性感覚・味覚・嗅覚）および感覚運動系の基礎知識と最新の知見について習得することを目的とする。第6章では「視覚系」について，第7章では「認知，意識，注意の機構」について，そして第8章では「感覚運動系」（動作のしくみ）について学ぶ。

第9章および第10章では，神経可塑性，神経系再構築，神経精神疾患等，神経系の変化について習得することを目的とする。第9章では，「神経系の発生」に関する基本的知識を学ぶ。第10章では，「脳の障害と可塑性」を取り扱う。神経系に生じる障害（各種脳障害や神経精神疾患）について説明の上，神経系の可塑性や回復についても紹介する。

第11～18章では，各論形式となっており，第11章では「学習，記憶，健忘」，第12章「飢え，摂食，健康」，第13章「ホルモンと性」，第14章「睡眠，夢，概日リズム」，第15章「薬物嗜癖と脳の報酬回路」，第16章「片側優位性，言語，分離脳」，第17章「感情，ストレス，健康」，第18章「神経障害」といった魅力的なトピックについて最新のバイオサイコロジー研究知見を紹介する。

【臨床心理学を学ぶ上での意義】臨床心理学に携わる者にとっての本書の意義は，二つ考えられる。一つ目は，本書は，臨床心理学に携わる者にとって比較的守備の弱い生物学的領域に対する基本的な知識および最前線の研究知見について，面白くかつ大変わかりやすい形で提供してくれるということである。こうした知識や知見を習得することで，心と身体の統合体としての人間について理解を深め，日々の臨床実践をさらに幅広い視点から捉えることが可能となる。二つ目は，日常生活の中で熟考を要せず当然のこととして受け入れられている事象について，客観的かつ冷静に鋭く見つめる能力を育成してくれることである。こうした能力は，日々の心理臨床実践において，一人ひとりの利用者をより深く理解する際の助けになるばかりではなく，"利用者にとって本当により良い心理臨床とは何か"という根本について常に自問自答しながら，それに具体的に解答していく際の大きな助けともなるだろう。

袴田優子

心理的側面に関する科目群

ここでは，生物－心理－社会モデルの心理的側面について学ぶ。心理状態に関しては，個々人で異なっている。したがって，心理的側面に関しては，個人の心理を理解し，問題の改善に向けて個人に介入していくというコンテクストで学習課題を設定することとした。臨床心理学において個人の心理を扱う場合，アセスメントと介入を通して行うことになる。そこで，①では，**個人の心理的問題を理解するためのアセスメント技法に焦点をあてる**。②では，問題の解決に向けての介入技法に焦点をあてる。③では，成人とは異なる対応が必要となる子どもの介入技法をテーマとする。

①心理検査

心理検査にはさまざまな種類がある。実際の臨床現場では，問題の状況に即して複数の検査を組み合わせるテストバッテリーを用いる場合が多い。また，検査データだけでなく，面接データや観察データを組み合わせて総合的なアセスメントを行うことになる。そこで，個々の心理検査に習熟することだけでなく，さまざまな臨床領域においてどのような検査バッテリーが用いられるのか知ることも大切となる。また，最近では，発達障害のアセスメント技法として知能検査が重要な役割を担うようになっており，その点の学習が必須となる。

テキスト

こころの科学増刊
実践　心理アセスメント
職域別・発達段階別・問題別でわかる
援助につながるアセスメント

下山晴彦・松澤広和編

日本評論社，B5判188頁，1,800円，2008年7月刊

【本書の目的】クライエントの生活場面全体を重視するという立場から，代表的な臨床機関における，実践的アセスメントの目的と方法について，発達段階ごとに解説を行う。

【本書の概要】本書は大きく，Ⅰ総論とⅡ各論に分かれている。Ⅰ総論では，心理アセスメントの概要についての解説がされている。「心理アセスメントとは何か」において，アセスメントの目的や，生物−心理−社会モデルの観点からみたアセスメントについての解説，アセスメントプロセスの諸段階が説明される。「心理アセスメントと精神医学的診断」では，心理学的問題を理解する上でのさまざまな次元について，精神医学的診断との比較から解説がされている。「心理アセスメントとケースフォーミュレーション」では，ケースフォーミュレーションのプロセスの段階が提示されるとともに，ケースフォーミュレーション実施の意義について，研究活動と臨床実践の接点や，チームアプローチにおける活用などの点から解説がされている。「心理アセスメントとチームアプローチ」では，効果的なチームアプローチは分業ではなく協業であるとした上で，コミュニケーション，専門性，他職種への敬意と信頼が，成功の鍵であると述べられている。「報告書の書き方」においては，報告書作成のためのガイドラインや，作成時の留意点についても紹介がされている。

続くⅡ各論では，各発達段階ごとに代表的な臨床機関が取り上げられ，具体的な問題や疾患に関するアセスメントの方法についての紹介がされている。

第一に，「乳幼児期」においては，「乳幼児健診」と「巡回相談」が取り上げられ，主に発達障害に関するアセスメントの方法について解説がされている。この時期のアセスメントにおいて重要な点は，子どもの問題であっても，母子や学校といった子どもを含む全体を適切にアセスメントすることであることが，本書の内容から理解できる。

第二に，「児童期」においては，「福

祉関連施設」「特別支援教育1」「特別支援教育2」「特別支援教育3」「児童精神科」「児童相談所」が取り上げられ，知的障害，学習障害，ADHD，広汎性発達障害，自閉症，子ども虐待に関するアセスメントが紹介されている。教育場面では，ビネー式やウェクスラー式の知能検査や，LDIやK-ABCなどによるスクリーニングが紹介され，虐待に関しては，ダメージの大きさや，発達が阻害されている程度を判断しながら，有用な援助を行っていくためのアセスメントを行っていくと解説がされている。

　第三に，「思春期・青年期」では，「スクールカウンセリング」「教育相談所」「少年鑑別所」「家庭裁判所」「学生相談」が取り上げられ，いじめ，不登校，非行，少年事件，不適応といった問題に関するアセスメントの実際について解説がされている。この時期のアセスメントで留意することは，クライエントと環境との相互作用にも注目をしながら，問題発生要因の関連を適切に捉えることであるとされている。

　第四に，「成人期」においては，「精神科クリニック」「病院」「精神科リハビリテーション」「被害者支援」「心理クリニック」が取り上げられ，不安障害，身体表現性障害，統合失調症，PTSD，うつ病のそれぞれについて，具体的な心理検査や構造化面接を用いたアセスメント方法に関する解説がされている。

　最後に，「老年期」では，「リハビリテーションセンター」と「老人病院」が取り上げられ，高次脳機能障害と認知症に関して，神経心理学的検査や，観察式の評価などを用いたアセスメントの方法について解説がされている。問題の特質上，クライエントだけでなく，家族や職場の関係者など，幅広い情報を取り入れながらアセスメントを行うことが重要であるとされている。

【臨床心理学を学ぶ上の意義】本書のもっとも特徴的な点は，アセスメントの方法について，職域別，発達段階別，問題別に解説がされているということである。臨床心理士としては，さまざまなアセスメント手法に精通していることが望ましいが，限られた学習期間や実習機会の中で，そのすべてに触れることは難しい。しかし，本書は，各種の臨床機関で実際に行われているアセスメントの方法が解説されており，業務のイメージをつかむことが可能となっている。本書にて，臨床心理学におけるアセスメントの全体像を把握した上で，各人が必要とする手法を洗練させていくとともに，有用なアセスメントは積極的に取り入れていくことが重要であろう。

　これまで，「見立て」という心理学的専門用語で語られてきたクライエントに対する評価を，「アセスメント」というエビデンスベイスドな手法に則って遂行することによって，その成果をさまざまな専門職種間およびクライエントとの共通言語として用いることが可能になると考えられる。

中坪太久郎

改訂　臨床心理アセスメントハンドブック

村上宣寛，村上千恵子著

北大路書房，A5判300頁，2,500円，2008年11月刊

【本書の目的】APA（米国心理学会）が採用している心理検査の倫理基準の紹介などを交え，妥当性や信頼性研究に注意を払った実証的なアセスメントを目指す。

【本書の概要】近年，個人の臨床的専門技術と入手可能な最適な臨床的根拠とを統合し，一人ひとりの患者に合った最良の医療を受けさせるというEBM（*Evidence-Based-Medicine*）が注目を集めており，臨床心理学の分野でも，同様の思想が広まりつつある。心理学的臨床実践は，アセスメントと介入（心理療法や社会的環境への介入）から構成されるが，従来の臨床心理学は，アセスメントが主観的であるなどの弱点があった。そこで本書では，実証に基づくアセスメントを目指し，信頼性と妥当性に注意を払いながら，面接法や心理検査といったアセスメントの重要なトピックを紹介している。

第1章「序論」では，アセスメントの定義から始まり，援助的介入の流れ，心理検査の信頼性と妥当性の解説，および心理検査の種類とテストバッテリーを紹介し，倫理面での配慮やインフォームドコンセントの必要性を述べている。第2章「面接法」では，面接で必要となる査定の技術として，初回面接で得る情報や面接の進め方，そして継続面接を通して得る情報や関係作りの方法などを紹介している。また，DSM-Ⅳ-TRの診断基準を紹介し，問題や症状の評価を行い，今後の治療目標と治療計画を立てること，および報告書の作成，終結後のスーパーヴィジョンまで面接の一連の流れを解説している。

第3〜9章では，各章ごとに異なる心理検査を取り上げ，その実施法，解釈法，解釈例，および信頼性と妥当性を解説している。第3章「ウェクスラ成人知能検査：WAIS-Ⅲ」では，米国の文献をレビューし，知能検査の歴史を記述した上で，日本版で紹介されている解釈法の見直しを行っている。なお改訂版では，WAIS-RからWAIS-Ⅲに書き改め，妥当性概念の記述を最新の内容に変

更している。第4章「主要5因子性格検査：BigFive」では，1990年代に5因子に集約された性格特性論のモデルに基づいて作成された，主要5因子性格検査（BigFive）を要約している。第5章「他の因子分析的質問紙」では，矢田部ギルフォード性格検査（YG），16PF人格検査（16PF），モーズレイ性格検査（MPI）が紹介され，それぞれの検査の由来，実施方法と採点方法，解釈法，信頼性，妥当性，効率性を解説している。第6章「ミネソタ多面人格目録：MMPI」では，米国の臨床心理アセスメントの分野でもっとも多く使用されているMMPIについて，日本版の解説を含めて紹介している。解釈法では，最近の研究も取り入れ，スパイクと2ポイント・コードを新規に執筆して紹介している。第7章「簡素な質問紙」では，ベック抑うつ質問票（BDI-II），精神健康調査票（GHQ），短縮版GHQを紹介している。第8章「ロールシャッハ・テスト」は，基本的には片口法で記述されているが，記号化や解釈についてはクロッパーら *Klopfer, et al.*（1954，1956）に遡って詳しく解説している。複数ある検査方法が，米国およびわが国でどのように用いられてきたかにも触れ，その変遷についても記述している。第9章「絵画統覚検査：TAT」では，"主観テスト"の一種である絵画統覚検査（TAT）を紹介している。標準的な実施法や解釈法がないことによる問題点を，信頼性，妥当性，効率性の観点から解説している。

　本書では全章を通じて，信頼性，妥当性の観点から各検査の有用な点と，検査結果を活用する際に注意すべき点について言及している。

【臨床心理学を学ぶ上での意義】本書では，従来の臨床心理学で弱点とされてきたアセスメントについて面接法を含め包括的に記述している。なかでも主なトピックとなるのは心理検査であり，各検査の特徴，どのような状況で，どのような対象者に有効であるか，また，その実施にはどの程度検査者の熟達度が必要とされるかを客観的な視点から解説している。信頼性と妥当性，効率性についても詳細に記述されており，アセスメントを行う上で心理検査がどの程度信頼できるものかを判断する一つの基準として用いることができる。また，望ましいテストバッテリーについても触れており，実際にアセスメントを行う際に参考になる。さらに，詳細な解釈例が複数掲載されているため，検査実施時だけでなく報告書の作成などを含め実践的に役立てることができる。

　本書は初学者のための入門書としても，臨床心理実践の場でアセスメントを行う際の実践書としても参考になる一冊であり，一人ひとりに合った最良の臨床実践の方向性を示すツールとなるだろう。EBMの思想を念頭に置き，実証に基づく心理検査の活用を提案する本書は，客観的なアセスメントを行うための一助となる。

川崎舞子

副読本

日本版 WAIS-R の理論と臨床
実践的利用のための詳しい解説

小林重雄・藤田和弘・前川久男他編著

日本文化科学社，A 5 判 368 頁，4,800 円，1998 年 12 月刊

【本書の目的】本書は，WAIS-R を理論と臨床の視点からわかりやすく説明するとともに，実際の活用に結びつけられるよう，豊富な実践例を報告している。

【本書の概要】本書は第 1 部「理論編」と第 2 部「臨床編」で構成され，WAIS-R についての丁寧な解説を試みている。

第 1 部「理論編」では，第 1 章と第 2 章で WAIS-R の特徴と目的，活用について，第 3 章と第 4 章で WAIS-R の検査結果の解釈手順と WAIS-R プロフィール分析法について，第 5 章で WAIS-R の研究動向が取り上げられている。以下，それぞれの章について概観する。

第 1 章では，D・ウェクスラー David Wechsler の知能論としてどのように WAIS が誕生したか，WAIS-R への改訂でどのように変化したのか，日本語版 WAIS-R の特徴として適用年齢を 74 歳まで拡大するなど米国版とどう異なるのかが論じられている。続いて，第 2 章では，WAIS-R を利用する目的とその特性について実際の調査に基づいた結果が論じられ，次に個人内差を理解する基礎としての知能診断について述べられている。また，知的機能のスクリーニングとして，簡易実施法の活用にも言及している。第 3 章では，成人の知的能力を包括的に測定する，適切な解釈にいたるための手順が紹介されている。それぞれ「全検査 IQ」における解釈の注意点や留意点，「言語性 IQ と動作性 IQ」における解釈の意義やその根拠，「下位検査の評価点分布」における各検査によって測定される能力やその基準，「質的分析」における行動や反応内容，正誤分布と得点分布の側面が丁寧に解説されている。第 4 章では，WAIS-R プロフィール分析表を作成するにあたり，まず，分析表で分割されている内容や見方の説明がされ，そして分析の基本手順として四つのステップが示されている。第 5 章では，わが国と外国における研究の動向が提示されている。わが国では，因子構造に関する研究，障害特性を捉えるための研究が主なものであり，今後の展望としてはプロフィール

分析表の活用が挙げられている。さらに、本国米国での研究における研究対象や内容についての分析が行われ、その特徴について述べられている。

第2部「臨床編」では、「高次脳機能障害」「精神障害」「身体障害」「発達障害」を有するそれぞれの臨床像がWAIS-Rの検査結果を盛りこんで報告されている。

「高次脳機能障害」では、いくつかの事例において、対象者の概要および主訴と背景情報をもとにWAIS-Rの検査結果と解釈、その他の検査結果と解釈を踏まえた総合所見と今後の方針についてまとめられている。認知や精神、行動の障害の査定と、社会復帰などの予後について丁寧に検討しており、ケースの理解のために、WAIS-Rのプロフィールを質的に読み取っていくことの重要さが指摘されている。「精神障害」の章では、まず、精神分裂病者（注：現在は統合失調症）にWAIS-Rを施行する際の留意点が具体的に述べられている。さらに、精神分裂病者の日本版WAIS-Rのデータや精神分裂病者におけるWAIS-R簡易実施法も示されており、実施に際して有益な情報がまとめられている。次に、「身体障害」では、まず「髄損傷者へのWAIS-R適用上の留意点」から、検査実施上の留意点である机の高さや身体バランス、休憩などについて丁寧に解説されている。事例として、脳性まひをもつ人びとの知能について概観し、検査の実施における配慮やWAIS-Rの解釈から引き出せる有益な情報という視点から議論が進められている。「発達障害」では、精神発達遅滞者や自閉症者、学習障害者の具体的事例を取り上げ、それぞれの特徴がWAIS-R上でどのように論じられるのかを提示している。「簡易実施法の適用：精神発達遅滞のスクリーニング」においては、事例紹介のほかに簡易実施法についても解説が示されている。

【臨床心理学を学ぶ上での意義】WAIS-Rは16～74歳という広い年齢範囲に適用でき、病院、大学、リハビリテーションセンター、職業センター、カウンセリングセンター、企業等で幅広く活用されている代表的な成人用知能検査である。①言語性IQと動作性IQおよび全検査IQを測定できる、②下位検査の評価点プロフィールを作成することで「個人内差」を診断できる、③2種類の「粗点－評価点換算表」が作成されているので、目的に応じて幅広く活用できるなど、多くの臨床上有益な情報が得られる心理検査であり、ぜひとも習得しておきたい心理検査の一つである。

本書では、理論的な解説はもちろん、本検査を使いこなして適切な情報を得るためのノウハウとともに、これまで著者たちが蓄積してきた事例が数多く紹介されている。まだ経験の少ない臨床家にとって実例を通して学ぶことは、知識として心理検査の基本的な原則・原理をよりよく理解すること、そしてさらなるアセスメントスキルを向上させるための応用力を積み重ねる機会となりうるであろう。

平林恵美

副読本

軽度発達障害の心理アセスメント
WISC-Ⅲの上手な利用と事例

上野一彦・海津亜希子・服部美佳子編

日本文化科学社，B5判292頁，2,600円，2005年1月刊

【本書の目的】本書では，教育現場における心理アセスメントの有効活用を目的とし，WISC-Ⅲ等の心理検査を，LD，ADHDや高機能自閉症などの発達障害をもつ子どもたちの理解と支援に役立てる方法について具体的に解説している。

【本書の概要】第Ⅰ章「心理アセスメント概論」では，心理アセスメントを"軽度発達障害をもつ子どもたちの教育支援に関する理解と対応にあたって欠くことのできないもの"と位置づけ，心理アセスメントについて詳細に説明している。その後，本書において心理アセスメントの対象とするLD，ADHDや高機能自閉症などの発達障害について，それぞれの定義や特徴をわかりやすく説明している。さらに，本章では，心理アセスメントを実施する上での留意事項，倫理についても具体的に記載しており，"心理アセスメントをする者自身が，誰のためのアセスメントか，何のためのアセスメントかということを十分に理解しておくことが重要である"と，繰り返し強調している。

第Ⅱ章「心理アセスメント」では，心理アセスメントの目的を"子どもの状態を把握すること"と"子どもへの特別な教育的支援の計画や個別の指導計画を立てること"とし，より効果的な心理アセスメントをするための二つの重要なポイントを提示している。一つ目は，学校の中での情報収集の方法である。ここでは，校内での心理アセスメントに際して，収集すべき情報とその情報の入手手段を，学校という場の特徴も踏まえて整理して提示している。二つ目は，心理検査バッテリーの方法である。ここでは，WISC-Ⅲ知能検査，K-ABC，ITPA言語学習能力診断検査，田中ビネー知能検査Vなど，さまざまな心理検査についてその特徴を説明した上で，これらの検査をどのように組み合わせればよいかという心理検査バッテリーについて，具体例を挙げて紹介している。

第Ⅲ章「WISC-Ⅲの解釈と指導・支援への展開」では，WISC-Ⅲの解釈とその手順について，他の検査結果との関連についての解釈方法も含め，具体的に

解説している。また，群指数のプロフィールパターンによる解釈については，一つひとつの群指数のプロフィールパターンとあわせて，その場合に考えられうる子どもの状態像についても詳細に示しており，読者が検査結果と日常場面の子どもの様子を結びつけて理解しやすいよう工夫されている。さらに，そうした個々のプロフィールパターンに応じた支援方法についても例を挙げて紹介している。

第Ⅳ章では「結果の伝え方」について述べられている。ここでは，専門機関，保護者，学校，本人，それぞれに対して伝えるべき情報と，その際の留意点についてわかりやすく説明されている。また，子どもの状態像の理解を促す資料作りの方法についても丁寧に記載されており，検査結果以外の情報も含めた有益な資料を作成する上で，参考になるようにまとめられている。

第Ⅴ章「アセスメントから個別の指導計画へ」では，一人ひとりのニーズに応じた個別の指導計画の作成にあたって，個別の指導計画の説明から作成の手順，作成の際のポイントなどについてわかりやすく説明されている。それに加えて，個別の指導計画を作成する際に留意すべき点がチェック項目としてまとめて提示されていたり，実際に作成された個別の指導計画がポイントと併せて例示されるなど，実践で活用する際に参照しやすいようにまとめられている。

最後の第Ⅵ章は，群指数パターン別に，計28事例を取り上げた「事例集」である。ここでは，一つひとつの事例に対し，第Ⅰ～Ⅴ章までに紹介された心理アセスメントのポイントを反映させる形で，"子どもを理解する上で必要な情報のまとめ" "心理検査の結果と解釈" "子どもの状態像と心理検査の結果の関連" "検査結果を活かした個別の指導計画" "今後の方針と課題" 等についてわかりやすくまとめている。

【臨床心理学を学ぶ上での意義】本書は，教育現場における心理アセスメントについて，情報収集の方法から結果の解釈・伝え方，さらにはそれを個別の指導計画に活かす方法まで，教育現場の特質も踏まえてわかりやすく解説している。このような情報は，本書がターゲットとするLDやADHD，高機能自閉症といった発達障害をもつ子どもたちの理解と支援に役立つだけでなく，すべての特別な教育ニーズをもつ子どもたちの支援において，非常に実用的で参考になると考えられる。また，読みやすく，事例が多く載せられていることから，所見を書くノウハウをもっていない初心者にとっても，即実践に活かすことのできる良書である。

ただし，学校現場では，必ずしもすべての学校において心理検査の結果を個別の指導計画に活かすシステムが構築されているわけではない。したがって，ごく実践的な本ではあるが，本書をより効果的に活用するには，学校における支援体制を整備することが重要な課題となるだろう。

割澤靖子

心理的側面に関する科目群

　ここでは，生物−心理−社会モデルの心理的側面について学ぶ。心理状態に関しては，個々人で異なっている。したがって，心理的側面に関しては，個人の心理を理解し，問題の改善に向けて個人に介入していくというコンテクストで学習課題を設定することとした。臨床心理学において個人の心理を扱う場合，アセスメントと介入を通して行うことになる。そこで，①では，個人の心理的問題を理解するためのアセスメント技法に焦点をあてる。②では，**問題の解決に向けての介入技法に焦点をあてる**。③では，成人とは異なる対応が必要となる子どもの介入技法をテーマとする。

②介入技法

　さまざまな領域において有効な実践技法として認知行動療法が求められるようになっている。そのため心理専門職になるためには，現場で実践できるように認知行動療法の知識と技能を習得しておくことが必須となる。特に認知行動療法は，精神障害や心理的問題，あるいは症状ごとに介入の方法が異なっている。そこで，この科目ではそれぞれの問題に適した認知行動技法を習得することが目標となる。

テキスト

認知行動療法
理論から実践的活用まで

下山晴彦編

金剛出版，A5判252頁，3,200円，2007年8月刊

【本書の目的】本書は，認知行動療法を基礎から理解し，その知識を幅広い臨床の現場で応用できるための知識を積み上げたものである。

【本書の概要】第1部では，認知行動療法の基礎理解として，理論と歴史的発展を学ぶことを目的とした章が設けられている。まず，第1章では「今，なぜ認知行動療法か」と現代社会やわが国における認知行動療法の位置づけが述べられている。第2章では「行動療法，そして認知行動療法」と題し，認知行動療法へと続いていく行動療法の発展過程を追い，第3章では「認知療法，弁証法的行動療法，EMDR」のそれぞれのアプローチについて比較検討が示されている。

第2部は，実践に必要である問題の見立ての作業である「アセスメント，機能分析，そしてケースフォーミュレーションへ」と題された第4章で，それぞれのプロセス解説から始まっている。第5章「アセスメント」では，まず，クライエントとの協働関係の重要性が述べら

れ，心理教育の実際と，クライエントの問題の理解のための方法が紹介されている。第6章「機能分析」は，治療すべき標的行動とその成立メカニズムの明確化を目的としており，本章ではガイドラインと事例を用いて解説されている。第7章「ケースフォーミュレーション」では，認知行動療法におけるアプローチとして，問題そのものと促進・維持要因を臨床心理学的視点から見立てていき，その解決のための介入計画の立案に主眼がおかれることが，実践の諸段階の解説を通して示されている。認知行動療法においては，最初の段階でこういったさまざまな視点から取りこまれた情報を，いかに有機的にまとめていくかが成功への鍵となるのである。

そして，第3部からは，さまざまなレベルにいたる精神症状や障害が七つ取り上げられ，それらへの具体的アプローチが紹介されている。第8章では「強迫症状」を取り上げ，その評価や治療的介入にどのように認知行動療法を活用するのかが丁寧に解説されている。効果の期待

ができにくいタイプも示されており，非常に興味深い。また，第9章では「パニック障害」への介入の構成要素がまとめられており，さらに薬物療法と併用された実際の症例において有効性が示されている。第10章「社会不安障害」では，問題を維持する認知行動モデルとともに治療プログラムが解説されている。非薬物療法での効果ということで，エビデンスを取り上げ，さらに本邦での現状についても触れられており，有益な情報である。第11章では，「外傷後ストレス障害」への薬物療法と並んで選択される介入として，持続暴露療法の治療セッションが紹介されている。第12章では「摂食障害」の二つの症例が示され，各患者への治療的アプローチを丁寧に記述している。後半では治療の流れについてのポイントが示され，どのような要因が大切かということについても述べられている。第13章ではまず前半で「うつ病」における治療の方向性がまとめられており，後半で再発予防を目的とした8回分のプログラムが紹介されている。第14章では「統合失調症」に特徴的な介入方法が示された上で，二つの症例が紹介されている。従来の精神療法との相補的な関係についても触れられており，示唆に富んでいる。

最後に，第4部では，予防的観点からの「ストレスマネジメントの実用的プログラム」（第15章），児童の問題行動への対処に役立つ「親訓練のプログラム」（第16章），近年注目されている「EMDR」（第17章）を取り上げ，それぞれのプログラムの手続きについて具体的に紹介している。

【臨床心理学を学ぶ上での意義】認知行動療法は，世界的にその有効性が認められてきており，わが国のメンタルヘルスの領域においても，近年非常に大きな関心をもたれている介入法である。しかしながら，この技法を身につけたいと願っている心理職を十分に養成するための教育訓練プログラムは，まだまだ世界レベルに追いついているとはいえないであろう。その点，本書は，認知行動療法の自主トレーニングを始めるにあたり，すでに基本理論を習得した次のステップに位置づけることができる内容を有している。

特に本書の核となるのは，第2部で事例の問題構造をどう理解していくかというポイントが明確化されている部分と，第3部で紹介されているさまざまな症状・障害別の介入についての事例であろう。これらを読みすすめていくことで初学者は臨床場面での具体的イメージをつかみ，実践へと結びつけるために有効な情報を取りこむことができる。さらに，本書は，これまでのように単に諸外国で開発された技法をそのまま紹介するのではなく，わが国における実例を取り上げ，最先端をいく心理職が実践を行った記録が掲載されているということが特徴的であろう。これまでの知識を整理しながら基礎を固め，現場で役立つスキルを磨くために重要な一冊である。

平林恵美

はじめての応用行動分析

P・A・アルバート，A・C・トルートマン著
佐久間徹・谷　晋二監訳

二瓶社，B5判316頁，2,913円，1992年6月刊
※最新版の書誌情報は巻末「書目一覧」をご確認ください。

【本書の目的】本書は子どもへの支援を前提に，支援者が実際に応用行動分析を適用して介入を行うための基本的理論と手順，技法について紹介をしている。

【本書の概要】第1章および第2章では，応用行動分析の基本的な考え方が紹介されている。説明理論の有用性について包括性，妥当性，予測性，節約性の観点から他の理論的立場との比較検討が行われた上で，行動主義の歴史的変遷が述べられている。さらに，応用行動分析に寄せられる批判への反論がなされている。

第3章では，行動変容プログラムの第1ステップである「行動目標」の定義について述べられている。関係者間での正確なコミュニケーションを可能にし，プログラムの有効性を説得力のある形で提示できる，文章化された行動目標を策定する。目標が明確になって初めて，教材選択や実施手続きの適切さが保たれるからである。また，行動目標の記述の適切さをチェックする方法や，介入の前に行うべきことを示す。

第4章はデータの収集とグラフ化の紹介である。行動の測定は「率」「所要時間」「潜時」「反応型」「強さ」「場所」のような次元において行われる。どのデータ収集法を使用するかは，使いやすさのほかに，どのような次元の行動であるかに基づいて決定される。レポートの書き方としては，ある特定の状況あるいは指導期間内の生徒の行動をできるだけ完全に記録する逸話的レポート，行動の結果として生じる具体的な物・環境に与える効果を記録する行動的産物記録法，観察記録法，インターバル記録法と時間サンプリング法，所要時間記録法，潜時記録法の各法について言及され，信頼性についても解説されている。

第5章では，実際に介入を行う際の介入計画として，一事例実験の枠組みが解説されている。一事例の実験デザインでは，グループ・デザインでの平均化による重要な個々人の情報の捨象を避けながら，独立変数を操作している間に繰り返し従属変数を測定することが可能である。介入は①ベースラインの測定，②指導導

入下での行動測定，③実験的コントロールの三段階からなる．介入の仕方として，ABデザイン，逆転デザイン，基準変更デザイン，マルチベースラインデザイン，操作交代デザイン，チェインジング・コンディション・デザインを詳説する．

第6章では，行動の生起頻度を増大させる随伴操作が紹介されている．行動の生起頻度を増大させる随伴操作として，正の強化と負の強化，特に効果のある正の強化について詳細に解説される．

第7章は，不適切な行動を減少させる結果操作についてである．罰に代わりうる効果的な方法について検討する．分化強化の応用として，低頻度行動分化強化，他行動分化強化，対立分化強化について述べる．さらに，消去について，消去反応の遅延が起こること，好転する前に悪化がみられる場合があること，消去作業の留意点や般化のしにくさについて述べられる．強化子を取り去ることを通して反応出現率を下げるレスポンスコスト，タイムアウトの手続き，嫌悪刺激の提示についても述べられる．

第8章では，刺激統制を形成するための弁別訓練，概念形成，プロンプト，モデリング，身体的ガイダンス，フェイディングについて述べられている．さらに，プロンプトをフェイドアウトしていく方法について述べる．最後にシェイピングについても説明する．

第9章では，行動変容を般化させる方法として，連鎖的変容と随伴性，般化メディエート法，般化訓練法が解説されている．

第10章では，行動自己管理の指導行動の自己管理の指導ために，指導の準備，自己強化と自己罰，自己教示について述べる章である．第11章は実際に行動変容手続きを指導する際の留意点やアドバイスを述べる章である．親指導として，親を交えてプログラムを立案する，両親へのケアや懇談，親グループの構成を説明する．さらに，一般的な指導のやり方や，ほかのスタッフとの協力の仕方や生徒への指導時の留意点が述べられている．第12章では教室での実践例として，応用行動分析の実例が紹介されている．

【臨床心理学を学ぶ上での意義】応用行動分析は，さまざまな臨床的問題の解決において基礎になる理論である．本書はその理論を実際に適用することを意識している点で実用的な良書である．なお，想定として学校等子どもへの介入を想定したものとなっているが，ほかの対象に対して応用する際も何ら支障はない内容となっている．現在，臨床家はありとあらゆる対象と問題に対し，支援の期待を寄せられている．その中には内面的な成長や変容といった問題ばかりでなく，具体的にうまくいかない行動を減少させたり望ましい行動を生起させることが必要であったり，本人あるいは関係者から行動の変容を求められる場合も多い．こうした社会的要請に広く答える専門職の基礎として，応用行動分析に精通することは非常に有効である．

有吉晶子

副読本

方法としての行動療法

山上敏子著

金剛出版，四六判230頁，2,600円，2007年7月刊

【本書の目的】本書の目的は，行動療法を構成する基礎理論や技術を理解することである。その上で，それらの技術をいかに適用すれば有益な臨床援助を提供できるかを学ぶことである。

【本書の概要】本書では，行動療法を「臨床実践で用いる技術の体系」として学ぶことができる。行動療法の技術は大別すると，変容技術（クライエントの変容を促し援助する技術），対象認識把握技術（クライエントの抱える個別の問題を理解し把握する技術），そして臨床適用技術（変容技術と対象認識技術をクライエント個々人の臨床的な要望に応える形で適用していく技術）で構成される。行動療法はこれらの技術をもって臨床に臨み，問題とされていることがらを具体的にとらえ，治療の対象を決め，変容のための仮説を立て，治療環境を整え，方法を工夫し，実際に治療を行ってみて，結果を検討することを繰り返す援助法である。

第Ⅰ部「行動療法理解の基本」では，まず異なる心理（精神）療法のアプローチと比較して，方法の体系であるという行動療法の特徴について記されている。そして現在の行動療法には，新行動S-R理論，応用行動分析理論，社会学習理論，認知行動療法理論という四つの理論枠があり，それぞれの理論に基づく技術を有することが紹介される。行動療法の臨床実践では，これらの技術をあれこれ用いながら（もしくは参考にしながら），クライエントの苦痛を少しでも軽くし，少しでも生きやすくするよう援助する。

第Ⅱ部「技法を知る」では，行動療法の基礎技法である変容技術と対象認識把握技術について詳細に学ぶことができる。新行動S-R理論に基づく変容技術として，系統的脱感作，エクスポージャー，暴露反応妨害法が紹介されている。応用行動分析理論に基づく変容技術として，課題分析，強化，刺激統制と構造化，教示，プロンプティングとフェイディング，シェーピングを学ぶことができる。社会学習理論もしくは認知行動療

法理論に基づく技術として，モデリング，セルフモニタリング（自己観察），自己強化や自己教示，思考中断法，認知的再構成について記されている。対象認識把握技術としては，「刺激－反応（の連鎖）」という枠組みを用いて，問題となっていることがらにおける（目に見える行為だけでなく，感情や思考や身体感覚も含む一連の）精神活動や環境との相互作用を具体的な体験として（クライエントと協働して）把握する技術が紹介されている。

第Ⅲ部「治療をすすめる」では，第Ⅱ部で紹介されたさまざまな技術を個々のクライエントの臨床的要請に則する形で適用し，援助を進めていくために必要な技術（工夫や指針）を学ぶことができる。行動療法での援助開始時に配慮すべき点，援助の入り口を見つける際の工夫が記されている。また，クライエントにその都度，変化の対象や変化の方法を具体的に示し，その結果を共有する工夫の重要性も紹介されている。

第Ⅳ部「方法としての行動療法」では，著者自身の行動療法理解とその実践が，どのような変遷を経て発展してきたかについて知ることができる。その中では，著者の行動療法との出会い，行動療法で治療してきた複数の症例やその経験に基づき作成された治療プログラムの実例，そして行動療法の適用と効果に関する研究が紹介されている。

【臨床心理学を学ぶ上での意義】本書は，行動療法のエキスパートの一人である山上敏子先生の実践のエッセンスを学ぶことができるものである。この中には，クライエントへの温かく，柔軟で，細やかで，支持的な理解の眼差しに基づきながら，少しでも役に立つ関わりを提供しようとする実践的で援助的な行動療法が描き出されている。行動療法に対する誤解として「目に見える行動のみを対象としており，"心"を扱わないために，非人間的なアプローチなのではないのか」「問題ごとに作られたマニュアルに基づく個を無視したアプローチではないのか」という指摘がなされることもあったが，本書を読むことで，そうした偏った捉え方が正しくないことを改めて実感できるだろう。

また，本書の行動療法は，さまざまな問題を有するクライエントのその都度の状況にあわせて，具体的に見立てを立て，介入技法を選択し，クライエントの問題解決を援助するという面接技術の習得を促すものである。実際に行うのはそう簡単ではないが，これらの面接技術は臨床実践における基礎的でありながら中核をなすものであろう。そのため，日々の研鑽の中で自らの面接技術を振り返る際にも，とても参考になる書籍である。また，行動療法は，特定の問題ごとの治療効果の優れたエビデンスや治療マニュアルを有しているが，そうしたマニュアル内容の理解の促進とマニュアルのみに縛られる援助の限界を超える方法を学ぶことができることも本書の意義である。

林潤一郎

副読本

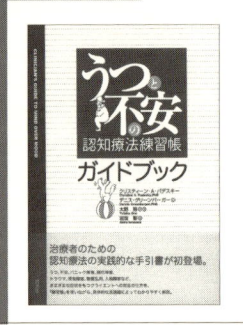

うつと不安の認知療法練習帳ガイドブック

C・A・パデスキー，D・グリーンバーガー著
大野　裕監訳，岩坂　彰訳

創元社，A5判304頁，2,500円，2002年9月刊

【本書の目的】『うつと不安の認知療法練習帳』（D. Greenberger & C. A. Padesky 著，大野裕監訳，創元社，2001）を面接に導入する専門家を対象に，活用法や注意点を解説する。

【本書の概要】本書の中で解説される『うつと不安の認知療法練習帳』（以下，『練習帳』）は，うつ，不安，パニックなど，気持ちに関わるさまざまな問題を抱えた読者が，認知療法の技法を用いて自分自身で問題を解決できるように手助けすることを目的とした書籍である。自分の状態を知るためのワーク（Part 1～3），思考を変えるためのワーク（Part 4～7），細かい技法や問題の内容ごとの特性やポイント（Part 8～13）という構成になっており，一定の順序でワークを行っていくことで，認知療法を進めていくことができる。

この『練習帳』の解説本にあたる本書の内容は，以下のようなものである。

第1～3章では，『練習帳』の使い方や導入，治療目標の決め方が解説されている。セラピストの役割は，『練習帳』の導入がクライエントにとって適しているかを見極めた上で，これを用いて面接を進めていくことを提案し，やり方を説明する。次に，クライエントが課題をやりやすいように，ワークの取捨選択や使い方の調整をすることである。したがって，クライエントの状態，ニーズやスキル，文化的背景（民族，人種，社会，性役割）を考慮し，柔軟にワークを組み合わせることが強調されている。また，目標の設定にあたっては，①ターゲットとなる情動の評価表を用いて定期的に記録して目に見える形にする，②目標の優先順位をつけ，変化を追うことが重要とされている。

第4～7章では，特定の問題ごとの活用法が述べられている。現在，多くの障害それぞれについての有効な介入法のプロトコルが確立されている。そのため，『練習法』を介入に用いる際も，プロトコルに沿う形でワークを組み立てていくことが必要といえる。クライエントが学習すべき基本的スキルは共通しているが，

②介入技法

学習をどのような順序で，どのように行うかは，クライエントの性格や診断によって変わってくる。ここではうつ（第4章），不安障害（第5章），物質乱用や摂食障害，人間関係などその他の問題（第6章），パーソナリティ障害（第7章）について，それぞれ注意点が解説される。たとえばうつのクライエントであれば，否定的思考に矛盾する事実を見つけることが苦手なので，ここに時間をかける必要がある。不安障害であれば，全般性障害やパニック，強迫などの特徴に適したワークを導入すること，パーソナリティ障害の場合は否定的コアスキーマの変容が重要であることなどが強調されている。

第8～10章は，治療形式ごとの留意点が解説されている。それぞれについて紹介すると，短期療法（第8章）においては，限られた時間を有効に使う必要があるため，面接で取り扱う話題の切り分けに『練習帳』を用いたり（『練習帳』をメインに面接を行う，『練習帳』で解消できる問題は家で行い面接では夫婦関係といったそれ以外の話題を扱うなど），セッション間のつなぎやセッション後のアフターケアとして使う方法がある。集団療法（第9章）では認知スキルの向上，特定の問題への介入など，集団ごとの目的に応じたワークを導入すべきである。また，入院治療を行っている医療機関（第10章）では，入院患者自身に『練習帳』を使用する方法のほか，病院スタッフの治療マニュアルとして用いることで，スタッフ間の認識の共有や入院期間の短縮化を図る方法も挙げられている。

最後の第11章では，クライエントの介入ではなく，認知療法の訓練をテーマに，ワークショップやスーパーヴィジョンを通じて認知療法の治療プロセスの説明に『練習帳』を用いる可能性について触れられている。

【臨床心理学を学ぶ上での意義】本書は『うつと不安の認知療法練習帳』という一般向けの書籍を専門家が治療に活用する方法を解説したものであり，本書を読むことで，効果的に介入を進めるポイントを学ぶことができる。この目的から，本書は『練習帳』というある一つの素材をいかにうまく料理するかという視点で書かれているため，他のプログラムを用いて介入しようとする専門家も，この本から学ぶことは大きい。

また，本書の中では，事例における実際の会話やトラブルシューティングなどを織り交ぜて説明がなされており，特に初学者にとっては，面接技法の学習にもなる。

さらに，本書で紹介されている各障害別の介入法は，効果研究で確立された認知療法の治療プロトコルに基づいており，エビデンス・ベイストな介入法や，そのもととなる認知理論についても合わせて学ぶことが可能である。このように，本書は読者の経験やニーズに応じてさまざまな利用の仕方ができる，きわめて「使い出」のある一冊である。

慶野遥香

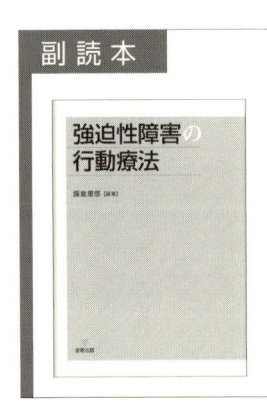

強迫性障害の行動療法

飯倉康郎編著

金剛出版，Ａ５判260頁，3,800円，2005年3月刊

【本書の目的】本書は，強迫性障害患者に対する行動療法の実践的ガイドであり，強迫性障害の治療の第一線で活躍している著者らの臨床経験に基づいてできた一冊である。

【本書の概要】本書は7章から構成される。

第1章「行動療法概論」では行動療法の概念，歴史的発展の経緯，主要な理論と治療技法の紹介などの理論的枠組みを提供するとともに，強迫性障害の行動療法を行うために必要な問題評価の仕方と行動分析，治療的介入の方法など基本的な行動療法の知識と技術について概説している。

第2章「強迫性障害の行動分析と治療の基本」では，単に強迫症状に対して曝露反応妨害法を用いればよいというものでないことが指摘される。行動分析を用いて，患者の問題を考え，治療を組み立てていくことも行動療法の治療過程に含まれている。曝露反応妨害法を用いるに際して，あらかじめ患者の行動分析を行って，治療の指針を立てることが非常に重要である。本章では，強迫性障害患者に対する面接の仕方や問題の評価の仕方，治療の進め方を踏まえ，中心的な治療技法である曝露反応妨害法について説明している。

第3章「強迫性障害の外来治療」では，多様な治療の中でとりわけ，短期型の外来治療プログラムを行う際に必要な考え方や技術，さらには治療プログラムについて詳しく解説し，実際の症例も挙げながら説明している。

第4章「強迫性障害の入院治療」では，入院治療を行う際に必要な環境設定や実際の治療の進め方，看護師とのチーム医療，さらには曝露反応妨害法の治療中によく用いられる表現，曝露反応妨害法の適応の困難な患者の治療についても解説している。単に強迫症状があるからという理由で入院治療を選択するのではなく，何のために入院環境が必要なのか，入院することによって何ができそうなのかを明確にすることが大切である。なお，入院治療を進めるケースには，以下四つの

特徴がある。①（2次的な場合も含め）抑うつが強く日常生活に支障があり，その治療が優先される場合，②強迫症状が重度であり，日常生活がいちじるしく障害されている場合，③患者が症状に圧倒され，まったく抵抗できない場合，④家族の巻きこみが強くみられ，外来でその構造を変えていくことが困難である場合である。

強迫性障害患者が入院生活を送りながら治療を行っていくためには整備された環境と周囲の適切な援助が不可欠である。すなわち，日ごろ患者の世話をしている看護師が重要な役割を果たしているといえる。第5章「強迫性障害の入院治療の看護」では，入院治療における看護師の役割と必要な看護技術を中心に説明している。

第6章「症例検討」では強迫性障害に対する行動療法の具体的な治療経過を示すために，四つの重症の入院治療例を提示し，詳しく説明している。特に注目すべきところは，それぞれの症例において，詳細な行動分析が行われ，その結果をもとに，治療の進め方や工夫の仕方が検討，修正されていることである。

治療過程の中で患者と治療者の間につくられた治療同盟がよい方向へ持続していくためには，諦めずに常に信念をもち，頑張っていく姿勢が大切である。第7章「強迫性障害の行動療法における"動機づけ"」では，患者の治療を進めるために，治療者として何をすべきか，さらに，治療者自身もいかにして動機づけられていくか，について述べている。

【臨床心理学を学ぶ上での意義】強迫性障害の治療としては欧米では，従来からSRI（*Serotonin Reuptake Inhibitor*）を中心とする薬物療法と，曝露反応妨害法を中心とする行動療法を組み合わせた比較的短期型の外来治療プログラムが治療法として確立されている。臨床心理学を専攻している人にとって行動療法の手法を習得することは必要不可欠である。強迫性障害に関する治療マニュアルも多く出版されているが，実際に患者に行動療法を行う場合，思い通りにいかないことが多い。本書では，従来の強迫性障害の治療マニュアルに不足していた，治療を行う際の診断や適切な治療法の適応の判断，入院か外来かなど適切な治療環境の設定，具体的な治療行為など，治療の細部にわたる注意点をわかりやすく挙げて解説し，現場の治療に有益な知見を提供している。初診における質問の仕方や，強迫症状を把握するために必要な代表的質問や治療における工夫など，実践活動からの知見が随所にみられる。臨床経験の不足している人，心理教育者，患者，それぞれに向けて非常に有益な情報を提供する，きわめて実践的なガイドブックである。

本書では，読者が治療者としての立場から，事例に対する思考・判断を求められているともいえる。したがって，本書を読むことで，著者のコメント・解釈に基づいた事例の見方を学ぶだけではなく，読者自身の事例の見方に関する能力を育てることができると思われる。

李　暁茹

心理的側面に関する科目群

　ここでは，生物－心理－社会モデルの心理的側面について学ぶ。心理状態に関しては，個々人で異なっている。したがって，心理的側面に関しては，個人の心理を理解し，問題の改善に向けて個人に介入していくというコンテクストで学習課題を設定することとした。臨床心理学において個人の心理を扱う場合，アセスメントと介入を通して行うことになる。そこで，①では，個人の心理的問題を理解するためのアセスメント技法に焦点をあてる。②では，問題の解決に向けての介入技法に焦点をあてる。③では，成人とは異なる対応が必要となる子どもの介入技法をテーマとする。

③子どもへの介入

　子どもへの介入については，成人とは異なる特別な知識と技能が必要となる。特に子どもは，問題解決に向けての動機づけが弱い。親の問題意識に基づいて来談する場合がほとんどである。また，最近では発達障害を抱える子どもや若者への支援が強く求められるようになっている。しかし，わが国では，これまで遊戯療法が一辺倒であり，適切な支援法が導入されてこなかった。そこで，この科目では，認知行動療法に基づく子ども支援技法を基本として学ぶ。また，従来の遊戯療法とともに，家族を含めた統合的な支援法や発達障害の支援について学ぶこともあわせて目標とする。

テキスト

子どもと若者のための
認知行動療法ガイドブック
上手に考え，気分はスッキリ

P・スタラード著
下山晴彦訳

金剛出版，B5判190頁，2,600円，2008年6月刊

【本書の目的】本書は，世界的にもニーズの高い認知行動療法を，子どもにどう適用していくかについて実践的知識が積み上げられたガイドブックである。

【本書の概要】第1章では「本書のアウトライン」として，これまで多数出版されてきている子どものための認知行動療法関連の教材やワークブックと比較し，本書がどのように位置づけられているのかを解説した上で，それぞれの章の概略がまとめられている。各章は介入の段階を示しており，各ステップにおいて子どもに特有である部分のポイントが整理されていて，全体の流れを見渡せるような構成となっている。

第2章では，最初のステップとして「動機づけと変化に向けての準備」が取り上げられている。動機づけは子どもの面接においてもっとも重要であるが，同時にもっとも困難な段階でもある。いかに子どもとのセッションを成功へと導いていけるかについて，じっくりと考えさせられる内容である。

続いて第3章では，問題の維持や発現などに対し「フォーミュレーション」を用いて，子どもの考え方やその背景にある自動思考などを理解するためのノウハウが提供されている。具体的な例が挙げられているのでわかりやすく，またフォーミュレーションが困難な場合にも言及されている。

第4章「ソクラテス式問答と機能的推論」では，それぞれのやり取りから子どもが自身の認知のゆがみに気づき，変化できるための手助けの方法を解説している。うまくいかない場合を想定した提案も示されており，興味深い。

第5章では，「親に関わってもらう」ことを子どもの認知の変化には欠かせない要因として捉え，どのように介入プロセスに組みこんでいくかについて解説している。親への心理教育資料も提示されている。

第6章「認知行動療法のプロセス」は，PRECISE（*Partnership/Right/Empathy/Creative/Investigation/Self-Discovery/Enjoyable*）という七つのポイントにつ

いて，それぞれ解説が述べられている。症例もいくつか述べられており，実践においてどう PRECISE を活用できるのか，具体的なイメージがつかみやすい。

第7章「子どもに認知行動療法を適用する」では，子どもを対象とした認知行動療法の効果について，子どもの能力の発達レベルへの議論が取り上げられている。本書の立場では，ゲームや人形劇，お話などの適切な代替案を採用すればよいと主張しており，本章ではその具体例がいくつか挙げられている。

第8章は「認知行動療法を構成する主要素」と題され，子どもを対象とした認知行動療法がどのように効果をもたらすのか，実践のポイントはどういったところなのか，実際の心理的問題に適用されるプログラムの構成要素やその効果はどういうものなのかについて述べられている。

最後に，第9章では「心理教育用教材」として，不安やうつ，強迫的な考え，トラウマへ立ち向かっていくためのアイデアが多数まとめられている。まず，それぞれの問題に対して，正しく自分の状態を認識できるようにするために，身体や心の反応について解説し，それらの対処法として，リラクゼーションや呼吸法を取り入れるなど，気軽に実行できる行動から変化を促そうとしている。その後，読者を励ましながら，考え方の変化のために，認知をどう取り扱えばよいかのヒントが提示されている。子どもでもわかりやすく，家庭での自習課題として進められ，さらに，個人面接だけでなく，グループへの心理教育や予防プログラムなどにも幅広く応用できる内容でもある。

【臨床心理学を学ぶ上での意義】子どもの心理的な問題への介入に対しては，対象者である子どもが自ら変化を望まないことや，言葉への知的・言語的な理解能力の限界などがあり，これまで認知行動療法のような言語的なアプローチを取られることがほとんどなかった。しかし，本書は，そういった介入の難しさを乗り越えるべく，認知行動療法の基本を変えずとも，子どもの目線に立って，問題に一緒に取り組んでいくためにどのように工夫して子どもの特徴に合わせた対応ができるのかを明らかにしている。本書で解説されている内容は，セラピストとして，既存の理論だけにとどまらず，複雑な要因から発生している現実の問題に対して，どのように創造的に，そして柔軟に目の前のクライエントに寄り添えるか，という問いに対して，たくさんのヒントを与えてくれている。

ガイドブックという性質上，解説が大部分を占めているため，既刊の『子どもと若者のための認知行動療法ワークブック』（金剛出版，2006）から実際の課題や事例を参照しながら読み進めると，さらにわかりやすく，実用的な一冊となりうるだろう。これまで子どもと関わる機会のなかった心理職でも，本書を読みすすめていくことで自信をもって実践にチャレンジすることができるであろう。

平林恵美

副読本

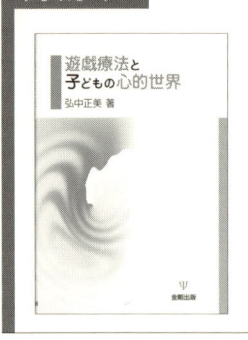

遊戯療法と子どもの心的世界

弘中正美著

金剛出版，Ａ５判228頁，3,200円，2002年7月刊

【本書の目的】わが国における遊戯療法の第一人者のこれまでの文献をまとめることで，遊戯療法とは何か，表現することの意味など，遊戯療法に関するあらゆるトピックスを網羅する。

【本書の概要】本書はその内容から，第１～６章，第７～11章，終章の三つに分けることができる。第１～６章は理論編，第７～11章は実践編と位置づけることができ，終章では著者のこれまでの遊戯療法の経験を踏まえて，現代社会で起きている子どもの変化について論じている。理論から実践へ，そして再び理論へと循環している構成といえるだろう。

理論編はさらに細かく，第１章と第２～６章の二つに分けられる。

第１章「遊戯療法とは何か」は，遊戯療法についての基本的な概説にあたる。遊戯療法の共通認識（①子どもの問題をその心因性の側面に焦点をあてて理解していこうとする，②子どもの内的変化・成長に着目する，③子どもの潜在的な自己成長力・自己治癒力に十分な信頼を置いている）や遊戯療法の典型的なプロセス［①遊戯療法を開始した段階（ラポールの確立）→②子どもが動き出す段階→③建設的な方向に向かう段階→④終結の段階］が解説されている。

続く第２～６章は，各論にあたる。第２章「遊戯療法をベースとしたいくつかの鍵概念について」では，遊戯療法が容易だと言われるのは明らかな誤解だが，初心のセラピストが遊戯療法をスタートラインとして訓練を積むには，それなりの合理性があるという議論から始まる。著者はこの理由を，遊戯療法が心理療法一般に共通するエッセンスを色濃く含んでいるからであるとし，この遊戯療法に含まれる心理療法のエッセンスについて紹介する。このほか，第３章「表現することと心理的治癒」では，表現をすることがなぜ心理的治癒に結びつくのかについて，第４章「心理療法における象徴的表現」では，クライエントの象徴的表現をどのように理解し，扱うべきかについて，第５章「日常的できごとにおける治癒的要因」では，日常世界に備わる

治癒的要因の重要性と，日常の中で生じた偶然が単なる偶然に終わらないように水路づけていく役割をセラピストが果たすことの重要性について，第6章「家族をめぐる心理的諸問題」では，家族をめぐる心理的問題を力動的に理解する視点について，それぞれ議論が展開されている。

実践編も理論編と同様，第7～10章と第11章の二つに分けられる。

第7～10章は，実際の事例をもとにした架空の事例を題材に，実際の遊戯療法実践において，何が起きるのかが提示される。第7章「不登校少女の遊戯療法」は，子どもが安全な"うち"の世界から新奇な"そと"の世界へ出なければならないときに生じる不安や脅威というテーマを検討する。第8章「水との和解をテーマとして恐龍の世界を生きる男児の遊戯療法」では，水のもつ両価性や怪獣・恐竜に代表される子ども性について論じる。第9章「行動コントロールが効かない子どもの事例」では，てんかんの投薬治療が功を奏さなかった男児に，遊戯療法を適用した事例が紹介される。第10章「ある緘黙症男児の遊戯療法の分析」では，緘黙症男児の対人的距離の取り方に焦点をあてながら治療過程を検討する。いずれも面接の経過の後に考察が付されているので，事例集として活用することもできる。

第11章「遊戯療法の教育・研修」では，遊戯療法の実践的訓練の方法が紹介されている。初心者への実践的訓練を担当する上級者向けの内容といえるだろう。

終章「今，子どもは病んでいるのか」では，先述の通り，著者のこれまでの遊戯療法の経験を踏まえて，現代社会で起きている子どもの変化について論じている。核家族化の進行，親自身の子離れの困難さ，父性原理の弱まりなど，子どもを取り巻く社会的要因についての筆者の考えが論じられている。

【臨床心理学を学ぶ上での意義】初心のセラピストが，スタートラインとして遊戯療法の訓練を受けることは多い。そこには，遊戯療法が心理療法一般に共通するエッセンスを色濃く含んでいるからという積極的な理由がある。しかし，初心者が遊戯療法からどれだけ学べるかは，その点をどれだけ明確に意識しているかにかかっている。おそらく，本書のもつ意義の一つはここにある。すなわち，初心者の訓練としての遊戯療法を有意義なものにするため，遊戯療法のエッセンスを学ぶのである。

加えて，プレイセラピーが成立するためには，保護者の協力が欠かせない。保護者にプレイセラピーを意味のあるものと受け止めてもらうためには，セラピストがプレイセラピーの中で起こることをわかりやすく説明できることが必要となる。そのためにも，遊戯療法のさまざまなエッセンスを学んでおくことには意味がある。遊戯療法に関するさまざまなトピックスが網羅されている本書は，そのための格好の教材といえよう。

山本　渉

副読本

教師・保育士・保健師・相談支援員に役立つ
子どもと家族の援助法
よりよい展開へのヒント

川畑　隆著

明石書店，Ａ５判201頁，2,200円，2009年9月刊

【本書の目的】子どもや家族が抱える課題の改善を目的として，家族のつながりに着目した症状の捉え方，面接の進め方，背景情報の見方，クレーム対応の仕方を具体的な事例とともに解説する。

【本書の概要】まず第1～4章で事例の捉え方，関わり方を示し，第5章で具体的な事例を解説する。第1章「相談を受けたら何を援助したらよいのか」では，症状に惑わされない広い視野，「治す」より「育てる」視点，想像力をもった子育て支援，という子どもの抱える問題を捉えるための三つの考え方を不登校の子どもを例にとって述べている。

第2章「つながりをみつけ悪循環を切るために」では悪循環とその断ち切り方を述べる。子どもの問題の行動は家族メンバーの関わりの連鎖から生じているため，問題が起こる悪循環を考えることが必要となる。また，悪循環を断ち切るための指示の出し方が事例とともに述べられる。さらに担任や学年主任を含めたさまざまな悪循環の例が解説される。

第3章「一人で考えこまずにみんなで考えよう」では問題を理解する方法として仮説の重要性が述べられる。仮説の立て方として，想像力を働かせること，情報を付け加え修正していくこと，個々の人生経験まで総動員すること，また面接では一度仮説から離れて情報収集し，面接後に仮説を修正すること，さらに一人で考えこまず，仲間の力を借りることが述べられている。

第4章「かかわりをつくるためにどんな工夫をすればよいか」では具体的な関わり方を解説する。悪循環を断ち切るためのネタ探し，カウンセリング・マインドとの適切な付きあい方，話の要約・ネーミングをする際の注意点といった言葉の使い方，対応のバリエーションを豊かにするためのロールプレイの活用法，マイナス評価にしないリフレイミングの方法が述べられている。

第5章「つながりをもつ意味を6つの家族像から考える」では六つの事例をもとに子どもの症状や問題行動の背後にある要因について紹介している。

③子どもへの介入

以下，第6～9章では子どもの相談機関に関わりがある「クレーム」「発達障害」「児童虐待」というトピックごとに考え方や対応方法が解説される。

第6章「保護者からのクレームへの対応が援助に結びつくために」ではクレームが「曖昧さを大切にする文化」から曖昧さへの不安や生きることへの不安をベースとした「要求していく行動」として現れているという見解を示し，その上で適切なものと不適切なものがあると述べている。不適切なものに対しては「巻き込まれないこと」「背景に目を向ける」という練習が必要となる。

第7章「障害児への支援をバランスよく行う」では診断名や発達検査の適切な把握と対応法を述べている。診断名をつけることで子どもの状態について誤解を解き，理解を深め，配慮の工夫が可能となり，二次障害を防ぐことができる。一方，診断を重視することによって診断を確定させなければ動けない，診断名の違いに固執してしまう，また主体が子どもではなく，診断名になるという注意点が挙げられている。発達検査については子どもを理解するには，得られたデータだけではなく，関わってみること，役に立つ言語をつくりだすことが述べられている。また，保護者や関係機関の人とのつながりを大切にすること，「障害受容」は保護者がするべきものとして強制されるべきではないことが述べられている。

第8章「児童虐待に適切に対応する」では虐待を見つけた際の「通告」と母子分離，虐待を発見し，対応する際の具体的な注意点が述べられている。虐待を疑った際は組織として関わり，相談，通告，その後の連携・協力を重視する必要がある。また，虐待をされている子どもだけではなく，虐待をしている人への援助も考える必要があると述べられている。

第9章「外部機関と連携するためのコツ」では福祉分野と関係のある機関を取り上げ，それぞれ教師に関係のある業務が整理して解説されている。次に要保護児童対策地域協議会の概要と目的が述べられている。

【臨床心理学を学ぶ上での意義】本書は著者の児童相談所での勤務経験をもとに，教師や保育士，保健師，相談員など現場の最前線にいる職員に向け書かれている。そのため，家族療法における家族のつながり方や介入方法が，専門用語を用いず，多くの事例や経験談をもとにわかりやすく解説されている。よって，家族療法の概念や子どもと関わる際の事例の捉え方，介入の具体的なイメージと，理解が得られる一冊である。また，学校や幼稚園，児童相談所での職員と家族との関わり方，機関同士の関わり方，またそれぞれの立場でもっている困難が事例とともに紹介されている。よって，それぞれの機関がお互いに理解し，それぞれの機関の関係づくりに応えるとともに，現場の経験が少ない読者も，現場感覚に触れられる一冊である。

原　直子

副読本

高機能自閉症・アスペルガー症候群

「その子らしさ」を生かす子育て

吉田友子著

中央法規出版，A5判209頁，1,800円，2003年7月刊

※最新版の書誌情報は巻末「書目一覧」をご確認ください。

【本書の目的】高機能自閉症やアスペルガー症候群の子どもたちの特徴をわかりやすく解説した上で，子育てに実際に役立つアドバイスを紹介する。支援者にも応用可能なように記載している。

【本書の概要】第1章「自閉症とは」では，自閉症スペクトラムが解説される。まず，子どもの発達に心配を感じる保護者に対して，どんな特性も「障害」であり「個性」であるという両方の視点をもちあわせる必要性を述べている。その上で，自閉症スペクトラムの症状をL・ウイング Lorna Wing の「三つ組」の考え方に従って，①社会性の障害，②コミュニケーションの質的障害，③イマジネーションの質的障害の三つの発達領域に分けて整理している。また，能力障害は子どもによってさまざまな形をとるため，三つ組以外の症状で，多くの子どもにみられる症状についても説明している。さらに，その他の医学情報として，順調にみえていた発達が停滞したり後戻りしたりする経過が示されるセットバック現象，自閉症の子どもの20％くらいにみられるてんかんが解説される。本章の最後では，自閉症スペクトラムとの区別や合併が問題になる障害として，ADHDとLDについて，特徴を説明し，それぞれ自閉症スペクトラムとの関係について述べている。

第2章「発達の特性から育児を考える」では，自閉症スペクトラムの幼児の多くに有効だと思われている対応上のポイントが提示される。まず，コミュニケーションを育てる上で大切なことは，人と情報をやり取りすることの便利さ，楽しさ，必要性に早く気づかせることであると述べ，話しことば以外の方法を取り入れて，コミュニケーションの意欲を引き出すスタンスの重要性に触れている。コミュニケーションを受信（情報を受け取る）と発信（情報を発する）に分けて，それぞれを伸ばすためのポイントを詳細に解説している。次に，イマジネーション障害をどう支援するかが述べられている。イマジネーション障害が融通の利かなさやこだわりなどで表れると生活上の困難の原因になるが，いつも通りだと安

心しやすい，見通しがもてると実力を出しやすい，こだわりの対象を使えば意欲が引き出しやすいなどの切り口から，特性の尊重の仕方を例示している。さらに，社会性の障害を補う技術について述べられている。人との関わりの分量の多い/少ないを発達の目安にせず，適切な関わりを増やし，不適切な関わりを歓迎しないという方向性を見失わないことが大切であると指摘している。最初に明確な指示やモデルを示す，関わる必要のない相手への不適切な関わりは早期に介入する，わざと叱られるような行動に早期に介入する，といったことが紹介されている。本章の最後では，両親からの質問に答える形で，生活上の不都合を解消するための方針の立て方の例を11のQ＆Aで丁寧に答えている。

　終章である第3章「次にすること・考えること」では，家族に向けてメッセージが送られる。一つ目は，相談すべき相手を見つけようというメッセージである。保健所，医療機関，幼稚園・保育園，療育センター，親の会などのもつ機能について説明している。二つ目は，きょうだい児がいる家族へのメッセージである。きょうだい児が大人になったときに人生を肯定できるために，そして自閉症スペクトラムをもつきょうだい児を好きでいつづけられるためにできることとして，きょうだい児が自分の生活権を守るための具体的支援策を示す，具体的なつきあい方のコツを日頃から実践してみせる，きょうだい児が親を独占できる状況を設定する，などを挙げている。三つ目は，保護者へのメッセージである。保護者も自分の得手・不得手を知り，得手を活用して子育てをしてほしいと訴えかける。また，「三つ組」を認識してプランを立てることを先延ばしにするべきではないが，わが子の自閉症らしいエピソードを，楽しみ味わう姿勢を忘れずにいることは，子どもの行動を個性として捉える上で大切であると綴られている。

【臨床心理学を学ぶ上での意義】本書は，自閉症スペクトラムの子どもの特徴を具体的に説明し，特徴ごとに家庭での対応上のポイントを押さえてあるため，日常生活ですぐに役立てられるレベルでの関わりのコツを知ることができる良書である。子どもの両親にとって有益なだけではなく，援助者となるべく臨床心理学を学ぶ者にとっても，実践に活かせるエッセンスを学ぶことができる。より質の高い援助を行うためには，子どもの発達的な特徴を丁寧に把握し，その上で不得手を得手でどのように補っていくか，得手をいかに伸ばしていくかといったことを具体的に示すことが重要であるだろう。

　本書で紹介されている詳細で具体的な子どもへの関わり方は，援助者が提供すべき援助の手本となると考えられる。また，保護者自身へのメッセージや，きょうだい児の育児との兼ねあいなど，保護者やきょうだい児の特性を大切にする視点からの記載もあり，家族支援の大切さにも気づかせてくれる一冊である。

須川聡子

社会的側面に関する科目群

　ここでは，生物−心理−社会モデルの社会的側面について学ぶ。社会といった場合，集団が対象となる。その集団がシステムを形成している場合には，社会システムへの介入ということになる。社会システムとしては，家族システム，学校システム，会社システムなどがある。心理職が扱う心理的問題は，このような社会システムとの相互作用を通して悪化していくプロセスがみられる。そこで，心理職においても，適切に社会集団やシステムに介入する技法の学習が必要となる。①では，**心理教育や認知行動療法**などを用いて集団に介入する方法をテーマとする。②では，社会システムである学校に介入するスクールカウンセリングの方法に焦点をあてる。③では，職業生活を中心に生活支援をする方法をテーマとする。

①集団介入

　認知行動療法の発展的応用として，心理教育プログラムが発展してきている。これは，集団に対して実施できるために，さまざまで活用されている。特に予防目的で行うことで，心理職が幅広くコミュニティに貢献できる手段となる。たとえば，学校場面であればクラスにおいて実施でき，それを通して問題の予防だけでなく，問題を抱えている生徒のスクリーニングとして機能させることができる。また，認知行動療法は，家族システムへの介入にも応用できる。

テキスト

リラクセーション法の理論と実際
ヘルスケア・ワーカーのための行動療法入門

五十嵐透子著

医歯薬出版，Ｂ５判178頁，2,600円，2001年11月刊

※表紙イラスト／国井　節

【本書の目的】ヘルスケア・ワーカーが臨床場面において種々のリラクセーション法をまじえた援助を行えるようになるために，必要とされる知識や技法について解説する。

【本書の概要】本書は，身体・生理・認知・対人関係の各レベルでリラックス状態をつくりだしていくための多様な技法を紹介している。

第1章は「リラックス」とはどのような状態であるかの理解から始まる。リラックス状態は単に何もせずに休息している状態ではなく，さまざまな生活場面で最良のパフォーマンスが達成されるような状態，つまり「緊張と弛緩の間の最適な状態」とされる。自己コントロールによってそのような状態に身をおけるようにする方法が本書で解説されるリラクセーション法である。

続いて第2章では行動療法の技法の一つであるリラクセーション法の背景を理解するため，行動主義理論やそれに基づく行動療法の基本概念についての解説が

なされている。

第3章では，リラクセーション技法の種類と活用の実際が解説される。これまでの総論部分に続いて，本章では個別のリラクセーション技法について詳述される。この各論部分が本書の中心的内容である。一説には150種類以上あるといわれる多様なリラクセーション技法の中から，本書は呼吸法，漸進的筋弛緩法，自律訓練法，系統的脱感作法，認知行動変容療法，アサーティブ・トレーニングの六つを選び解説している。以下に，六つを簡単に紹介する。

呼吸法は日常場面で気軽に行え，「自分を整える」上ですぐれた効果をもたらすため，ぜひ身につけておくとよいリラクセーション法の一つである。本書では，腹式呼吸のスタンダードな方法をクライエントに指導する手順について解説がなされる。さらに，座位／臥床の場合，イメージを併用する場合，疼痛／緊張性頭痛／喘息やパニック発作のある場合，グループ／一人で行う場合という場面ごとに，具体的な方法や留意点が述べられている。

漸進的筋弛緩法とはＥ・ジェイコブソ

ン Edmund Jacobson の開発した筋弛緩法である。ある特定の筋肉を弛緩・緊張させることにより，深いリラックス状態を引き起こすものである。本書においては，数々の簡易法のうち，筋肉をいくつかのグループに分けて緊張とリラックス状態をイメージする方法や，上肢と顔面のみで行う方法が紹介されている。

自律訓練法は，J・H・シュルツ Johannes H. Shultz が開発した方法である。自律訓練法は自ら催眠状態をつくりだす方法であり，人によっては急激な血圧上昇をもたらしたり，妄想状態を悪化させたりする危険性をはらむ。そこで本書では，禁忌とされる状態や，導入を慎重に検討した方がよい状態について特に詳しく述べられている。

系統的脱感作法とはJ・ウォルピ Joseph Wolpe の確立した方法である。まず系統的脱感作法を導入する判断には，クライエントの不安の種類を適切に評価することが求められる。特に系統的脱感作法が効果的であるか否かを分けるため，非理性的不安と理性的不安の区別は重要であるという。また，本書においては不安リスト作成の留意点や実例が数多く挙げられ，とりわけ丁寧な解説がなされている。

認知行動変容療法とは，不適応的な感情・行動と密接に関係している認知を変えることで適応的な生活を送れるように働きかけようとする方法の総称である。A・エリス Albert Ellis の論理療法，A・T・ベック Aaron T. Beck の認知療法，D・マイケンバウム Donald Meichenbaum の自己教示トレーニングとストレス免疫法の四つを取り上げ，具体的な教示の仕方を適宜示しながら，実施法や留意点が述べられている。

アサーティブ・トレーニングとは，対人関係場面での不安や緊張の強いクライエントに有効な方法とされている。豊富な具体例とともにアサーティブ，アグレッシブ，ノンアサーティブなやり取りの特徴が解説され，欧米で発展したアサーティブ・トレーニングを日本社会に取り入れる際の留意点が検討されている。

【臨床心理学を学ぶ上での意義】本書が想定している第一の読者は，臨床心理士をはじめ，医療に携わる専門職の人びと（ヘルスケア・ワーカー）である。入門書としてバランスの良い構成となっており，コンパクトな分量ではあるが，豊富なイラストと決め細やかな解説が含まれている。そのため，クライエントとともにリラクセーション法の習得に取り組む場面をイメージしながら読み進めることができる。

本書を通読することによって，読者はリラックス状態やリラクセーション法とはそもそも何か，そしてそれをどのように臨床場面に活かしていくことができるのかについて，幅広い背景知識と一段深まった理解を得ることができる。そうした理解を通じて，目の前のクライエントに応じた技法の用い方について，自分自身で工夫し，適切に組合せながら応用していくことも可能となるであろう。

今泉すわ子

副読本

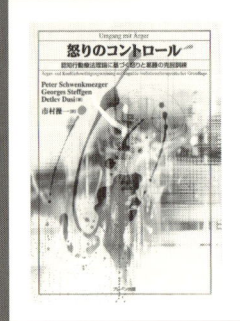

怒りのコントロール
認知行動療法理論に基づく怒りと葛藤の克服訓練

P・シュベンクメッツガー, G・シュテッフゲン, D・ドゥジ著
市村操一訳

ブレーン出版, Ａ５判204頁, 2,800円, 2004年4月刊

※品切再販未定

【本書の目的】怒りによって引き起こされる問題の基礎理論を展望するとともに, 著者が開発した怒りの克服訓練プログラムを詳細に紹介し, その直接の応用例と研究結果を解説する。

【本書の概要】まず, 怒りへの介入の必要性を述べ, その後, 怒りの基礎理論を展望する。

第1章「序説」において怒りへの介入必要性として, ①健康状態への有害な影響, ②怒りというコミュニケーション機能としての役割, ③攻撃行動となる可能性, ④心因性の病気につながる可能性, ⑤職業遂行能力に支障をきたす可能性, ⑥怒り対処法のバリエーションを開発する必要性, が挙げられている。

第2章「理論的枠組み概念」では「社会的に受け入れられる, 社会的に適切な怒りとの付き合いと, 怒りの表出の可能性」という本書の目標を示し, 怒りの機能性（コミュニケーション機能, シグナル機能）を重要な観点として挙げている。

第3章「『怒り』と『怒りの表出』の健康への影響」では以下の三つのモデルが紹介されている。一つは転換モデルやその症状に特有の葛藤モデルに起源をもつ精神分析モデル。二つ目は基本的情動が副腎髄質システムと脳下垂体－副腎皮質システムを活性化させるという心理生物学的モデル。そして, ①間接的モデル, ②直接的モデル, ③交互作用的モデルの三つのモデルをもつ心理－生物－社会モデルである。第4章「『怒り』『怒りの表出』『怒りの克服』の診断法」では表情と行動の診断, 質問紙の2種類が挙げられている。前者は①他者観察法, ②自己観察法の2種類。後者は①状況－反応法, ②多次元質問紙法, それぞれの質問紙について述べられている。

基本的理論に続き, 怒りの介入法と具体的プログラム, 介入対象ごとの調整内容が解説されている。第5章「怒りの調節と怒りの克服」では介入目標, 対象グループ, 介入方法が順に紹介されている。介入目標は怒りの諸要素である「怒りの誘発」「怒りの出現」「怒りの処理」「怒りの定着」が挙げられる。対象は攻撃性

をもったもの，健康リスクをもったもの，職業遂行に関連したもの，健全感を損なったものといった目的別に分けられる。介入方法は「心理・生理的過程の調節」「社会的相互作用の調整」「認知的過程の調整」に着目し，「認知－リラクセーション」「社会的技能」「問題解決」などさまざまな技法を組み合わせた「他要素構成法」が効果的である。第6章「怒りの克服訓練」ではプログラムの基本的構造を紹介する。具体的には心理教育，自己経験，行動の習性，リラクセーション，毎日の生活への応用の5系列からなる10セッションであり，各セッション内容について詳細に解説されている。第7章「対象グループに応じた訓練法の調節」では各グループにおける調整方法が述べられる。成人は基本的な枠組みに沿って，児童は認知技法・問題解決・コミュニケーション能力に焦点をあて，イラストやイメージなど伝わりやすいように，また競技スポーツではストレス克服による競技の安定を目標とし，リラクセーション法，認知技法の習得に注目し，さらに企業では作業能率の向上，職場雰囲気の改善を目標とし，リラクセーション法，社会問題解決に注目する。

以上具体的なプログラムを述べた後，第8章でプログラムの結果を考察し，第9章で訓練の再評価を行う。第8章「結果の評価」では一般学生を対象にした研究や競技スポーツ研究，社会人学校における研究，さらに臨床グループを対象にした研究においてもプログラムによって有意に怒りに関する値が低下したという結果が示されている。第9章「怒り克服訓練の6つの必要性：その再確認」では怒りに関して以下のようにまとめられている。①怒りと身体疾患の関係性，②怒りの心理教育的な指導の行いやすさ，③他の情動問題への発展可能性，④予防的，治療的立場からの有用性，⑤プロセス診断への使用可能性，⑥教育やビジネス経営の領域でも経済的利益への期待。

【臨床心理学を学ぶ上での意義】怒りは，不適切な形で対処が行われることによって，心身の不全，対人関係や社会関係の悪化など，その影響が及ぼす範囲は広い。このような側面から，臨床的グループにとどまらず，一般的な多くの人にとって重要なテーマとなる問題である。本書はそのテーマについて，基本的理論から具体的なプログラムまで幅広く扱っており，非常にわかりやすい本である。基本的理論に関してはさまざまなモデルにおける怒りの意義や評価方法まで全体的に述べられている。さらに具体的プログラムの詳細から実践方法，応用方法，研究データまで述べられており，怒りに関して理論から実践までを網羅できる一冊である。いわゆる心理的な問題を抱えた人に対する援助を目標としているというよりも，むしろ幅広い対象をターゲットとしているため，心理教育や，メンタルヘルスケア，ストレスに起因すると考えられるような疾患の予防を目的とする際に，より効果を発揮するであろう。

原　　直子

副読本

ストレス・マネジメント入門
自己診断と対処法を学ぶ

中野敬子著

金剛出版，B5判190頁，3,200円，2005年11月刊

【本書の目的】本書を読み進めることで，ストレス・マネジメントに関する専門的な知識がない人にも，自身でストレスの自己診断とストレス対処ができるようにする。

【本書の概要】本書は第1部「ストレスと精神身体的健康」，第2部「ストレスに強い個人的特性」，第3部「心豊かに生きるためのストレス・マネジメント」の3部で構成されており，全14章からなる。各章には内容に応じた「ストレス自己診断」や「ストレス・マネジメント法」の具体的な紹介がされている。第1部でストレスの全体像について，第2部でストレスに影響する性格特徴について解説し，これらを踏まえたストレス・マネジメント法が第3部で紹介されている。

まず第1部では，ストレス・マネジメントを学習する前提として，ストレスとはどのようなものか，ストレスはどのように精神的，身体的な健康に影響を及ぼすのかについて解説されている。第1章「ストレスとは何か」では，本書でのストレスを定義し，ストレッサーの種類と，ストレスの感じ方に影響を与えるとされているコントロール感について説明している。第2章「精神的ストレス反応」では，精神的ストレス反応を不安，怒りと攻撃性，抑うつ，燃え尽きに分類して説明している。第3章「身体的ストレス反応と健康」では，身体的ストレス反応についての紹介がされている。

続く第2部では，ストレッサーに対する個人の認識や対処行動について説明し，個人がストレスに対してどのような特徴をもち，対処しているかの自己理解の促進を目指している。第4章「コーピング」では，コーピングとストレス反応との関連を示し，コーピングの種類を日本語版WCCLコーピングスケール尺度にのっとり紹介した上で，望ましいコーピング，望ましくないコーピングに分類して説明している。第5章「タイプA行動パターン」では，虚血性心疾患および他の病気と関係の深い行動様式であるタイプA行動パターンについて，望ましくない行動様式として説明している。第6

①集団介入

章「たくましい人格，自己実現，自己効力感」では，ストレスに強い人格特徴として，たくましい人格，自己実現，自己効力感の三つを取り上げ，説明している。第7章「社会的興味と外向性」では，自分以外の対象に興味をもち配慮を示す価値観である社会的興味と外向性について，ストレス過程とどのように関連しているのかを説明している。第8章「楽観主義と完璧主義」では，自分の将来に対する期待感や結果に対する満足感に関連するといわれている楽観主義と完璧主義という二つの人格の特徴について，ストレスとの関連性を説明している。

そして第3部では，ストレス・マネジメントの具体的な方法について説明している。第9章「イメージリラックス・トレーニング」では，身体をリラックスさせることによりストレス反応に対処する方法であるリラクセーション，イメージリラックス・トレーニングという二つの方法について実践法を説明している。第10章「問題解決法とタイム・マネジメント」では，日常に起こる問題への対処に有効な認知行動療法の技法である，問題解決法とタイム・マネジメントについて説明している。第11章「非合理な考えに打ち勝つ法」では，論理情動行動療法の概念に基づいた，認知的再構成法の実践法を説明している。第12章「考え方を変える認知行動療法」では，A・T・ベック Aaron T. Beck の認知療法に基づく認知再構成法と，思考停止法について，実践法が説明されている。第13章「自己主張とリハーサル」では，コミュニケーション場面における対処法として，自己主張トレーニングについて説明している。第14章「セルフ・マネジメント法」では，睡眠リズム，減量，勉強スキル，タイプA行動，うつ症状などの課題に取り組む方法として，報酬と罰，刺激統制などにより行動を修正する技法であるセルフ・マネジメント法が解説されている。

【臨床心理学を学ぶ上での意義】クライエントに「わかりやすい・理解してもらえる説明」をすることは，援助者として必須の要素である。本書は読者として，研究者のみならず一般の人も想定しているため，比較的平易でわかりやすい説明がなされている。援助者が本書を踏まえることで，心理教育の際の「わかりやすい・理解してもらえる説明」の一助となることが期待できる。

また，臨床心理学は，医療の臨床場面で発展した応用心理学であるため，その研究や実践もネガティブヘルスの観点（病気や症状の改善を目的）で考えがちであるが，昨今ポジティブヘルスの観点（病気や症状の予防や健康増進を目的）からの研究・実践が求められている。ストレス・マネジメントは，ポジティブヘルス，ネガティブヘルスの両方の観点をもっているため，メンタルヘルス問題を抱える人の症状改善のみならず，メンタルヘルス問題の予防・健康増進をニーズとする人にも役立つ。

坂井一史

副読本

家族のストレス・マネージメント
行動療法的家族療法の実際

I・R・H・ファルーン，M・ラポータ他著
白石弘巳・関口隆一監訳

金剛出版，A5判280頁，4,200円，2000年9月刊

【本書の目的】 家族による介助がすべての疾患の臨床管理における重要な資源であるとの考えから，行動療法的家族療法によって家族のストレスを管理すること，専門家がストレス管理の戦略を学ぶことを目的とした一冊である。

【本書の概要】 まず第1章では，行動療法的家族療法とは何か，そしてその枠組みについて解説されている。第1章「ストレスに対処する：家族の役割」では，行動療法的家族療法の構造が示されている。目的となるのは，日常で遭遇するストレスに対して家族がお互いに助け合えるようになることであり，これは問題解決機能の有効性を高めることと，コミュニケーション技能を向上させることによって達成される。世帯の中でも特にストレスに対して脆弱であるメンバーのストレスを減少させるために，認知・行動戦略，心理教育，薬物療法等の付加的戦略がアプローチに組み合わされる。

第2～6章では，主な戦略の詳しい説明と適用の例が述べられている。第2章「家族を行動療法的家族療法に結びつける」では，治療の狙いと介入におけるアウトラインが解説されている。第3章「単位としての家族の評価」では，問題解決や目標達成に関する機能の有用性を高める介入の効果を評価するための詳細が述べられている。第4章「障害をもつ人とその介助者への精神保健教育」では，ストレス管理アプローチの核心として，心理教育の必要性が述べられている。ストレスに脆弱性のあるメンバーを抱える家族に対しては，疾病に関する包括的な教育を行うことが必要であり，その際に用いられる心理社会的な戦略が解説されている。第5章「コミュニケーション訓練」では，介入のポイントとして家族間の対人的コミュニケーションに注目している。ストレスを弱め，ストレスに起因する疾患の再発を減らすコミュニケーション・パターンについて解説されている。第6章「問題解決と目標達成」では，問題解決の効率を高めるための治療的介入法について述べられている。問題解決に関する家族の能率性が増すと，それに

伴って環境に潜むストレス原因を処理し，個人的な目標を達成する能力も高まると指摘されており，介入法としては次の2点が挙げられている。すなわち，①構造化された手法により協力的な問題解決を目指す訓練，②特定のストレスと問題を管理するための特別の戦略による訓練の二つである。

第7章「危機介入」では，家族が大きな危機に直面したときに行動療法的家族療法において治療者はどのように介入するべきかという点が論じられている。危機は家族が治療の間に獲得するべき問題解決能力を試す絶好の機会であると考え，それらの技法がすでに試されたか，もしくは放置するには危険であると判断された場面にだけ治療者が介入するべきであると述べられている。

第8章「特別の技法」では，治療者が補足として導入する技法と，その導入基準について解説されている。特別の技法は，問題に対して家族が自分たち独自の解決を見つけ出そうとする努力をサポートするために用いられる。

第9章「行動療法的家族療法実施時に生じる問題への対処」では，治療の中で起こりうる問題点について解説されている。問題は2群に分けることができ，一つ目はコンプライアンスの問題，二つ目はセッション中の相互関係の構造化の問題である。行動療法的家族療法で効果を上げるためには，肯定的な側面に焦点をあててフィードバックし，ささいな問題はそれが治療進行上大きな支障とならないかぎりは放置するのがもっとも効果的な戦略であると述べられている。家族メンバーだけでなく治療者も，治療が思い通りに進まないとその原因に目をとられがちであるが，そうではなく治療者もまたストレスへの対処法を学んでいくことの必要性が指摘されている。

【臨床心理学を学ぶ上での意義】多くの精神疾患，特に統合失調症については，家族がストレスを管理し対処技術を向上させることが再発の予防にきわめて有効であることが実証されてきた。これを受け，本書では，認知行動療法的な家族介入を用いるストレス・マネージメントモデルが，理論学習にとどまらない実践的かつ明快な方法として述べられており，これによって統合失調症やその他の心身疾患に罹患したメンバーのケアを担う家族が，過大なストレスや負荷を感じることなく積極的にケアに取り組めることを目指している。

行動療法的家族療法の戦略については本来資格を与えられた指導者のもとで訓練を受けることが理想である。しかし，本文に加えて目的別のガイドシートも付録となっているので，本書のみでも十分な独習が可能である。それぞれの戦略についても詳しく述べられていることから，専門家だけでなく，家族自身にとっても有益であると思われる。また，家族は疾病を予防するという観点においても，もっとも重要な資源であるということに改めて気づかされる一冊である。

長利玲子

社会的側面に関する科目群

　ここでは，生物−心理−社会モデルの社会的側面について学ぶ。社会といった場合，集団が対象となる。その集団がシステムを形成している場合には，社会システムへの介入ということになる。社会システムとしては，家族システム，学校システム，会社システムなどがある。心理職が扱う心理的問題は，このような社会システムとの相互作用を通して悪化していくプロセスがみられる。そこで，心理職においても，適切に社会集団やシステムに介入する技法の学習が必要となる。①では，心理教育や認知行動療法などを用いて集団に介入する方法をテーマとする。**②では，社会システムである学校に介入するスクールカウンセリングの方法に焦点をあてる。**③では，職業生活を中心に生活支援をする方法をテーマとする。

②学校臨床

　子どもや若者の支援においては，学校場面での臨床活動が重要な役割を担うことになる。特にわが国では，スクールカウンセリングが定着しているので，その基本的理論と技法を学習する。ただし，従来の，わが国のスクールカウンセリングでは，個人心理療法モデルに基づく活動が多く，学校コミュニティへの介入法や教員と協働しての介入法が発展していなかった。そこで，学校コミュニティに開けた技法を用い，教員と協働することを通して学校システム全体を視野に入れたに働きかけの方法について学ぶ。

学校臨床心理学・入門
スクールカウンセラーによる実践の知恵

伊藤美奈子・平野直己編

有斐閣アルマ,四六判284頁,1,900円,2003年12月刊

【本書の目的】学校臨床の理論的枠組みと,スクールカウンセラーが学校現場に入り,現場に根づきながら現場とともに活動できるまでを,具体的な活動の流れや事例に基づいて解説する。

【本書の概要】第1〜2章では,学校という現場の特質について述べられている。第1章「学校臨床心理学とは」は,学校は子どもにとって出会いの場であり日常生活の場である,と始まる。教師はそのような子どもの学びや育ちを支えており,スクールカウンセラーは学校というチームの一員である。学校の組織や文化を理解し,教師との信頼関係に基づく役割分担を前提としながら活動していくこととなる。第2章「学校組織について」では,学校は,教育に関わる法体系に従って,目的的に,意図的に,計画的に,組織的に動いていると述べられている。学校を知るためには,社会全体における学校の位置づけと役割は何かという外的な観点と,学校内の組織的な枠組みや人的組織がどのように動いているかという内的な観点の両面からの理解が必要である。

第3〜11章では,具体的な活動の方法が解説されている。第3章「学校に入ったら何から始めたらよいか」では,学校に入っていくときの手順と心得が述べられている。学校の常識を知り,自らの居場所をつくり,利用方法を知ってもらうことが欠かせない。第4章「学校臨床における見立て・アセスメント」では,スクールカウンセラーは,子ども,学校,教職員,保護者,地域が抱える能力や問題に加えて,おのおのの相互関係で生じている問題やコミュニケーションのあり方をアセスメントしていくと述べられている。その上で,コミュニケーションのつなぎ手として,誰に何をどのように伝えることが問題改善に役立つかという視点から支援を行う。学校における援助の主眼は,子どもと学校資源をつなぐことであり,直接的な心理援助が必ずしもよい方法とは限らない。このような考え方は,第5章「学校での面接の進め方」においても重要である。学校臨床の目的は,一つの事例の問題解決にとどまらず,学

校で生じる問題をめぐってそこに関わる人たちを結びつけ，システム全体を支援することで学校全体の問題対処能力を高めることである。第6章「児童生徒へのアプローチ」でも，児童生徒に気になる問題が生じたときの対応方法のほか，生徒と教職員をつなぐ日常的なアプローチについて書かれている。

第7章「校内研修会・講演会のもち方」，第8章「学校組織とのコラボレーション」，第9章「危機状況への支援」では，児童生徒への直接的な支援以外の活動について述べられている。第7章では研修会・講演会について，教職員，児童生徒，保護者といった対象別に，どのような形式・内容を選ぶとよいかが解説されている。第8章では，それぞれの専門家が対等な立場で互いの異質性を尊重しながら共通の目標に向かって協働していく"コラボレーション"について，学校現場でのポイントをまとめている。第9章では，児童生徒や教職員の死，いじめ，暴力行為，学級崩壊・授業妨害，虐待，アルコール・薬物乱用といった危機への対応法をまとめている。

第10章および第11章は"連携"がテーマである。第10章「学外の専門機関との連携」では，リファー後の役割として，ケース紹介後も当該の児童生徒がスムーズに学校生活を送れるよう教師へのコンサルテーションや機関との情報交換をすること，と述べている。第11章「教師とスクールカウンセラーとの連携」では，両者が見立ての違いを越えて対話することが，問題解決にもっとも重要であると述べられている。また，ウチの者にはみえないがソトの者がみて問題だと感じることを伝え，事態の改善に向けてともにチームで考えることも，重要な仕事の一つである。

最後は自己研鑽についてである。第12章「スクールカウンセラーの相互支援グループ」では，学校でカウンセラーとして対応するのは自分しかいないという特徴を踏まえ，相互支援グループでの研修を推奨している。

【臨床心理学を学ぶ上での意義】初めて活動を始める際のガイドブックとして利用できるだけでなく，すでに学校で働いているスクールカウンセラーにとっても，自らの活動を振り返り，さまざまなアイデアの中から新たな方法を取り入れるのに役に立つ。同時に臨床のエッセンスも大事にされており，さまざまな要素が絡んでいる学校臨床だからこそ，臨床心理学の基本的な考え方や姿勢を忘れてはならないことを学び取ることができる。

また本書は，スクールカウンセラー以外の心理援助職の方々にもぜひ読んでいただきたい。学校とは，原則的にすべての子どもが通う場所である。学校とはどのような場所なのか，スクールカウンセラーがどのような仕事をしているのかについて知ることは，学外の心理援助専門機関を利用する子どもたちへの理解，学校への理解を深め，学校と諸機関との有効な連携につながると思われる。

瀬戸瑠夏

副読本

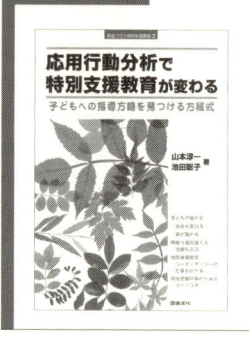

教室で行う特別支援教育2
応用行動分析で特別支援教育が変わる
子どもへの指導方略を見つける方程式

山本淳一・池田聡子著

図書文化，B5判192頁，2,400円，2005年11月刊

【本書の目的】本書は，発達障害をもつ子どもに関わる教育者が，応用行動分析によって子ども個人だけでなく，環境との関係にも目を向けながらポジティブな行動を支援できるようになることを目的としている。

【本書の概要】第1章において，応用行動分析によって従来の子どもの見方を変えようという提起がなされる。続いて第2章で具体的な基本技法，第3章で学校生活の中での具体的な支援，最後の第4章においては校内システムとの連携について概説し，支援を行う際の具体的で実践的な手引きとなるよう構成されている。

第1章は「応用行動分析で子どもの見方が変わる」と題された章である。同じタイプの子どもでも教育環境で大きく変わるし，従来の「子どもの見方」では対応できない場合もある。そこで，意識して子どもたちの見方を変えようと呼びかける。そのために，頑張る気持ちをもてるようにするには初めが肝心であること，問題行動への対応はその子どもの良い行動を伸ばすことを前提に進めていくこと，問題行動への対応は予防的に対応するため特別支援教育コーディネーターとの連携，専門家との相談等，多くのネットワークを活用することが重要であることが述べられる。そして，本書を通じて新しく身につけたい考えとして，個人と環境との相互作用をみる，うまくいった支援の経験を活かす，子どもの「心の奥」ではなく現在の「行動」をみる，よい行動を増やす，全体をみる（支援者自身の動きもみえる），子どもの学習可能性をみることを挙げる。応用行動分析を特別支援教育に活かすためのプロセスとして，①計画を立てる plan，②実行する do，③評価する see の三つの段階を概説する。その結果，支援がうまくいった場合はその方法をそのまま継続し，うまくいかなかった場合は①の問題設定を見直すか，②の支援方法を工夫し直す。さらに，「個人と環境の相互作用をみる」節においてはよくみられる問題を取り上げ，それぞれ個人要因と環境要因を解説する。

第2章「子どもを伸ばし，問題行動を

防ぐ基本技法」では，基本技法を詳説する。まず基本となる ABC 技法を解説する。A は先行刺激，B は行動，C は後続刺激である。学習とはこの ABC の繰り返しによって成立する。そして，良い行動を伸ばす特別支援教育の技法として，良い行動を生み出す技法，行動の安定した出現を支えるための技法，自発的・自律的な活動を産み出すための技法の三つを挙げる。

第 3 章「学習と生活の支援」では，学校生活の流れに合わせ，「年度初めの評価」，月ごと，学期ごと，年度始めの個別教育計画立案，学級の整備について述べられている。さらに，毎日の授業の進め方，生活の作り方について具体的な工夫やアイディアが紹介されている。第 2 節では授業における学習の評価と支援について述べられている。学習支援は，生活支援・対人関係支援とも切り離せないこと，すべての教科の基礎となる部分から始めること，現在できることから伸ばす「できた」単位を一つずつ積み重ね間違いを防ぐ「無誤学習」をすることである。その上で具体的な指導の方法が挙げられる。第 3 節では生活・対人関係の支援として，SST の仕方が紹介されている。

第 4 章では，校内システムと連携のあり方について述べられている。連携とはすなわち，保護者との連携，特別支援教育コーディネーターとの連携，巡回相談員・特別支援教育専門家チーム・外部専門機関との連携，学級支援員との連携であり，そのほかにも管理職，養護教諭，事務室職員，図書室司書等，連携をとるべき人がいる。個々の支援においては，支援のリソースをピックアップしていく。さらに，連携の心構えが挙げられている。そして，特別支援教育は個人の努力だけでは行き詰ること，システムの効果的運用で支援がスムーズになり，担任の負担が軽減されるため，システムが必要なのである。

【臨床心理学を学ぶ上での意義】応用行動分析はきわめて現実的で実践的な理論的基盤である。本書は，その基盤を学校場面という具体的な場において，発達障害をもつ子どもの支援に活用することが意図されており，実践的な良書となっている。応用行動分析の基本は環境と個人との相互作用をみて，環境・個人の双方に働きかけていくことである。この個人への働きかけとして発達障害の特性から学校場面で特に問題となりそうな典型的な事柄を題材に挙げて具体的な介入方法を示す。さらに，環境への働きかけとして校内システムとの連携を解説している点も非常に実践的であるといえよう。

しかし，一方で連携が校内システムだけにとどまっており，現実的には支援上限界もあろう。教育場面に限らず，発達障害児・者への支援への重要性がますます高まっており，臨床心理士もさまざまな形で支援に携わることが増えている。自機関内のチーム支援だけにとどまらず，地域の中での校外・機関外のリソースについても連携を考えていくことが支援者として地域で求められている。

有吉晶子

副読本

指導援助に役立つ
スクールカウンセリング・ワークブック

黒沢幸子著

金子書房，Ａ５判224頁，2,000円，2002年9月刊

【本書の目的】子どもの成長発達を願う学校・教育現場の指導および援助において，解決志向ブリーフセラピーの哲学や技術を適用する際のエッセンスと具体的工夫を学ぶことができる。

【本書の概要】1st Stage「はじめにリソースありき」では，リソースに着目する重要性を学ぶことができる。クライエントの問題解決を促進するためには，問題の原因に目を向けるよりも，クライエントに今あるもの・やれている状況をリソースとして捉え，伸ばしていくことの有用さが紹介されている。

2nd Stage「うまくやれている状況＝『例外』に目を向ける」では，リソースの一つとして「例外」を見つけることの有用性と活用の仕方が示されている。「問題が起こっている（維持されている）状況」ではなく，「問題が生じていない（生じずに済んでいる）状況（＝例外）」に着目することで，本人に内在するコーピングスキルや能力を発見し，伸ばしていくことが可能となる。また紹介事例では，外的なリソースを活かす視点として，担任の先生へクライエントの行動観察に協力してもらう方法などが紹介されている。

3rd Stage「未来志向アプローチを実践する」では，クライエントの自発的なやる気を強化する工夫として，未来への希望につなぐさまざまな方法が紹介されている。クライエントと未来像の設定をする際の工夫として，諦めや否定的発想にいたる場合が少ない必然的未来進行形「きっとこうなっているだろう」という表現で共有することが推奨されている。また，無理のない形で自分の未来を思い描いてもらう工夫として「ビデオトーク」や「タイムマシン・クエスチョン」が紹介されている。そのほかにも，具体的な解決像を描いてもらうことによりクライエント自身が有している解決方法やそのヒントを実感の伴った形で探っていく「ミラクル・クエスチョン」についても説明されている。

4th Stage「ユーモアとゲーム感覚で問題にかかわる」では，問題解決のためにユーモアやゲーム感覚を重視する方法が

紹介されている。クライエントが困っている問題をユーモラスに「外在化」する方法，「家族予想ゲーム」や「お小言カード」など，著者のセンスと創意工夫があふれる介入案が紹介されている。

5th Stage「ピア（仲間）の力を有効利用する」では，ピアサポートの活用法を学ぶことができる。ここでは，クライエントの同世代の仲間をリソースとして捉え，そこから解決を構築していく工夫が紹介されている。子どもたちが解決策を自分で発見できるように促す質問，友達にクライエントのよさ（リソース）を聞く質問，援助者が調停者となり喧嘩の仲裁をする際の工夫について知ることができる。

6th Stage「人間関係のコツをマスターする」では，援助者にとって有用なさまざまな人間関係場面でのコミュニケーションが紹介される。対人的位置や距離のとり方の典型的なパターンとそれぞれのニーズにあった対応が紹介され，具体例を学ぶことができる。

7th Stage「保護者への対応をスキルアップする」では，保護者の辛さを受け止めながら，子どもたちの問題を解決する仲間（リソース）となってもらうための7ステップの具体的な対応とその例が示される。

Final Stage「実験的精神のすすめ」では，うまくいかないときは，考えているより，実際に何か行動をしてみることの有効性を紹介している。

また，「スクールカウンセリング活動の5本柱」として，援助者が日々の実践を振り返える際に大切な五つの役割［緊急対応／危機介入，コンサルテーション，個別的カウンセリング，心理教育的プログラム（事後教育，予防教育），システム構築（内外連携）］について学ぶことができる。

【臨床心理学を学ぶ上での意義】本書では，解決志向ブリーフセラピーの発想に基づくスクールカウンセリング活動を学ぶことができる。理論的説明に加えて，実例が多く示されているので学校・教育場面での援助においてすぐに使えるヒントを得ることができる。さらに，これらのブリーフセラピーに基づく考え方や工夫は，学校・教育場面に限らず，それ以外の臨床領域においても適用可能なものであるため，本書を参照枠として学ぶことで，クライエントの内外にあるリソースに適時目を向け，それらを伸ばすことでクライエント自身の問題解決能力を引き出す面接技術が向上するように思われる。また，本書は事例を通して援助者の介入時の意図および具体的な言葉かけが明示・解説されている。そのため，いかなるコミュニケーションが解決構築につながるのかを実感を伴った形で具体的に学ぶことができる点も援助者にとって大変有意義であろう。臨床心理学ではクライエント個々人の問題（維持）のアセスメントをまず重視する立場と（あえて）しない立場があるが，本書はアセスメントの功罪（気をつけるべき留意点や活かし所）を意識し，各自の臨床的な立場を整理・精緻化していく際にも有用な書籍である。

林潤一郎

副読本

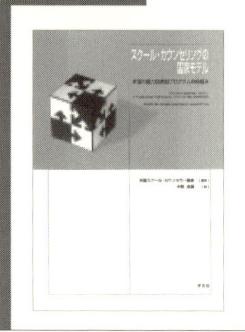

スクール・カウンセリングの国家モデル
米国の能力開発型プログラムの枠組み

米国スクール・カウンセラー協会著
中野良顕訳

学文社，B5判176頁，2,800円，2004年10月刊

【本書の目的】米国のスクールカウンセラー協会が，スクール・カウンセリング・プログラムのスタンダードを作成し，記した書である。標準的なプログラムはスクール・カウンセリングが広く普及することに寄与し，社会的アカウンタビリティーの基礎を提供する。

【本書の概要】「序章」は，スクール・カウンセリングの歴史的変遷と，モデルの位置づけについてである。米国のスクール・カウンセラーは，すべての子どもたちが総合的な三つの領域—学業的発達，キャリア的発達，個人・社会的発達—において確かな能力を身につけ，絶えず変化しつづける世界に参加できるように支援している。本モデルは，上記の目的に適うカウンセリング・プログラムを設計，調整，実践，管理し，評価するための手段を提供しようとしている。

第1章および第2章は，プログラムの基本的性質についてである。第1章「スクール・カウンセリング・プログラムとは……」では，その特徴について述べられている。スクール・カウンセリング・プログラムは総合的な範囲と予防的な意図と発達的な性質をもち，学校が担う学業的使命が達成されるために不可欠の成分として位置づけられている。スクール・カウンセラーは青少年の発達のスペシャリストであり，子どもたちに成功をもたらす学力や行動のパターンに関するデータを把握している。それによって，学校のニーズを査定し，問題を発見し，人びとと協力して解決策を創造する上での指導力をもつ。第2章「ASCAナショナル・モデル：スクール・カウンセリング・プログラムの枠組み」では，モデルを構成する四つの成分—基礎，提供システム，管理システム，アカウンタビリティーについて述べられている。

続く第3～6章では，四つの構成成分についてさらに詳しく解説されている。第3章「基礎」は，プログラムが子どもたちにどんな恩恵をもたらすべきか規定する。プログラム作成に際しては，教育に携わる関係者おのおのの信念が表明され，その合意に基づいて一連の指針，信

念，価値体系である哲学を明文化する。また，学業的・キャリア的・個人・社会的発達の3領域のそれぞれについて，子どもたちが学校で何を学ぶのかが規定されている。第4章「提供システム」では，基礎で規定されたプログラムを提供するためにスクール・カウンセラーが行う活動と，周囲への働きかけと，活動領域について述べられている。具体的には，スクール・ガイダンス・カリキュラム，子どもの個別の計画づくり，即応的サービス，システム・サポートがある。第5章「管理システム」は，学校のニーズに応じて組織的・具体的にプログラムを管理するために必要な組織づくりの過程とツールについて解説している。すなわち，いつ（行動計画とカレンダー），なぜ（データの活用），誰が（管理協定），どんな権限で（管理協定とアドバイザリー委員会），スクール・カウンセリング・プログラムを提供するかについて述べられている。提供システムと管理システムは相互に絡みあって進行する。第6章「アカウンタビリティー・システム」は，プログラムの効果の実証についてである。プログラムの効果は，短期的，中期的，長期的に収集され，個人単位，学年単位，全校単位で分析されたデータによって実証される。それによって，プログラムの有効性や組織改善の必要性などが明らかにされる。

第7章「実践」では，有効な実践を保障するための管理職からのサポートと，プログラムを有利に進める諸条件について述べられている。また，実践に向けてのステップとして，①プログラムの設計，②基礎成分の確立，③提供システムをデザインする，④プログラムを実行する，⑤プログラムを責任あるものにする，の各段階で必要な手続きが列挙されている。

最後に第8章「資料」として，第1～7章で紹介された各種文書のサンプルおよび用語解説や文献などがまとめられている。

【臨床心理学を学ぶ上での意義】米国のスクール・カウンセリングは約100年の歴史をもちながら，これまで一貫したアイデンティティを確立することができず，活動の様相は学校によって異なっていたという。そのような現状に対し，「スクール・カウンセリングとは何か？」という問いに答えるために本モデルは開発された。

わが国でも，公立学校にスクール・カウンセラーが導入されてから10年が経過した。しかし，学校はスクール・カウンセラーをどのように活用すればよいのか，スクール・カウンセラーはどのように学校で機能することができるのか，いまだ互いに模索中である。米国と日本では社会文化的背景や学校に求められる役割，スクール・カウンセラー導入の目的や位置づけも異なるが，本書はスクール・カウンセリングの一つのあり方を示しており，わが国での制度確立を目指す上で指針となりえるだろう。

瀬戸瑠夏

社会的側面に関する科目群

　ここでは，生物－心理－社会モデルの社会的側面について学ぶ。社会といった場合，集団が対象となる。その集団がシステムを形成している場合には，社会システムへの介入ということになる。社会システムとしては，家族システム，学校システム，会社システムなどがある。心理職が扱う心理的問題は，このような社会システムとの相互作用を通して悪化していくプロセスがみられる。そこで，心理職においても，適切に社会集団やシステムに介入する技法の学習が必要となる。①では，心理教育や認知行動療法などを用いて集団に介入する方法をテーマとする。②では，社会システムである学校に介入するスクールカウンセリングの方法に焦点をあてる。③では，**職業生活を中心に生活支援をする方法をテーマとする**。

③生活支援

　精神障害などの心理的問題を抱えて社会生活を送る場合，生活技能が障害され，さらに職業に就くことが難しく，それが2次的問題を引き起こすことになる。したがって，心理的問題の改善のためには，社会生活の技能の改善に加えて職業生活を支えることも必要となる。このような場合には，生活する場となるコミュニティと協働する包括的な社会的支援が必要となる。

テキスト

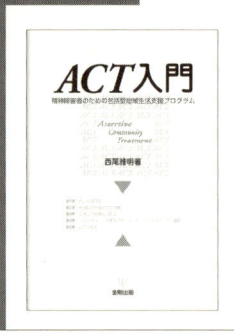

ＡＣＴ入門
精神障害者のための包括型地域生活支援プログラム

西尾雅明著

金剛出版，Ａ５判190頁，2,800円，2004年4月刊

【本書の目的】本書は，重度精神障害者の包括型地域生活支援プログラムであるACTについて，国内外の動きや実践について紹介する入門書である。

【本書の概要】ACTとは「*Assertive Community Treatment*」の略であり，「包括型地域生活支援サービス」という邦訳が用いられている。本書では第1章においてACTを概説し，第2章において各国の実践を紹介する。第3章においてはわが国でのACTの実践について紹介し，第4章および第5章では事例とＱ＆Ａで理解を深める。

　第1章では，各国での歴史に触れながらACTを概説する。ACTは重度精神障害者が病院外で暮らせるよう，多様な職種の専門家から構成されるチームが援助するプログラムのことである。伝統的な精神保健・医療・福祉サービスのもとでは地域生活を続けることが困難だった重い精神障害者の地域生活を支援するケースマネジメントであり，もっとも集中的・包括的な支援モデルの一つである。サービスはプログラム利用者が実際に暮らす環境に出向く訪問の形がほとんどとなる。ACTプログラムで提供されるサービスの形状はあらかじめ定められておらず，利用者のニーズに合わせて組まれる。その柔軟性を可能にするためには構造自体は一定のモデルを綿密に固守することが求められる。そのため，ACTは多くの特徴を有する。さらに，ストレス－脆弱性モデルに基づき脆弱性をカバーするための薬物療法，薬物支援，ストレスを減らすための環境調整，ストレス対処支援等を行う。そして「気乗りしない」「非協力的な」人びとに接触とサービスを提供しつづける *assertive outreach* なのである。さらに，ACTには当初の「医療モデル」という批判を受け，現在リカバリー概念が浸透している。

　第2章では，各国におけるACTの実践が紹介される。諸外国ではすでに脱施設化が進んでいるのに対し，わが国は人口当たりの病床数が甚大である（OECD Health Data, 2001）ことを指摘し，脱施設化の概念について説明する。脱施設

化を進めた要因として，①精神病院への患者過密収容の倫理問題，②施設神経症概念の認識と反省が挙げられる。ほかにも，ノーマライゼーション理念推進の動き，各国の経済事情などの影響を受けている。各国での実践についてはそれぞれの事情があるものの，おおむね地域での強力なケースマネジメントの必要性の点では見解が一致している。また，支出は入院費の削減で相殺される。

　第3章ではわが国で2002年に国立精神神経センター国府台地区で研究プロジェクトが開始され，2004年度厚労省のモデル事業案になり，脚光を浴びたことが伝えられる。すでに10年以上前からわが国でも入院から外来中心の精神医療への転換がなされてきたものの，長期的入院患者はこうした流れから取り残されており，特に社会的入院患者の存在は問題であった。そうした問題を受け，2002年，「受け入れ条件が整えば退院可能な72,000人について10年以内の退院・社会復帰を目指す」との新障害者プランが立ち上がった。これは，社会的入院患者の退院ではなく，その先にある「重症精神障害者のために長期入院を余儀なくされている人々の退院支援とその後の地域生活支援」を目指すべきである。また，入退院を頻回に繰り返す人びと，退院後症状が悪化するなどの状態にある人びとへの支援も視野に入れねばならない。当然ながら，その上ではわが国独自の精神保健・医療・福祉の構造にも配慮をする必要がある。こうした流れの中スタートした「ACT-J」は，効果研究の途中にあり，今後の広がりにあたり提言を行い次につなげられる。そのためにガイドラインやマニュアルの作成，研修システムを構築することも必要である。

　第4章は「フィクション」と題し，「ACTが日本で制度化されてしばらくたった近未来の状況」を設定し，あるACTチームマネージャーの1週間を紹介することでACTの実際を伝えている。第5章ではＱ＆Ａが紹介されている。

【臨床心理学を学ぶ上での意義】本書は2002年にわが国でも始まり，いまだ十分に広がっていない重度精神障害者のための包括的地域支援「ACT-J」の入門書である。ACT導入にいたるまでの経緯，プログラムの具体的説明から諸外国での精神保健福祉事情，わが国での研究プロジェクトにいたるまで，網羅的に解説されている。臨床心理を学ぶ者として，こうした精神保健福祉の歴史的展開を知ることは必須である。地域精神障害者福祉のサービス概要を知り，その中で協働しながら臨床心理学が果たせる役割をしっかり見据えていくことが大切であろう。

　さらに，院内での退院訓練が進まず，退院準備が不十分な患者が退院しかねない上に，十分な地域での受け入れ態勢が整わないまま，精神障害者の退院促進が進んでいる現状が指摘されている。ACTについて知ることはACTが普及していない現在にあっても，地域受け入れを考える重要な視点を与えてくれよう。

有吉晶子

副読本

改訂新版　わかりやすいSST
ステップガイド
統合失調症をもつ人の援助に生かす上巻　基礎・技法編
A・S・ベラック，K・T・ミューザー他著
熊谷直樹・天笠　崇・岩田和彦監訳

星和書店，A5判368頁，2,900円，2005年7月刊

【本書の目的】本書は「統合失調症の治療ガイドライン」で第一選択として推奨されている「Social Skills Training」（以下，SST）を実施する人のためのガイドブックである。

【本書の概要】第1章「統合失調症と生活技能」では，統合失調症による生活技能の欠損を学習で補う重要性と有用性が指摘されている。生活技能は「社会ルールに合い，社会的に容認できる，対人場面での行動」とされ，対人場面での行動の構成要素は大まかに「送信技能」と「受信技能」に区別の上，それぞれについて説明がある。また，統合失調症をもつ人にとっての対人行動の妨害要因および促進技能なども紹介されている。

第2章「科学的根拠（エビデンス）に基づく治療としてのSST」では，SSTの社会機能の改善のエビデンス（主要な研究のレビューやその成果）が紹介されている。

第3章「生活技能の評価」では，生活技能の評価に関する議論が紹介される。基準となる時点における各人の技能欠損を丁寧に評価し，それにあわせて構造化されたSSTを実施していくことの大切さやSSTの効果を検討し，改善していく意味でも事前事後の評価の重要性が指摘されている。具体的な生活技能および社会機能についての評価法や工夫も紹介されている。

第4章「生活技能の教え方—SSTの基本的技法」では，技能の訓練テクニックにおける学習理論の使い方が紹介される。モデリング（見本），強化（ほめる），行動形成（目標への接近の促進），過剰学習（自然と使えるまで練習する），般化（宿題を通して他の場面へ応用可能な状態にする）などが説明されている。またSST実施の際の大まかなステップや進めるスペースについても学ぶことができる。

第5章「SSTグループを始める」では，SSTの開始時のコツや工夫が紹介されている。たとえば，①SSTグループを計画するときに考慮すべきこと，②リーダーの選び方，③SSTの参加者の

選択の仕方，④SSTに参加する人への事前準備，⑤多職種との協力体制の重要さなどについて学ぶことができる。

第6章「SSTでカリキュラムを用いる方法」では，まず既存のカリキュラムを使用する際の方法と工夫が説明される。さらに，新しいカリキュラムを開発する際の方法と留意点なども紹介されている。

第7章「SSTを個別のニーズにあわせて工夫する」では，構造化されているSSTを個人のニーズにあわせた形で用いる際の工夫が紹介されている。

第8章「トラブル対策—よく起こる問題や参加者の特徴別の対策」では，どのようなSSTグループにもみられうる問題とその対策，さらに参加者の症状の種類や重症度の違いごとに起こりやすい問題とその対策について学ぶことができる。

第9章「薬物やアルコールを乱用する人への対応」では，統合失調症を有する人にとっての物質乱用の問題を整理し，その治療法について紹介される。

第10章「支持的な生活環境づくりで再発を予防しよう」では，再発を防止するための生活環境および生活上で生じるストレスのマネジメント法が紹介される。家族が配慮するとよいポイントも記されている。

第11章「SSTリーダーのコツ」では，SSTの効果をできるだけ高めるために配慮するべきポイントがまとめられている。たとえば，SSTは集団精神療法ではなく技能訓練の場で認識する大切さ，SSTを実施する技能を身につけるための留意点，統合失調症をもつ人への配慮すべき点，SSTにおいて正の強化の重要さや根気強くやることの大切さが改めて強調されている。

【臨床心理学を学ぶ上での意義】本書は，SSTの著名な指導者であるベラック博士が中心となってまとめた著作であり，海外における最先端のSSTの実践と研究を詳細に学ぶことができる。統合失調症の症状を有するクライエントにとって問題となる生活場面および対人場面での状況が具体的に整理され，そうした状況の解決に必要な社会生活技能や会話技能が示されている。さらに，クライエントにそうした技能を学習させるために必要なSST実施の工夫やSSTを学ぶ際の学習方法まで詳細に示されており，統合失調症を有する方への有効な援助法の一つを学ぶものとして本書は大変有用であろう。あわせて，コミュニケーション能力の向上を促進する技能を学べるという点で，統合失調症以外のさまざまな困難を抱えるクライエントに接する援助者にとっても，有意義な一冊である。なお，本書の別冊資料編となる下巻では，SST実施時に用いることができる「カリキュラムシート」や「評価資料」などが収められている。こうしたすぐに使えるツールが準備されている点も，実践に携わる者にとって有用性が高いものであろう。

林潤一郎

副読本

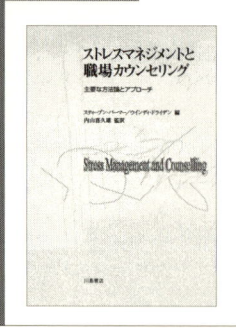

ストレスマネジメントと職場カウンセリング
主要な方法論とアプローチ

S・パーマー，W・ドライデン編
内山喜久雄監訳

川島書店，A5判227頁，3,000円，2002年7月刊

【本書の目的】本書は，実務家と研究者を対象に，職場におけるストレスマネジメントとカウンセリングの理論と実践および研究について，研究報告をもとに紹介した専門書である。

【本書の概要】第1章「ストレスマネジメントとカウンセリング：アプローチと介入法」からなる第1部では，編者らが，各章で扱われる個人および組織レベルのストレスに対するマネジメントとカウンセリングの方法を概説し，論点を解説する。

続く第2章「ストレスマネジメントの生物学的基礎」からなる第2部では，ストレスマネジメントの理論的背景として，生理学的説明が行われている。具体的には，ストレスとは何か，その兆候と過剰なストレス反応の結果（ストレス関連疾患），コーピング方略や薬物療法について，生理学的説明が加えられている。

第3～7章からなる第3部では，各種のストレスマネジメントの理論と実践が紹介されている。まず，第3章「人間中心的アプローチによるストレスマネジメント」では，カウンセリングの主要な手法であるにも関わらず，職場カウンセリングの場面ではあまり解説されてこなかった人間中心的アプローチが紹介されている。人間がもつ不適応から癒され立ち直る能力を重視する本アプローチでは，機能不全の本質や原因は，クライエントが克服する「主観的苦悩」として取り上げられる。一方，第4章「多面的アプローチ：理論，査定，技法，および介入法」では，職場における多面的療法が紹介される。本アプローチの特徴は，アセスメントにおいて BASIC I.D. で表される七つのモダリティ（行動，感情，感覚，イメージ，認知，対人，薬および生物学）に特別の注意を払うことであり，問題は，多次元的・多要因的・多面的に捉えられ，多側面への介入が模索される。第5章「ストレス治療と論理情動行動療法（REBT）」では，ストレスマネジメントにおける REBT が紹介される。REBT は，ストレッサーは不可避であっても，その影響は軽減できると主張し，非論理的な信念や自滅的な生き方の修正をめざ

す。ホームワークの実施やテキストの使用など職場で適用する際の方法も解説されている。翻って第6章「職場の精神的外傷性ストレス：公衆保健モデル」では，武装強盗事件の危険のある職場を例として，精神的外傷性ストレスPTSDを予防するための組織的取り組みが紹介されている。事件の前・最中・後にわたる3段階のサポートは，公衆保健モデルにおける予防・早期発見・早期対応にあたるとして解説されている。第7章「職場でのストレスマネジメント介入法：ストレスカウンセリングとストレス監査」では，組織に焦点をあてたストレス監査と，介入法（ストレスカウンセリング）が紹介されている。

　第8～11章からなる第4部では，ストレスマネジメントにおける研究が検討され，問題点や新たな方法論が論じられている。まず，第8章「冠動脈疾患の予防に対するストレスマネジメント法」では，冠動脈疾患の三大危険因子である，タイプA行動，高コレステロール血症および高血圧の減少についてのストレスマネジメント法の効果を検討した研究が吟味する。続く第9章「職場ストレスに対する対処法の個人的方略：概説」では，職場ストレスへの対処法に関する17の論文が検討され，対処行動と対処スタイルの混同といった方法論上の問題点が挙げられている。続く第10章「職務ストレスの対応法：現行測定法への批判と代案の提示」では，9章で挙げられた方法論上の問題を克服し，また生態学的な妥当性が得られる方法として，ストレスフルな事態に対する個人の特定の行動を正確に描写する「危機事態分析法」が紹介されている。最終章の第11章「職場におけるストレスマネジメント：協力者，対象者，目標」では，職場におけるストレスマネジメントおよびカウンセリングの実践と研究の問題点が挙げられ，理性的，計測的かつ批判的な検討を加えながら進めていく必要性が指摘されている。

　【臨床心理学を学ぶ上での意義】職場で生じるストレスは，過重労働や対人関係，リストラ，キャリアといった個人レベルのものから，事件や職場環境といった組織レベルのものまで多様である。そして，こうしたストレスの影響は，個人の心理面や身体面，会社の生産性と多側面へ及ぶ。ストレスマネジメントの必要性はますます指摘されているが，職場において効果的な介入を行うためには，本書で紹介されたさまざまなアプローチを的確に用い，その効果を検証し，さらに組織のマネジメントに活かしていくといった実践的科学者としての姿勢が不可欠であろう。

　本書は，職場ストレスマネジメントとカウンセリングに関する膨大な研究報告を，理論，実践，研究と方法論の4点を焦点としてまとめている。読者は，本書によって，ストレスマネジメントの実践的知識のみならず，内包する問題点や研究上の論点までをも知ることができる。理論と実践を結びつけることが目指された骨太の研究書である。

石津和子

第6章　関連科目（選択必修）

副読本

精神障害をもつ人たちの
ワーキングライフ
IPS：チームアプローチに基づく援助付き雇用ガイド

D・R・ベッカー，R・E・ドレイク著
大島　巌・松為信雄・伊藤順一郎監訳，堀　宏隆他訳

金剛出版，A5判256頁，3,600円，2004年11月刊

【本書の目的】IPSとは Individual Placement and Support の略であり，重度の精神障害により，長期間にわたる機能障害を有するクライエントに援助付き雇用を提供する標準化された方法をさし，それについて詳説する。

【本書の概要】第Ⅰ部では，IPSの概念的・経験的基盤が解説されている。IPSの大きな特徴として，精神障害をもつ人の「疾患」と「障害」の共存を踏まえた，保健医療分野の多職種によるチームアプローチの構造を踏襲していること，就労支援スペシャリストをチームメンバーとして加え，援助付き雇用のノウハウを踏まえた継続的で，同伴的な支援をしていることが述べられている。また，IPSの発展に大きな影響を与えたものとして，当事者や家族の運動，地域での精神保健実現のための革新的アプローチであるストレングスモデルとACT（Assertive Community Treatment）の発展を挙げている。

第Ⅱ部では，援助付き雇用の実践のガイドラインとして，クライエントに出会い，職業的なアセスメントを行い，継続的な支援までのプロセスが記載されている。IPSには八つの原則がある。まず，①リハビリテーションは精神保健の治療・援助の一つの構成要素である。②IPSの目標は統合された職業環境での一般雇用の実現である。③重い精神障害をもつ人たちは職業準備訓練を受けることなしに，直接的に一般雇用に就き，そこで成功することができる。④職業的アセスメントは一般雇用の場で継続して行われる。⑤継続・同行支援は，仕事に就いた後も個々人に応じた期間継続する。⑥求職活動や障害の開示，職場での支援はサービス提供者の判断ではなく，クライエントの好みや選択に基づく。⑦IPSサービスは精神保健治療・援助やリハビリテーションの環境において提供されるものではなく，地域の中で提供される。⑧多職種チームのアプローチが職業サービスと臨床的サービス，支援サービスの統合を促進する。

実際のIPSの構造のうち，就労支援

スペシャリストの役割について主に説明されている。就労支援スペシャリストは精神保健援助チームと協働し，IPSプログラムを実施し，他機関と連携をする。具体的には臨床チームとサービスの調整を行い，臨床チームの定期的なミーティングに参加し，臨床家と常に連絡を取りあう。援助チームのすべてのメンバーがクライエントに対して一貫した支援をする。クライエントの技能と興味に合致した仕事をできるかぎり早く見つける手助けをし，必要に応じて継続して支援を提供することは重要な仕事内容として挙げられている。IPSの根幹を成すものとして，"place then train" モデルが挙げられている。これは速やかに一般雇用の職業紹介をし，続けて特別に焦点を定めた職業訓練と援助提供をすることを意味し，従来の "train then place" モデルよりも効果があることが実証研究で示された。これまで，職業リハビリテーションにおいても，精神障害をもつ人たちは学習速度が遅く，雇用前には広範な訓練が必要であること，一般雇用の前に長期にわたる段階的なアプローチが必要であるという "train then place" モデルに基づく援助を行ってきた。しかし，重要なことはクライエントの興味，技能，資質に合致した職を探すことであり，仕事を探す前にクライエントを変化させ，訓練することではない。IPSは他職種で連携しながら行うシステムであり，また，どの機関でも実施が可能である。IPSは強力な実証的裏づけをもった，実証的なサービスであることが示されている。

第Ⅲ部では，実際の現場を意識して，重複障害をもつ場合，異文化を尊重しながらの支援のあり方など，特別な課題を要するクライエントへの対応が，IPSのプログラムに基づいて具体例をもとに解説されている。また，巻末には事業主への手紙の書き方や個別就労支援計画の例など，IPSを地域で実践するための資料が掲載されている。

【臨床心理学を学ぶ上での意義】本書はどんなに重い障害を抱えていても，本人に希望があれば就労は可能であるという強い信念に基づいて書かれている。地域での精神保健活動の重要性が高まっているが，わが国では就労支援を行う上でもまだ多くの課題がある。企業側と福祉側に大きな隔たりがあり，受け入れる社会側の偏見もないとはいえない。こうした中で心理士の働く場は多様化しており，精神障害をもったクライエントを他職種で支援することもあるだろう。IPSは科学的根拠に基づいた方法であり，他職種によるサービスのモデルである。他の専門家とどのように連携し，クライエントが地域で生活するとはどういうことかを考える際にも，参考になる一冊である。最近になり，障害者自立支援法の改正も始まりつつあり，今後の福祉制度の動向を含め，まずは関心をもって，こうしたモデルが存在していることを心理士としても知っておくことが重要であろう。

西村詩織

あとがき

　近年，精神科医療にとどまらず，がんなどの重病の患者や家族の心理的ケアや病気の予防などの保健活動においても心理職の関与が必要とされるようになっています。その結果，医療・保健サービスに専門的に携わるために知識と技能を備えた心理職が強く求められるようになっています。ところが，わが国の臨床心理学は，スクールカウンセリングにみられるように教育領域を中心に発展してきたこともあり，医療・保健領域で他職と協働するための心理職の教育訓練が進んでいませんでした。

　このような状況を打開するため，編者は，文部科学省科学研究費補助金（基盤研究B，課題番号19330153，研究課題名：医療領域における臨床心理研修プログラムの開発・評価研究）を得て2007年から2009年にかけて医療・保健領域で活動できる心理職を育てる臨床心理カリキュラムを研究してきました。研究を通してわが国の指定校と呼ばれる臨床心理学大学院のカリキュラムでは，①各教員によって教える内容が異なっており，臨床心理学についての全体像がつかめない，②研究活動の教育がほとんどなされていない，③心理相談室の個人療法と，現場でのチーム活動の発想が異なっているので戸惑う，④臨床現場に出るための専門教育がなされていない，といった問題点があることが明らかとなりました。

　そこで，医療・保健領域で活動できる心理職を育てるためにカリキュラム案を新たに構築することにし，そのために必要なテキストや副読本を広く検討しました。その際に，世界の臨床心理学の標準モデルとなっている①科学者－実践者モデル，②エビデンスベースト・アプローチ，③生物－心理－社会モデル，④認知行動療法の4点を新たなカリキュラムの基本的枠組みとしました。その成果が本書です。したがって，本書は，文部科学省科学研究費補助金による研究成果の報告書という意味合いをもっています。

　本書の作成にあたっては，論考の取りまとめ役として当時私の研究室の

学生リーダーを務めていた林潤一郎さん（現．東京大学学生相談所　助教）に，また，出版に際しては，当初の担当であった前金剛出版の小寺美都子さん，そして作業を引き継いでいただいた金剛出版の中山真実さんにお世話になりました。記して感謝いたします。

2010年盛夏

下山　晴彦

書目一覧

下記書籍のうち品切は＊印，在庫僅少は▲印を書名の前部につけています。復刊や重版につきましては，各出版社へお問い合わせください。

○ 第2章 ○ ● ○

臨床心理学をまなぶ1　これからの臨床心理学
　　下山晴彦著／東京大学出版会／2010年3月刊
講座臨床心理学1　臨床心理学とは何か
　　下山晴彦他編／東京大学出版会／2001年10月刊
心理学の新しいかたち第9巻　臨床心理学の新しいかたち
　　下山晴彦編著／誠信書房／2004年9月刊

○ 第3章 ○ ● ○

臨床心理学レクチャー　心理援助の専門職になるために——臨床心理士・カウンセラー・PSWを目指す人の基本テキスト
　　M・コーリィ他著，下山晴彦監訳，堀越　勝他訳／金剛出版／2004年4月刊
カウンセラー——専門家としての条件
　　金沢吉展著／誠信書房／1998年3月刊
臨床心理学の倫理をまなぶ
　　金沢吉展著／東京大学出版会／2006年9月刊
臨床心理学レクチャー　心理援助の専門職として働くために——臨床心理士・カウンセラー・PSWの実践テキスト
　　M・コーリィ他著，下山晴彦監訳，堀越　勝他訳／金剛出版／2004年9月刊
シリーズケアをひらく　感情と看護——人とのかかわりを職業とすることの意味
　　武井麻子著／医学書院／2001年3月刊
心の専門家が出会う法律［第3版］——臨床実践のために
　　佐藤　進監修，津川律子他編／誠信書房／2009年9月刊
ケースブック　心理臨床の倫理と法
　　松田　純他編／知泉書館／2010年3月刊

○ 第4章 ○ ● ○

臨床心理学レクチャー　臨床心理アセスメント入門——臨床心理学は，どのように問題を把握するのか
　　下山晴彦著/金剛出版/2008年9月刊
臨床面接のすすめ方——初心者のための13章
　　M・ハーセン他編，深澤道子監訳/日本評論社/2001年4月刊
子どもの面接ガイドブック——虐待を聞く技術
　　W・ボーグ他著，藤川洋子他監訳/日本評論社/2003年10月刊
ケースマネジメントの技術
　　A・J・フランケル他著，野中　猛監訳，羽根潤子訳/金剛出版/2006年12月刊
テキスト臨床心理学1　理論と方法
　　G・C・デビソン他著，下山晴彦編訳/誠信書房/2007年11月刊
テキスト臨床心理学3　不安と身体関連障害
　　G・C・デビソン他著，下山晴彦編訳/誠信書房/2007年1月刊
テキスト臨床心理学4　精神病と物質関連障害
　　G・C・デビソン他著，下山晴彦編訳/誠信書房/2006年9月刊
テキスト臨床心理学5　ライフサイクルの心理障害
　　G・C・デビソン他著，下山晴彦編訳/誠信書房/2007年3月刊
心理療法におけることばの使い方——つながりをつくるために
　　L・ヘイヴンズ著，下山晴彦訳/誠信書房/2001年7月刊
動機づけ面接法——基礎・実践編
　　W・R・ミラー他著，松島義博他訳/星和書店/2007年6月刊
心理療法・その基礎なるもの——混迷から抜け出すための有効要因
　　S・D・ミラー他著，曽我昌祺監訳，内田　郁他訳/金剛出版/2000年7月刊
臨床心理学レクチャー　認知行動療法ケースフォーミュレーション入門
　　M・ブルック他編著，下山晴彦編訳/金剛出版/2006年11月刊
臨床心理学レクチャー　認知行動療法入門——短期療法の観点から
　　B・カーウェン他著，下山晴彦監訳/金剛出版/2004年12月刊
実践家のための認知行動療法テクニックガイド——行動変容と認知変容のためのキーポイント
　　坂野雄二監修，鈴木伸一他著/北大路書房/2005年12月
認知行動療法の科学と実践
　　D・M・クラーク他編，伊豫雅臣監訳/星和書店/2003年4月刊
＊心理臨床の基礎1　心理臨床の発想と実践　〈重版未定〉
　　下山晴彦著/岩波書店/2000年1月刊

熟練カウンセラーをめざす　カウンセリング・テキスト
　　G・イーガン著，鳴澤　實他訳／創元社／1998年8月刊
カウンセリングを学ぶ　第2版——理論・体験・実習
　　佐治守夫他著／東京大学出版会／2007年5月刊
臨床心理学全書第4巻　臨床心理実習論
　　下山晴彦編／誠信書房／2003年9月刊
援助を深める事例研究の方法［第2版］——対人援助のためのケースカンファレンス
　　岩間伸之著／ミネルヴァ書房／2005年6月刊
＊新版　心理臨床家の手引
　　鑪幹八郎他編著／誠信書房／2000年12月刊

《最新版》
心理臨床の手引［第2版］

鑪幹八郎・名島潤慈著
誠信書房，A5判366頁，3,500円，2010年5月刊

講座臨床心理学6　社会臨床心理学
　　下山晴彦他編／東京大学出版会／2002年1月刊
臨床心理士をめざす大学院生のための精神科実習ガイド
　　津川律子他編著／誠信書房／2009年1月刊
コミュニティ心理学——理論と実践
　　J・オーフォード著，山本和郎監訳／ミネルヴァ書房／1997年3月刊
支援組織のマネジメント
　　狩俣正雄著／税務経理協会／2004年11月刊
専門職としての臨床心理士
　　J・マツィリア他編，下山晴彦編訳／東京大学出版会／2003年4月刊
心理臨床実践における連携のコツ
　　丹治光浩他著／星和書店／2004年9月刊
孤立を防ぐ精神科援助職のためのチーム医療読本——臨床サービスのビジネスマナー
　　野坂達志他編著／金剛出版／2007年1月刊
リエゾン心理士——臨床心理士の新しい役割
　　保坂　隆監修，町田いづみ他著／星和書店／2001年9月刊

○ 第5章 ○ ● ○

臨床心理学研究法第1巻　心理学の実践的研究法を学ぶ
　　下山晴彦他編／新曜社／2008年3月刊
講座臨床心理学2　臨床心理学研究
　　下山晴彦他編／東京大学出版会／2001年11月刊
臨床心理学研究法第2巻　プロセス研究の方法
　　岩壁　茂著／新曜社／2008年7月刊
臨床心理学研究法第4巻　アナログ研究の方法
　　杉浦義典著／新曜社／2009年9月刊
臨床心理学研究法第7巻　プログラム評価研究の方法
　　安田節之他著／新曜社／2008年7月刊
シリーズ・心理学の技法　臨床心理学研究の技法
　　下山晴彦編著／福村出版／2000年4月刊
質的研究 Step by Step──すぐれた論文作成をめざして
　　波平恵美子他著／医学書院／2005年12月刊
事例から学ぶ　はじめての質的研究法──臨床・社会編
　　秋田喜代美他監修，能智正博他編／東京図書／2007年5月刊
臨床心理・精神医学のための SPSS による統計処理　〈2011年改訂予定〉
　　加藤千恵子他著／東京図書／2005年4月刊
誰も教えてくれなかった因子分析──数式が絶対に出てこない因子分析入門
　　松尾太加志他著／北大路書房／2002年5月刊

○ 第6章 ○ ● ○

心理学研究法入門──調査・実験から実践まで
　　南風原朝和他編／東京大学出版会／2001年3月刊
心理学の新しいかたち第3巻　心理学研究法の新しいかたち
　　吉田寿夫編著／誠信書房／2006年3月刊
経験科学における　研究方略ガイドブック──論理性と創造性のブラッシュアップ
　　江川玟成著／ナカニシヤ出版／2002年10月刊
質的研究の基礎──グラウンデッド・セオリー開発の技法と手順　第2版
　　A・ストラウス他著，操　華子他訳／医学書院／2004年12月刊
フィールドワークの技法と実際──マイクロ・エスノグラフィー入門
　　箕浦康子編著／ミネルヴァ書房／1999年3月刊
臨床心理学レクチャー　臨床実践のための質的研究法入門
　　J・マクレオッド著，下山晴彦監修，谷口明子他訳／金剛出版／2007年3月刊

実践的研究のすすめ――人間科学のリアリティ
　　小泉潤二他編／有斐閣／2007年7月刊
質的研究実践ガイド――保健医療サービス向上のために　第2版
　　C・ポープ他編，大滝純司監訳／医学書院／2008年4月刊
エピソード記述入門――実践と質的研究のために
　　鯨岡　峻著／東京大学出版会／2005年8月刊
アクティヴ・インタビュー――相互行為としての社会調査
　　J・ホルスタイン他著，山田富秋他訳／せりか書房／2004年10月刊
医療現場の会話分析――悪いニュースをどう伝えるか
　　D・メイナード著，樫田美雄他訳／勁草書房／2004年2月刊
精神医学を知る――メンタルヘルス専門職のために
　　金生由紀子他編／東京大学出版会／2009年7月刊
精神科における予診・初診・初期治療
　　笠原　嘉著／星和書店／2007年2月刊
精神科のくすりを語ろう――患者からみた官能的評価ハンドブック
　　熊木徹夫著／日本評論社／2007年9月刊
精神病理学とは何だろうか〈増補改訂版〉
　　松本雅彦著／星和書店／1996年9月刊
精神・心理症状学ハンドブック［第2版］
　　北村俊則著／日本評論社／2003年2月刊
精神疾患はつくられる――DSM診断の罠
　　H・カチンス他著，高木俊介他監訳／日本評論社／2002年10月刊
コンパクト新心理学ライブラリ14　生理心理学――脳のはたらきから見た心の世界
　　岡田　隆他著／サイエンス社／2005年12月刊
ピネル　バイオサイコロジー――脳-心と行動の神経科学
　　J・ピネル著，佐藤　敬他訳／西村書店／2005年6月刊
こころの科学増刊　実践　心理アセスメント――職域別・発達段階別・問題別でわかる援
　助につながるアセスメント
　　下山晴彦他編／日本評論社／2008年7月刊
改訂　臨床心理アセスメントハンドブック
　　村上宣寛他著／北大路書房／2008年11月刊
日本版WAIS-Rの理論と臨床――実践的利用のための詳しい解説
　　小林重雄他編著／日本文化科学社／1998年12月刊
軽度発達障害の心理アセスメント――WISC-Ⅲの上手な利用と事例
　　上野一彦他編／日本文化科学社／2005年1月刊
認知行動療法――理論から実践的活用まで

下山晴彦編／金剛出版／2007 年 8 月刊
＊はじめての応用行動分析
　　　Ｐ・Ａ・アルバート他著，佐久間徹他訳／二瓶社／1992 年 6 月刊

> ─《最新版》─
> はじめての応用行動分析──日本語版　第 2 版
> Ｐ・Ａ・アルバート，Ａ・Ｃ・トルートマン著
> 佐久間徹・谷　晋二・大野裕史訳
> 二瓶社，Ｂ 5 判 416 頁，3,200 円，2004 年 5 月刊

方法としての行動療法
　　　山上敏子著／金剛出版／2007 年 7 月刊
うつと不安の認知療法練習帳ガイドブック
　　　Ｃ・Ａ・パデスキー他著，大野　裕監訳，岩坂　彰訳／創元社／2002 年 9 月刊
強迫性障害の行動療法
　　　飯倉康郎編著／金剛出版／2005 年 3 月刊
子どもと若者のための認知行動療法ガイドブック──上手に考え，気分はスッキリ
　　　Ｐ・スタラード著，下山晴彦訳／金剛出版／2008 年 6 月刊
遊戯療法と子どもの心的世界
　　　弘中正美著／金剛出版／2002 年 7 月刊
教師・保育士・保健師・相談支援員に役立つ　子どもと家族の援助法──よりよい展開へのヒント
　　　川畑　隆著／明石書店／2009 年 9 月刊
＊高機能自閉症・アスペルガー症候群──「その子らしさ」を生かす子育て
　　　吉田友子著／中央法規出版／2003 年 7 月刊

> ─《最新版》─
> 高機能自閉症・アスペルガー症候群
> 　　──「その子らしさ」を生かす子育て　改訂版
> 吉田友子著
> 中央法規出版，Ａ 5 判 254 頁，1,800 円，2009 年 6 月刊

リラクセーション法の理論と実際──ヘルスケア・ワーカーのための行動療法入門
　　　五十嵐透子著／医歯薬出版／2001 年 11 月刊
＊怒りのコントロール──認知行動療法理論に基づく怒りと葛藤の克服訓練　〈再販未定〉
　　　Ｐ・シュベンクメッツガー他著，市村操一他訳／ブレーン出版／2004 年 4 月刊

ストレス・マネジメント入門――自己診断と対処法を学ぶ
　　中野敬子著 / 金剛出版 /2005 年 11 月刊
家族のストレス・マネージメント――行動療法的家族療法の実際
　　Ｉ・Ｒ・Ｈ・ファルーン他著，白石弘巳他監訳 / 金剛出版 /2000 年 9 月刊
学校臨床心理学・入門――スクールカウンセラーによる実践の知恵
　　伊藤美奈子他編 / 有斐閣アルマ /2003 年 12 月刊
教室で行う特別支援教育2　応用行動分析で特別支援教育が変わる――子どもへの指導方略を見つける方程式
　　山本淳一他著 / 図書文化 /2005 年 11 月刊
指導援助に役立つ　スクールカウンセリング・ワークブック
　　黒沢幸子著 / 金子書房 /2002 年 9 月刊
▲スクール・カウンセリングの国家モデル――米国の能力開発型プログラムの枠組み
　　米国スクール・カウンセラー協会著，中野良顕訳 / 学文社 /2004 年 10 月刊
ＡＣＴ入門――精神障害者のための包括型地域生活支援プログラム
　　西尾雅明著 / 金剛出版 /2004 年 4 月刊
改訂新版　わかりやすいSSTステップガイド――統合失調症をもつ人の援助に生かす上巻　基礎・技法編
　　Ａ・Ｓ・ベラック他著，熊谷直樹他監訳 / 星和書店 /2005 年 7 月刊
ストレスマネジメントと職場カウンセリング――主要な方法論とアプローチ
　　Ｓ・パーマー他編，内山喜久雄監訳 / 川島書店 /2002 年 7 月刊
精神障害をもつ人たちの　ワーキングライフ――IPS：チームアプローチに基づく援助付き雇用ガイド
　　Ｄ・Ｒ・ベッカー他著，大島　巌他訳 / 金剛出版 /2004 年 11 月刊

原書一覧

○ 第3章 ○ ● ○

▎心理援助の専門職になるために――臨床心理士・カウンセラー・PSW を目指す人の基本テキスト.
▎心理援助の専門職として働くために――臨床心理士・カウンセラー・PSW の実践テキスト.
　→Marianne Schneider Corey & Gerald Corey: *Becoming a Helper. 3rd ed.* Brooks/Cole, Pacific Grove, CA, 1998.

○ 第4章 ○ ● ○

▎臨床面接のすすめ方――初心者のための 13 章.
　→Michel Hersen & Vincent B. Van Hasselt: *Basic Interviewing: A practical guide for counselors and clinicians.* Lawrence Erlbaum Associates, Inc., London, 1998.

▎子どもの面接ガイドブック――虐待を聞く技術.
　→Wendy Bourg, Raymond Broderick, Robin Flagor, et al.: *A Child Interviewer's Guidebook.* Sage, Thousand Oaks, CA, 1999.

▎ケースマネジメントの技術.
　→Arthur J. Frankel & Sheldon R. Gelman: *Case Management: An introduction to concepts and skills. 2nd ed.* Lyceum Books, Chicago, IL, 2004.

▎テキスト臨床心理学1　理論と方法.
▎テキスト臨床心理学3　不安と身体関連障害.
▎テキスト臨床心理学4　精神病と物質関連障害.
▎テキスト臨床心理学5　ライフサイクルの心理障害.
　→Gerald C. Davison, John M. Neale & Ann M. Kring: *Abnormal Psychology 9th ed.* John Wiley & Sons, NY, 2004.

▎心理療法におけることばの使い方――つながりをつくるために.
　→Leston Havens: *Making Contact: Uses of language in psychotherapy.* Harvard University Press, Cambridge, MA, 1986.

▎動機づけ面接法――基礎・実践編.
　→William R. Miller & Stephen Rollnick: *Motivational Interviewing: Preparing people for change.*

2nd ed. Guilford Press, NY; London, 2002.

▌心理療法・その基礎なるもの——混迷から抜け出すための有効要因.
→Scott D. Miller, Barry L. Duncan & Mark A. Hubble: *Escape from Babel : Toward a unifying language for psychotherapy practice.* Norton, NY, 1997.

▌臨床心理学レクチャー　認知行動療法ケースフォーミュレーション入門.
→Michael Bruch & Frank W. Bond(ed.): *Beyond Diagnosis: Case formulation approaches in CBT.* John Wiley & Sons, Chichester; NY, 1998.

▌臨床心理学レクチャー　認知行動療法入門——短期療法の観点から
→Berni Curwen, Stephen Palmer & Peter Ruddell: *Brief Cognitive Behaviour Therapy.* Sage, 2000.

▌認知行動療法の科学と実践.
→David M. Clark & Christopher G. Fairburn: *Science and Practice of Cognitive Behaviour Therapy.* Oxford University Press, Oxford, 1997.

▌熟練カウンセラーをめざす　カウンセリング・テキスト.
→Gerard Egan: *The Skilled Helper: A systematic approach to effective helping.* 3rd ed. Brooks/Cole Publishing, Monterey, CA, 1986.

▌コミュニティ心理学——理論と実践.
→Jim Orford: *Community Psychology: Theory and practice.* John Wiley, Chichester; NY, 1992.

▌専門職としての臨床心理士.
→John Marzillier & John Hall (ed.): *What is Clinical Psychology?* 3rd ed. Oxford University Press, Oxford; NY, 1999.

○ 第6章 ○ ● ○

▌質的研究の基礎——グラウンデッド・セオリー開発の技法と手順　第2版.
→Anselm Strauss & Juliet Corbin: *Basics of Qualitative Rsearch: Techniques and procedures for developing grounded theory.* 2nd ed. Sage, Thousand Oaks, CA, 1998.

▌臨床心理学レクチャー　臨床実践のための質的研究法入門.
→John McLeod: *Qualitative Research in Counselling and Psychotherapy.* Sage, London, 2001.

▌質的研究実践ガイド——保健医療サービス向上のために.
→Catherine Pope & Nicholas Mays: *Qualitative Research in Health Care.* 3rd ed. Blackwell/BMJ Books, Malden, MA/Oxford, 2006.

▌アクティヴ・インタビュー——相互行為としての社会調査.
→James A. Holstein & Jaber F. Gubrium: *The Active Interview.* Sage, Thousand Oaks, CA, 1995.

▌ 医療現場の会話分析――悪いニュースをどう伝えるか.
→Douglas W. Maynard: *Bad News, Good News: Conversational order in everyday talk and clinical settings.* University of Chicago Press, Chicago; London, 2003.

▌ 精神疾患はつくられる――DSM 診断の罠.
→Herb Kutchins & Stuart A. Kirk: Making Us Crazy: *DSM: The psychiatric bible and the creation of mental disorders.* Free Press, NY, 1997.

▌ ピネル　バイオサイコロジー――脳‐心と行動の神経科学.
→John P.J. Pinel: *Biopsychology. 5th ed.* Allyn and Bacon, Boston, MA, 2003.

▌ はじめての応用行動分析
→Paul A. Alberto & Anne C. Troutman: *Applied Behavior Analysis for Teachers. 2nd ed.* Merrill Pub., Columbus, 1986.

▌ うつと不安の認知療法練習帳ガイドブック.
→Christine A. Padesky & Dennis Greenberger: *Clinician's Guide to Mind Over Mood.* Guilford Press, NY, 1995.

▌ 子どもと若者のための認知行動療法ガイドブック――上手に考え，気分はスッキリ.
→Paul Stallard: *A Clinician's Guide to Think Good-Feel Good: Using CBT with children and young people.* John Wiley & Sons, Chichester, 2005.

▌ 怒りのコントロール――認知行動療法理論に基づく怒りと葛藤の克服訓練.
→Peter Schwenkmezger, Georges Steffgen & Detlev Dusi: *Umgang mit Ärger: Ärger- und Konfliktbewältigungstraining auf kognitiv-verhaltenstherapeutischer Grundlage.* Hogrefe-Verlag, Göttingen, 1999.

▌ 家族のストレス・マネージメント――行動療法的家族療法の実際.
→Ian R.H. Falloon, Marc Laporta, Gráinne Fadden, et al.: *Managing Stress in Families: Cognitive and behavioural strategies for enhancing coping skills.* Routledge, 1993.

▌ スクール・カウンセリングの国家モデル――米国の能力開発型プログラムの枠組み.
→American School Counselor Association: *The ASCA National Model: A framework for school counseling programs.* American School Counselor Association, Alexandria, VA, 2003.

▌ 改訂新版　わかりやすい SST ステップガイド――統合失調症をもつ人の援助に生かす上巻　基礎・技法編
→Alan S. Bellack, Kim T. Mueser, Susan Gingerich, et al.: *Social Skills Training for Schizophrenia: A step-by-step guide. 2nd ed.* Guilford Press, NY; London, 2004.

▌ ストレスマネジメントと職場カウンセリング――主要な方法論とアプローチ.
→Stephen Palmer & Windy Dryden(ed.): *Stress Management and Counselling: Theory, practice, research and methodology.* Cassell, London; NY, 1996.

▌精神障害をもつ人たちのワーキングライフ——IPS：チームアプローチに基づく援助付き雇用ガイド.
　→Deborah R. Becker & Robert E. Drake: *A Working Life for People with Severe Mental Illness*. Oxford University Press, Oxford; NY, 2003.

【執筆者紹介】（50音順）

綾城　初穂（あやしろ　はつほ）
　　東京大学大学院教育学研究科　博士課程

有吉　晶子（ありよし　あきこ）
　　特定非営利活動法人ユースポート横濱事務局長／よこはま若者サポートステーション施設長

石川　京子（いしかわ　きょうこ）
　　特定非営利活動法人リンケージ　理事長

石津　和子（いしづ　かずこ）
　　駒沢女子大学人文学部　専任講師

石丸径一郎（いしまる　けいいちろう）
　　東京大学大学院教育学研究科臨床心理学コース／日本学術振興会特別研究員（PD）

今泉すわ子（いまいずみ　すわこ）
　　東京大学学生相談ネットワーク本部学生相談所　助教

梅垣　佑介（うめがき　ゆうすけ）
　　東京大学大学院教育学研究科臨床心理学コース　博士課程

海老根理絵（えびね　りえ）
　　東京大学大学院教育学研究科臨床心理学コース　博士課程

鴛渕　るわ（おしぶち　るわ）
　　東京大学大学院教育学研究科臨床心理学コース　博士課程

川崎　舞子（かわさき　まいこ）
　　東京大学大学院教育学研究科臨床心理学コース　修士課程

川崎　隆（かわさき　りゅう）
　　東京大学大学院教育学研究科臨床心理学コース　修士課程

菊池なつみ（きくち　なつみ）
　　東京大学大学院教育学研究科臨床心理学コース　修士課程

慶野　遥香（けいの　はるか）
　　東京大学大学院教育学研究科臨床心理学コース　博士課程

小堀　彩子（こほり　あやこ）
　　新潟大学人文社会・教育科学系（教育学部）准教授

坂井　一史（さかい　ひとし）
　　株式会社ジャパンEAPシステムズ

白木　治代（しらき　はるよ）
　　（元）東京大学大学院教育学研究科臨床心理学コース
末木　　新（すえき　はじめ）
　　東京大学大学院教育学研究科臨床心理学コース／日本学術振興会特別研究員
須川　聡子（すがわ　さとこ）
　　東京大学大学院教育学研究科臨床心理学コース　博士課程
瀬戸　瑠夏（せと　るか）
　　横浜雙葉中学・高等学校　スクールカウンセラー
髙岡　昂太（たかおか　こうた）
　　東京大学大学院教育学研究科臨床心理学コース　博士課程／日本学術振興会特別研究員
高橋　美保（たかはし　みほ）
　　東京大学大学院教育学研究科臨床心理学コース　専任講師
高山　由貴（たかやま　ゆき）
　　東京大学大学院教育学研究科臨床心理学コース　博士課程
津田　容子（つだ　ようこ）
　　東京大学大学院教育学研究科臨床心理学コース　修士課程
土屋　瑛美（つちや　えみ）
　　東京大学大学院教育学研究科臨床心理学コース　博士課程
堤　　亜美（つつみ　あみ）
　　東京大学大学院教育学研究科臨床心理学コース　博士課程
中坪太久郎（なかつぼ　たくろう）
　　東京大学大学院教育学研究科臨床心理学コース／日本学術振興会特別研究員
長利　玲子（ながとし　れいこ）
　　東京大学大学院教育学研究科臨床心理学コース　博士課程
永野　千恵（ながの　ちえ）
　　（元）東京大学大学院教育学研究科臨床心理学コース
西村　詩織（にしむら　しおり）
　　若者自立支援センター埼玉／東京大学大学院教育学研究科　博士課程
野田　香織（のだ　かおり）
　　東京大学大学院教育学研究科臨床心理学コース　博士課程
野中　舞子（のなか　まいこ）
　　東京大学大学院教育学研究科臨床心理学コース　修士課程
袴田　優子（はかまた　ゆうこ）
　　東京大学大学院教育学研究科臨床心理学コース／日本学術振興会（PD）

執筆者紹介

林　潤一郎（はやし　じゅんいちろう）
　　東京大学学生相談ネットワーク本部・学生相談所　助教
原田　杏子（はらだ　きょうこ）
　　千葉少年鑑別所
原　直子（はら　なおこ）
　　東京大学大学院教育学研究科臨床心理学コース　修士課程
平林　恵美（ひらばやし　えみ）
　　東京大学大学院教育学研究科臨床心理学コース　博士課程
藤岡　勲（ふじおか　いさお）
　　東京大学大学院教育学研究科臨床心理学コース　博士課程
藤原　祥子（ふじはら　しょうこ）
　　東京大学理学系研究科・理学部学生支援室　助教
藤平　敏夫（ふじひら　としお）
　　（元）東京大学大学院教育学研究科臨床心理学コース
松元　和子（まつもと　かずこ）
　　大阪市立総合医療センター小児血液腫瘍科/NPO法人タイラー基金
藪垣　将（やぶがき　しょう）
　　東京大学大学院教育学研究科臨床心理学コース　博士課程
山本　渉（やまもと　わたる）
　　東京大学大学院教育学研究科臨床心理学コース　博士課程
吉田　沙蘭（よしだ　さらん）
　　東京大学大学院教育学研究科臨床心理学コース/日本学術振興会特別研究員
李　暁茹（Li Xiaoru；リ ギョウ ジョ）
　　中国復旦大学社会発展公共政策学部心理学科　専任講師
割澤　靖子（わりさわ　やすこ）
　　東京大学大学院教育学研究科臨床心理学コース　博士課程

【編著者略歴】

下山　晴彦（しもやま　はるひこ）
1983年，東京大学大学院教育学研究科博士課程中退。
東京大学学生相談所助手，東京工業大学保健管理センター講師，東京大学大学院教育学研究科助教授を経て，現在，東京大学大学院・臨床心理学コース教授。
博士（教育学），臨床心理士。
著書として『臨床心理アセスメント入門』（単著；金剛出版　2008）『臨床心理学をまなぶ1　これからの臨床心理学』（単著；東京大学出版会　2010），編著として『子どもと若者のための認知行動療法ガイドブック』（訳；金剛出版　2008）『実践　心理アセスメント』（共編；日本評論社　2008）『よくわかる臨床心理学　改訂版』（編；ミネルヴァ書房　2009）『今，心理職に求められていること』（共編；誠信書房　2010）がある。また，シリーズ編集として『シリーズ心理学の新しいかたち』全12巻（企画・編集；誠信書房　2004～2006）『テキスト臨床心理学』全5巻＋別巻（編訳；誠信書房　2006～2008）『臨床心理学研究法』全8巻（編；新曜社　2008～刊行中）『これからの臨床心理学』全7巻（編；東京大学出版会　2010～刊行中）がある。

臨床心理学ブックガイド
──心理職をめざす人のための93冊──

2010年9月 1 日　印刷
2010年9月20日　発行

編　者　下山晴彦

発行者　立石正信
発行所　株式会社 金剛出版
　　　　〒112-0005　東京都文京区水道 1 - 5 - 16
　　　　電話 03-3815-6661　振替 00120-6-34848
印刷　平河工業社　製本　誠製本
ISBN 978-4-7724-1152-3 C3011　　　Printed in Japan ©2010

山上敏子の行動療法講義 with 東大・下山研究室

山上敏子・下山晴彦 著

「すべての精神現象を刺激－反応の枠組みでとる」行動療法は，抽象的な理論だけでなく，具体的な目標を設定し，個別に仮説を立てながら，クライエントが困難を乗り越えるための学習方法を提案していく現実的な方法の体系といえる。

本書は行動療法の大家・山上敏子が，臨床経験から導かれた事例を援用しつつ臨床の楽しさとともに語った，若手臨床家のための実践本位・東大講義。　　　　　　2,940円

子どもと若者のための認知行動療法実践セミナー
上手に考え，気分はスッキリ

松丸未来・下山晴彦・P・スタラード　著

好評の『子どもと若者のための認知行動療法ワークブック』＋『子どもと若者のための認知行動療法ガイドブック』（金剛出版）が，もっとわかりやすく・使いやすくなるためのシリーズ続篇。P・スタラードを迎えたセミナーをもとに，思春期・青年期に認知行動療法を試行するためのヒントや工夫がつまった，認知行動療法を学ぼうとする初学者にも，技術に磨きをかけたいベテランにおすすめの一冊！　　　2,730円

子どもの臨床心理アセスメント
松本真理子，金子一史編　子どもの個別性と，子どもを取り巻く環境への理解により，「子どもの全体像」をアセスメントするための実践的なハンドブック。　　　　　　　2,940円

不登校
田嶌誠一編　不登校理解のための基礎理論から現場での取り組みまでをさまざまな立場の専門家が呈示した，実践的な一冊である。
　　　　　　　　　　　　　　　　　　3,360円

精神療法面接の多面性
成田善弘著　治療関係と構造，面接の方針，臨床現場における多面的な課題を取り上げ，精神療法面接をいかに行うべきかをわかりやすく解説。精神療法家のための優れた実践書である。　2,940円

関係からみた発達障碍
小林隆児著　自ら携わった23の事例を折りまぜ，実践から得た「関係発達臨床」について語る。著者の臨床経験の集大成ともいえる書。
　　　　　　　　　　　　　　　　　　3,360円

価格は消費税込み（5％）です